DELIUS KLASING

UTA-CAECILIA
NABERT

Wieder da
und doch
nicht hier

WELTENBUMMLER
UND IHR LEBEN NACH
DER REISE

DELIUS KLASING VERLAG

Der Mensch bereist die Welt auf der Suche nach dem,
was ihm fehlt.
Und er kehrt nach Hause zurück, um es zu finden.
(George Moore)

Für Jan und für Neuseeland

Vorsicht ist das, was wir bei anderen Feigheit nennen.
(Oscar Wilde)

Inhalt

Vorwort

A m Anfang war die Heimkehr. Schnell folgte die Erkenntnis, dass der härteste Teil der Reise jetzt erst angefangen hatte. Keiner hatte mich davor gewarnt. In einer Nacht schrieb ich einen Nachruf auf die Zeit in Übersee. Und ich beschloss, auch anderen Heimkehrern eine Plattform zu bieten. Die Welt wird immer globaler, jährlich zieht es Millionen junger Menschen für eine Weile in die Ferne. Doch was geschieht, wenn sie nach Hause kommen? Die Vorfreude auf German bread, Freunde und Familie weicht schnell der Frage, wie es weitergehen soll. Nur eines ist sicher: Es kann nie wieder so werden, wie es war.

Aber wie wird es dann?

Dieses Buch kann nur in Teilen Antworten auf diese Fragen liefern, es ist keine Bedienungsanleitung. Sonst stünde auf dem Buchcover so etwas wie: »Heimkehr für Dummies« oder »Glücklich wieder zu Hause – Leicht gemacht in zehn Schritten«. Die meisten Reisenden, deren Geschichten ich aufgeschrieben habe, sind noch lange nicht angekommen. Sie probieren sich aus, suchen nach Wegen. Wie sie das machen, beschreiben sie in den Erzählungen.

Ich selbst kam an einem Sonntag zurück. Am nächsten Tag musste ich schon aufs Amt und meine Angelegenheiten als deutsche Staatsbürgerin regeln. Das Rädchen im System hatte wieder anzuspringen, so wollten es die Behörden. Mir fiel meine Wahrnehmungsschärfe auf, mit der ich meine Mitmenschen in der Bahn beobachtete, die Häuser ansah, die an mir vorbeizogen, das bisschen Natur betrachtete, das wir in Deutschland noch haben. Und ich fragte mich: Ist das noch mein Land? Gehöre ich noch hierher? Immerhin sah ich auch hier Menschen, die lächelten. Man konnte hier also glücklich sein? Diese Erkenntnis beruhigte mich irgendwie nicht.

Auch ich bin noch nicht angekommen, doch es hat mir geholfen, mit anderen Weltreisenden zu sprechen, denen es so geht wie mir, die im heimischen Großstadtdschungel den Tiger nicht finden, die sich zu Tode langweilen und sich nach »der Welt da draußen« sehnen – so sehr, dass es ihnen manchmal Tränen in die Augen treibt. Sie alle wünschen sich einen Post-Weltreiseführer. Und deswegen heißt eines der letzten Kapitel wirklich »Heimkehr leicht(er) gemacht« und ist eine Sammlung der wichtigsten Tipps für die »Zeit danach«. Ergänzt werden sie von Weblinks und Literaturanregungen, die den Neustart in der Heimat ebenfalls erleichtern sollen.

In diesem Sinne:
Willkommen zu Hause – du bist nicht allein!

Was bleibt, ist die Erinnerung

Die Geschichte von Uta-Caecilia Nabert

» $\mathbb{S}$ ie will tatsächlich zurück nach Deutschland. Kannst du dir das vorstellen?«, sagt Ivan zu seinem Nachbarn. Beide stehen in ihrem Garten, eigentlich mehr ein Wald als ein Garten, jeder auf seiner Seite des Zauns. Sie lachen. Oben auf dem Hügel, man sieht es kaum hinter den Bäumen und Farnen auf ihren hohen Stämmen, steht Ivans Hostel. Er hat es selbst gebaut. Man möchte meinen, Hundertwasser habe neben ihm gestanden, als er die geschwungenen Wände mauerte, neben ihm am Boden gekniet, als er die Mosaiken verlegte, und ihm die Leiter gehalten, als er die Dächer bepflanzte. Gemeinsam mit seiner kleinen Gästeschar – so wenigen, dass es auch seine eigenen Kinder sein könnten, und so vielen, dass es ein Hostel ergibt – lebt Ivan in diesem Haus. Auch ich habe hier sehr lange gewohnt, zwischen Hibiskus und Ananaspflanzen, hinter mosaikverkleideten Wänden, unter Solarzellen. Bis heute. Doch jetzt verabschiede ich mich von ihm, während von der Veranda oben die vertrauten Klänge des Windspiels herunterwehen. Wie immer in diesem Jahr ist Jan an meiner Seite, meine Hand in seiner. Ich lache gemeinsam mit den Männern, bevor ich antworte: »Was soll ich machen? In zwei Tagen schmeißen sie mich raus aus Neuseeland. In Deutschland lassen sie gerade jeden rein, Flüchtlingswelle und so.« Wir schreiben das Jahr 2016.

Am nächsten Tag weine ich. Da stehe ich und weine, Jan vor mir, hinter uns die Schalter der Fluglinien. Aus irgendeinem Grund habe ich Gummibärchen dabei. Vielleicht weil ich weiß, wie sehr er sie mag. »Hier«, sage ich und halte ihm die Tüte hin, bevor ich ihm mit dem Daumen über den Wangenknochen fahre. Ein Träne rollt dagegen. In einer Stunde geht der Flieger, der mich zu meinem Verlobten bringen wird. Jan weiß das.

Nach dem Start schaue ich hinab auf die Wolken und zum ersten Mal überhaupt in meinem Leben habe ich keine Flugangst mehr. »Diesmal wäre es schon in Ordnung, wenn ...«, denke ich. Mir kommt die Erkenntnis, dass ich in den letzten 365 Tagen alles erlebt habe, was ich erleben wollte: Ich war so frei und unbeschwert wie zuletzt in meiner Kindheit – beim Baden im Pazifik, beim Lagerfeuer am Meer, beim Kiwipflücken, beim Arbeiten im Café, beim Cruisen im weißen Mazda GLX 626 über die Küstenstraßen mit den gelben Mittelstreifen; hinten die Matratze im Kofferraum, auf der wir nachts die Sterne betrachteten. Ein Jahr lang einfach nur »Ich« sein unter dem Himmel Neuseelands, in den Wäldern Neuseelands, an den Stränden Neuseelands. An der Seite von Jan, meinem schönen Reisenden, dessen Wege die meinen für kurze Zeit kreuzten. Ich spüre noch die letzten 24 Stunden unseres Zusammenseins auf der Haut.

Ich war so frei und unbeschwert wie zuletzt in meiner Kindheit.

Ich hätte mich um die Verlängerung meines Visums kümmern können. Er hatte das vorgeschlagen. »Lass uns versuchen, hierzubleiben«, hatte er gesagt. »Dann bauen wir genau hier ein Haus.« Damals standen wir gerade auf einer Klippe, neben uns ein Schild: »For Sale – Zu verkaufen«. Vor uns lag die Unendlichkeit des blauen Pazifiks, hinter uns das Grün von Great Barrier Island. Er überlegte: »Allerdings gibt es hier auf der Insel keine High School.« – »Was ist?«, fragte ich spöttisch: »Willst du noch mal zur Schule gehen?« Dann drehte ich ihm den Rücken zu und lief zurück zu unseren Rädern, die am Rand eines Trampelpfads im Sand lagen. Wir sprachen nie wieder über das Thema. Ich hatte zu keiner Zeit an eine Zukunft mit ihm geglaubt. Er war zu schön und zu jung. Und ich zu verlobt.

* * *

14   *Uta-Caecilia Nabert*

*Nachdem sie zurück in Deutschland war, wurde ihr schmerzlich
bewusst, wie weit weg das Meer wieder ist. In Neuseeland schaute
Uta fast täglich auf den Pazifik.*

»Was willst du noch von mir?« Ich schaue aus dem Fenster, schaue in
den geteerten Innenhof, in dem zwei zurechtgestutzte Gingkobäume
ihre Blätter verlieren. Dahinter verbaut ein dreigeschossiger Klinker-
bau, dem unseren nicht unähnlich, die Sicht. Unwillkürlich halte ich

Ausschau nach Männern in gestreiften Pyjamas, die da unten ihre Runden drehen. Keiner da. Auch ich nicht, obwohl ich mir vorkomme wie eine Gefangene. Ich wende den Blick ab, richte ihn auf Milan. Da steht er neben dem Esstisch, den ich damals von Neuseeland aus im Internet ausgesucht hatte. Aus der Ferne hatte ich ihm so gut es ging geholfen, diese Wohnung hier für uns zu finden und einzurichten. Wie viel Mühe er sich gegeben hat – damit ich mich wohlfühlen würde, wenn ich wieder zurückkäme. Es fällt mir schwer, ihn anzusehen. Er ist groß, muskulös, hat extra für mich trainiert – damit er mir gefallen würde, wenn ich wieder zurückkäme. Zurück zu ihm. Ich weiß nicht, was ich sagen soll. Ja, was will ich noch von ihm? Wir wollten einmal heiraten. Ich kann nicht zugeben, dass ich ihn nicht mehr liebe. Oder dass ich Jan so stark geliebt habe, dass da kein Platz mehr ist für ihn. Ich kann nicht zugeben, dass ich auch nicht sagen kann, ob ich wirklich Jan an sich so sehr geliebt habe, oder ob es an Neuseeland lag. Und dennoch. Wenn es überhaupt eine Zukunft gibt, dann liegt sie bei Milan. Sie muss dort liegen. Wo denn auch sonst? Der Gedanke, ihn jetzt aufzugeben – undenkbar.

Seit vier Monaten bin ich zurück in Deutschland. Gemeinsam haben wir uns auf zwei Hochzeiten blicken lassen. Um zu zeigen, dass wir noch nicht aufgegeben haben, dass wir es noch einmal miteinander versuchen werden. Milan weiß mittlerweile von Jan.

* * *

In den ersten Wochen nach meiner Heimkehr bin ich arbeitslos. Also kümmere ich mich um unseren Haushalt. Eines Nachmittags stehe ich vor einem Wäscheberg, der sich in der Enge zwischen Küchenzeile und Esstisch wie ein Gebirge auftürmt. Aus einer Bergflanke hängt der blaue Ärmel meines Pullis. Ich gebe ihm die Hand und sage: »Danke. Danke, dass du mich in den vergangenen zwei Jahren auf meiner Reise durch mehr als zehn Länder begleitet und gewärmt hast. Du, mein Freund, hast es wahrlich verdient, gewa-

Uta-Caecilia Nabert

schen zu werden. Ich meine, richtig gewaschen, nach allen Regeln der deutschen Ingenieurskunst, bei 40 °C, in einer Maschine, die sich 90 Minuten Zeit für dich nimmt.«

Ich verspreche ihm ein Waschpulver, das sich gewaschen hat, das es schaffen wird, Dreck und Flecken nicht nur in der Werbung zu entfernen, sondern auch aus diesem Pullover. Dass ein Waschmittel dazu im Stande sein kann, wenn man nur im richtigen Land ist, habe ich gestern an einer Strickjacke erlebt: Nach zwei Jahren Tortur in asiatischen und neuseeländischen Trommeln sah sie wieder aus wie neu. Dieser Vorher-Nach-her-Wow-Effekt! Das brachte Glanz ins düstere Farbenspiel meines Post-Reise-Blues.

Dieser Vorher-Nachher-Wow-Effekt! Das brachte Glanz ins düstere Farbenspiel meines Post-Reise-Blues.

Zugleich war es auch ein wehmütiger Moment gewesen, ein »Good bye«-Sagen zum roten Sand des Outbacks, ein »Ka kite ano« zu den Kiwipollen Neuseelands, ein »Doswidanja« zum Rauch der herbstlich beheizten russischen Holzhäuser. Ich wusch die Welt aus meinen Kleidern – mit deutscher Gründlichkeit. Ich machte sie wieder alltagstauglich für das Leben in meiner Heimat. Dass es kein Waschmittel der Welt schaffen würde, dasselbe mit mir anzustellen, wusste ich damals noch nicht.

* * *

Ein halbes Jahr lang hielten wir es noch miteinander aus, Milan und ich. Mein Verlobter zeigte viel Geduld mit mir. Ich nahm meine Karriere wieder auf. Recht schnell fand ich einen Job als Redakteurin in unserer Stadt. Doch dann, sie hatten mich gerade eingestellt, verlor er die Geduld. Da standen wir uns gegenüber. Wieder neben dem Esstisch, den ich von Neuseeland aus ausgesucht hatte. Diesmal war es dunkel draußen. Der Gingko vor dem Fenster war mittlerweile kahl. Weihnachten stand vor der Tür. Wir lächelten uns an, wir umarmten

Mittlerweile ist es viele Jahre her, dass Uta in Neuseeland lebte.
An den meisten Tagen ist ihr Herz noch heute dort.

uns, wir bedankten uns für die gute Zeit, die wir einmal miteinander gehabt hatten. Dann zog ich aus.

Nun hatte ich keine Partner mehr, keinen Jan und keinen Milan. Dafür einen Job, der mir schon nach kurzer Zeit nichts Neues mehr zu bieten hatte – keine Überraschungen, viele Wiederholungen, ganz anders als meine Abenteuer in den Monaten zuvor, in denen jeder Tag anders war. Die Wälder und der Strand waren weit weg. Manchmal schien die Sonne, aber von meiner Küche aus konnte ich sie nicht sehen. Die Abende verbrachte ich allein, hatte sehr viel Zeit zum Nachdenken. »Tja«, ging es mir manchmal durch den Kopf. *Du bezahlst jetzt dafür,*

Die Abende verbrachte ich allein, hatte sehr viel Zeit zum Nachdenken.

dass du ein Jahr lang einfach nur glücklich warst. Rücksichtslos glück-lich. Alles hat seinen Preis. Wie konntest du nur so naiv sein, nicht daran zu denken? Auf der anderen Seite: Hätte ich vorher gewusst, wie schwer es später werden würde, zurückzufinden – wäre ich trotz-dem aufgebrochen? Ja.

Für Jan und für Neuseeland.

Uta-Caecilia Nabert

- *heute 38, Deutschland, Journalistin*
- *sechsmonatige Reise durch Russland, die Mongolei, China, Südostasien, Australien*
- *ein Jahr und drei Monate Working Holiday in Neuseeland*
- *zwei Jahre zu Hause (Redakteurin bei einer Zeitschrift für den Lebensmitteleinzelhandel)*
- *erneuter Aufbruch und Ausbruch: Reisen und Jobben in Kanada, freie Journalistin im zweitgrößten Land der Erde*
- *seit Februar 2021 zu Hause in Deutschland*
- *seit August 2021 Redakteurin bei der NGO »Christoffel-Blindenmission«, die die Lebensqualität von Menschen mit Behinderungen in Entwicklungsländern verbessert*
- *ehrenamtliche Texterin bei planted.green, einem Start-up, das Deutschlands Wälder aufforsten will*
- *www.ohwieschoenistkanada.com*

Ausbruch und Aufbruch

Die Geschichte von Valeska von Mühldorfer

Eigentlich habe ich mir das Leben geschaffen, das ich haben will: Ich liebe meinen Job, habe tolle Freunde, eine Eigentumswohnung. Ich liebe Berlin.

Ich muss wieder weg. Seit fünf Jahren kämpfe ich dagegen an und komme langsam zu dem Schluss, dass ich nicht gewinnen kann. Ich lege mich nicht mehr fest, schließe keine langfristigen Jobs ab, noch nicht mal langfristige Handyverträge. Ich führe eine Kalkulationstabelle: Wie gebunden bin ich? Welche laufenden Ausgaben habe ich, wie viele Rücklagen, wie viel braucht es noch, um wieder reisen zu können? Ich versuche, mein Leben so zu gestalten, dass da jederzeit ein Notausgang wäre. Ich weiß überhaupt nicht, was in sechs Monaten sein wird, habe keine Pläne, kein Lebensziel. Manchmal rührt mich das zu Tränen. Dann liege ich im Bett, will gar nicht wieder rauskommen.

Alles fing mit einem geregelten Leben an. Einer der Höhepunkte war das Abitur, ein zweiter der Vertrag bei Siemens, ein dritter der Abschluss meines dualen Studiengangs. Und dann ging es los: Depressionen. Ich saß heulend zu Hause und wurde immer fetter. Meine Mutter wunderte sich – »Warum?«, fragte sie. »Zahlen die schlecht? Du bist doch jetzt abgesichert. Es ist doch alles gut.« Man muss dazu wissen: Ich komme aus Augsburg. Mein Umfeld ist konservativ. Da heißt es: Erst machst du eine Ausbildung, dann gehst du arbeiten, und dann bist du glücklich.

Mir war selbst nicht klar, warum ich unglücklich war. Denn Siemens zahlte in der Tat gut. Sogar sehr gut. Damals – mit Anfang 20 – war mein Gehalt doppelt so hoch wie jetzt mit beinahe 30. Was sollte ich meiner Mutter sagen? Keine Ahnung. Und trotzdem sah ich mit 22 so aus wie mit 40 und saß regelmäßig beim Psychiater. 60-Stunden-Wochen füllten mein Leben mehr als aus, und dennoch war da diese Leere. Für wen oder was die ganze Arbeit und die ganze Kohle? Keine Ahnung. Eine Frage keimte in mir auf: »Wenn ich mich jetzt schon so alt fühle – wie wird das dann in 20 Jahren?«

Was ich mir antun musste für dieses Gehalt, dass mir das nicht guttat, war mir lange nicht klar. Ich hatte nie ein richtiges Studentenleben gehabt, keine Zeit zum Chillen, für Partys, Jungs, dafür, herauszufinden, was es noch so gibt im Leben. Wenn ich nicht studierte, arbeitete ich. Das Bachelorzeugnis war gerade aus dem Drucker gefallen, da bot mir Siemens schon einen Folgevertrag an. Ich war in einer Eliteblase gefangen, in der ich langsam zur Managerin herangezüchtet wurde.

Dann hörte ich von »Escape the City«, so einer Art Jobbörse für frustrierte Konzernarbeiter. Die war damals gerade gestartet. Es folgte ein kurzer Mailaustausch mit den Jungs in London. Mir ging es gar nicht darum, dass sie mir irgendeinen verrückten Job in Lateinamerika oder so vermitteln, aber ihre Antworten halfen schon. Sie führten mir vor Augen: Ich bin nicht die Einzige, und: Ich kann jederzeit kündigen. Das war ein Lernprozess, dass das geht, dass man einen Job kündigen kann – auch wenn er gut bezahlt ist.

Danach ging es los. Weltreise. Ein Jahr lang. Kanada, USA, Hawaii, Asien. Whatever. Danach die Rückkehr. Mein Leben back home? Es ist seit fünf Jahren dominiert von den immergleichen Gedanken. Es ist dieses ständige Gefühl des »Ich will hier wieder weg!« Und dann frage ich mich: »Will ich hier wirklich wieder weg? Kann ich dem trauen, oder ist das ein Wegrenn-Mechanismus? Und wenn ja, vor was?« Oh Gott, es geht so tief. Ja, es ist Fernweh. Latent war es immer da, aber seit dem Trip ist es ausgebrochen wie das Coronavirus. Es ist diese Idee, dass wegfahren besser wäre als bleiben. Und wenn man so will, hat für mich das Reisen auch nach der Heimkehr nicht wieder auf-

Es ist dieses ständige Gefühl des »Ich will hier wieder weg!«

Valeska von Mühldorfer

gehört: Von München ging es nach Schweden; von Schweden später nach Berlin. Ein anderes Phänomen: War ich früher nicht in der Lage, einen Job zu kündigen, bin ich nun nicht mehr in der Lage, einen Job länger als zwei Jahre zu behalten.

Aber der Reihe nach. Ich komme von der Reise zurück. Aus dem Flieger steigt gemeinsam mit mir ein gut gebauter, blonder Schwede, den ich sehr liebe. Wir haben uns in Argentinien kennengelernt, und ich bin mir sicher: Unsere Zukunft liegt in Östersund – 50.000 Einwohner, Wasser, Wälder, Elche. Das Einzige, was mir ein bisschen Angst macht, ist die Kündigung bei Siemens. »Gehen Sie nicht, Frau von Mühldorfer«, hatte mein Chef mich damals gebeten. »Ich will eine gute Kraft wie Sie nicht verlieren. Machen Sie ein Sabbatical. Schauen Sie sich die Welt an, und dann kommen Sie zurück.« Nun also gehe ich die Flure meines ehemaligen Büros entlang. Vor mir die Tür meines Chefs. Nach dem Klopfen ein »Herein!«. Er sitzt am Schreibtisch. Er hat sich kaum verändert. Es freut mich, ihn zu sehen, und zugleich spüre ich einen Kloß im Hals.

Ich mag ihn. Es schmerzt, als ich ihm nun den weißen Briefumschlag mit der Kündigung hinhalte. Undankbar komme ich mir vor. Er sieht mich an, nickt, weist mit der Hand auf einen der Stühle vor seinem *Alles hat sich verändert. Alles verändert sich ständig. Alles ist unaufhörlich im Wandel.*
Schreibtisch. Es sind immer noch die gleichen, die, in denen man so schön wippen kann. Wippe ich eben noch ein letztes Mal. Es wird ein gutes Gespräch. Er selbst werde die Firma in drei Wochen verlassen. Mühsam suche ich nach Worten. Was? Dass mein alter Boss jemals seine Abteilung verlassen würde, seine geliebte Abteilung. Undenkbar. Das war vor einem Jahr nicht abzusehen gewesen. Alles hat sich verändert. Alles verändert sich ständig. Alles ist unaufhörlich im Wandel.

Der nächste Gang ist der zu meiner alten Wohnung. Noch bevor der Schlüssel im Schloss steckt, kommen mir all die Kisten in den Sinn, die ich gleich werde packen müssen, und die ich eigentlich gar nicht packen will. Von mir aus könnte einfach alles hierbleiben.

Materielles juckt mich nicht. Nichts davon wird mit nach Schweden kommen. All diese Möbel! Wird es mir gelingen, sie in den nächsten zwei Wochen zu verkaufen? Die Tür geht auf, ich gehe um die Ecke. Das Sofa ist nicht mehr da, das Bett fehlt auch. Die Wände sind jungfräulich weiß, auf dem Dielenboden zeichnet sich ein blasses Rechteck ab – dort lag einmal ein Teppich. Ich gehe ein paar Schritte zurück. Es hätte mir gleich auffallen müssen: Der Schuhschrank im Flur fehlt. Allmählich macht sich in meinem Kopf die Leere breit, die in dieser Wohnung herrscht. Beim Blick ins Bad wundere ich mich schon nicht mehr, dass der Duschvorhang fehlt. Die Einbauschränke in der Küche sind noch da, doch die geringelten Eierbecher, meine Lieblingstasse mit den blauen Punkten, die gelben Teller, nichts ist mehr drin, Töpfe, Besteck, Küchengeräte – alles weg. Langsam lasse ich mich auf einen einsamen Stuhl sinken, der aus irgendeinem Grund noch da ist. Ich atme ein, ich atme aus, ich atme auf. Ich bin frei! Meine Zwischenmieterin hat tatsächlich bis auf den hölzernen Vierbeiner unter mir alles mitgenommen. Alles. Der Stuhl findet sich kurz darauf auf dem Bürgersteig unter meinem alten Wohnzimmerfenster wieder. Ein Zettel daran: *Zu verschenken.* Mit zwei Taschen ziehe ich nach Schweden zu meinem Partner und fange noch einmal ein Studium an – diesmal mit Chillen, Liebesleben und Party. Wir lassen es krachen!

Mit zwei Taschen ziehe ich nach Schweden zu meinem Partner und fange noch einmal ein Studium an – diesmal mit Chillen, Liebesleben und Party. Wir lassen es krachen!

Zwei Jahre später, den Master gerade in der Tasche, macht mein Freund Schluss mit mir. Herzschmerz ohne Ende, mir geht es unendlich schlecht. Aber da ist noch etwas, nämlich die Erkenntnis, dass ich wieder frei bin! Der erste Impuls: Mich hineinstürzen. Mitten in die Welt, mitten ins Abenteuer. Ich will dorthin gehen, wo was geht. Von Östersund kann man das nicht gerade behaupten, also sind meine Bewerbungen die verzweifelt-euphorische Antwort auf Stellenausschreibungen in Tel Aviv, Delhi, San Francisco, London. Aber dann

Valeska von Mühldorfer

Gruppenbild mit Dame: In Vietnam rannte ein Pulk lächelnder
Schüler auf Valeska zu und bat sie, Englisch mit ihnen zu üben.

ruft mich meine Halbschwester, meine Vernunftstimme seit eh und
je, an. Sie sagt: »Komm zur Ruhe, komm nach Berlin. Erhol dich.
Dein Freund hat gerade mit dir Schluss gemacht. Kehr zu deinen Wur-
zeln zurück, leb mal wieder in deiner eigenen Kultur. Du musst deine
Balance wiederfinden.« Zum ersten Mal nach Wochen des Kummers
kann ich wieder lachen. Sehr laut. »Berlin als Kurort! Der war gut!«

Dennoch höre ich auf sie, bewerbe mich in der Hauptstadt, erhalte
nach nur wenigen Tagen die Einladung zu einem Bewerbungsgespräch.
Meine paar Habseligkeiten sind schnell im Kofferraum verstaut, bevor
es losgeht. 3.000 Kilometer und zwei Tage später verkündet das Navi:
»Sie haben ihr Ziel erreicht, bekomme ich jetzt ein Eis?« Yup, das
fragt es tatsächlich jedes Mal.

Gefühlt so lange wie es gedauert hat, nach Berlin zu fahren, dauert
es nun, eine Parklücke zu finden. Nach einer Ewigkeit ziehe ich in dem

blassen übermüdeten Gesicht, das mir im Rückspiegel entgegenblickt, Kajal und Lippenstift nach. Fünf Minuten und drei Häuserblocks später bringt mich ein für meinen Zustand viel zu heller Fahrstuhl zu zwei Niederländern mit modischen Frisuren in einen fünften Stock irgendwo in Berlin. Die Jungs schütteln mir schwungvoll die Hand, die kurz darauf einen Latte Macchiato hält. Sie erzählen ein bisschen über sich, stellen ihr Start-up vor, ein kleines Unternehmen, das Animationen für Erklärvideos erstellt. Das Interview läuft so gut, dass sie keine 30 Minuten später sagen: »Yeah, dann machst du am besten Deutschland.« »Yeah, mach ich

Nun, für zwei Jahre gelingt mir das halbwegs, dann kommt die Unruhe zurück, packt zu, lässt nicht los.

eben Deutschland«, denke ich. »Und was heißt das jetzt?« Am Folgetag trocknet schon die Tinte auf dem Arbeitsvertrag, und für zwei Jahre »mache ich Deutschland«, bin ihre Geschäftsleiterin in Berlin, helfe ihnen, in »meiner Kultur«, wie meine Schwester es nennt, Fuß zu fassen. Hatte sie, meine Schwester, nicht auch gesagt, ich solle zur Ruhe kommen? Nun, für zwei Jahre gelingt mir das halbwegs, dann kommt die Unruhe zurück, packt zu, lässt nicht los. Wie gesagt, seit der Weltreise ist es die magische »Zwei«. Zwei Jahre und nicht länger.

Ich habe ein grundlegendes Problem: Egal, wie gut es mir in einem Job gefällt – als kleine Angestellte fühle ich mich extrem eingeengt. Vermutlich hat dieses Streben nach Freiheit schon immer in mir geschlummert, sonst wäre ich damals bei Siemens nicht so unglücklich gewesen. Diese kürzlich gewonnene Erkenntnis macht mich fast wahnsinnig. Letztens sagte ich zu einem Freund: »Ich würde gern zu einer Voodoo-Frau gehen, die mir erklärt, dass ich im letzten Leben Seefahrer war. Das würde es leichter machen, dieses ständige Verlangen nach Bewegung und Veränderung zu akzeptieren. Es würde es endlich erklären.« Kaum hatte ich diese Worte ausgesprochen, kamen mir wie so oft in den letzten Jahren die Tränen. Da merkte ich: Wow, das alles belastet mich wirklich stark, dieser verdammte innere Konflikt!

Valeska von Mühldorfer

Von Geburt an bekommst du erzählt, dass es normal ist, durchgehend Arbeit zu haben und für immer an einem Ort zu bleiben. Und dann das!

Nach dem Start-up beginne ich eine einjährige Ausbildung zur Fotografin. Diesmal steht der Wandel unter dem Motto: Warum nicht mal etwas ganz anderes tun? In Schweden hatte ich dort angeknüpft, wo ich in München aufgehört hatte, hatte einen Master in Marketing und Management gemacht. Auch die Niederländer hatten mich wegen meiner Skills auf diesem Gebiet ins Unternehmen geholt. Bis heute macht mir diese Arbeit Spaß, dennoch sollte es jetzt etwas ganz anderes sein. Schon auf der Reise hatte ich gern Bilder gemacht, während der Shootings stand jedes Mal die Zeit still. Das gleiche Gefühl stellt sich nun während der Ausbildung ein, und von Anfang an kommen die Aufträge – für Hochzeitsfotografie und Porträtbilder – Gelegenheitsjobs, die wirklich Spaß machen!

Ja, man könnte meinen, damit wäre ich am Ende meiner Reise angekommen, das wäre die Lösung: als Freelancerin arbeiten. Der Begriff sagt doch echt alles: *Freelancer*. Free. Frei. Frei sein! Sich nicht eingeengt fühlen! Eine Zeit lang lebe ich so, habe immer mehrere Eisen gleichzeitig im Feuer: fotografiere, betreibe Projektmanagement, lese Korrektur, schreibe Buchzusammenfassungen. Das reicht zum Leben – obwohl meine Arbeitswoche weniger als 40 Stunden hat. Bis heute wären da genug Ideen, die ich freiberuflich verwirklichen könnte, aber aus tausend Gründen nicht umsetze. Ich weiß auch nicht. Alles klingt gut, aber nicht gut genug, um sich dafür wirklich reinzuhängen.

Irgendwann aber fehlt mir dann die Sicherheit, die Gewissheit, im nächsten Monat genug Geld auf dem Konto zu haben. Außerdem ist Homeoffice nichts für mich. Es vermittelt mir dieses Gefühl, dass ich den ganzen Tag im Pyjama bleiben kann. Erst abends, wenn man ausgeht, macht man sich dann mal zurecht.

Kurz und gut: Ich versuchte, wieder eine Stelle in meinem alten Beruf zu bekommen. Zum ersten Mal in meinem Leben wünschte ich mir ernsthaft einen festen Fulltime-Job. Und zum ersten Mal in meinem Leben bekam ich keinen. Sechs Monate lang suchte ich – dann begann ich zu zweifeln: »Oh Gott, vielleicht wird das nie wieder was mit einer Stelle. Hätte ich doch die letzte behalten, die war doch gar nicht so schlecht.« Ich saß also im Schlafanzug in der Wohnung, starrte das Handy vor mir auf dem Tisch an, das einfach nicht klingeln wollte, war frustriert wie nie und völlig ohne Hoffnung.

Zum ersten Mal in meinem Leben wünschte ich mir ernsthaft einen festen Fulltime-Job. Und zum ersten Mal in meinem Leben bekam ich keinen.

Eines Tages, an einem dieser zähen Pyjama-Vormittage, an denen ich gar nicht weiß, wofür ich mich aus dem Bett gequält habe, klingelt das Handy. Wie elektrisiert zuckt meine Hand nach vorn. »Jetzt wird alles gut!«, denke ich. »Wer auch immer mir einen Job anbietet, kann mich haben!« »Du klingst ja so gut gelaunt!«, lässt sich die Stimme einer Freundin vernehmen. »So habe ich dich seit Wochen nicht erlebt. Mein Chef sucht einen Fotografen für die Firmenfeier – Interesse?« »Bleib ich also Freelancerin«, denke ich und sage zu.

Wieder hält das Leben eine Überraschung für mich bereit: Auf der Party lande ich an der Bar zufällig neben dem Unternehmensgründer. Wir unterhalten uns, er fragt mich, was ich so mache, lädt mich zum Vorstellungsgespräch ein. Zunächst kassiert er eine Abfuhr, seine Jobangebote sind allesamt nicht mein Ding, und das sage ich ihm auch. Scheinbar beeindruckt von meiner Offenheit meldet er sich ein paar Wochen später wegen einer anderen Stelle bei mir. Und die passt. Ich hatte mich schon gewundert, denn diese Begegnung konnte doch kein Zufall gewesen sein.

Ja, und jetzt überwache ich seit vier Monaten den Bau eines Bürohauses, habe richtig viel Spaß und ... fühle mich trotzdem eingeengt. Es ist zum Heulen! Ich habe gerade den geilsten Job der Welt, bin total verliebt in Berlin, doch in Gedanken schon wieder woanders. Am besten wären für mich wahrscheinlich Halbjahresprojekte. Dann wäre mir für eine gewisse Zeit das Gehalt sicher, die Herausforde-

Valeska von Mühldorfer

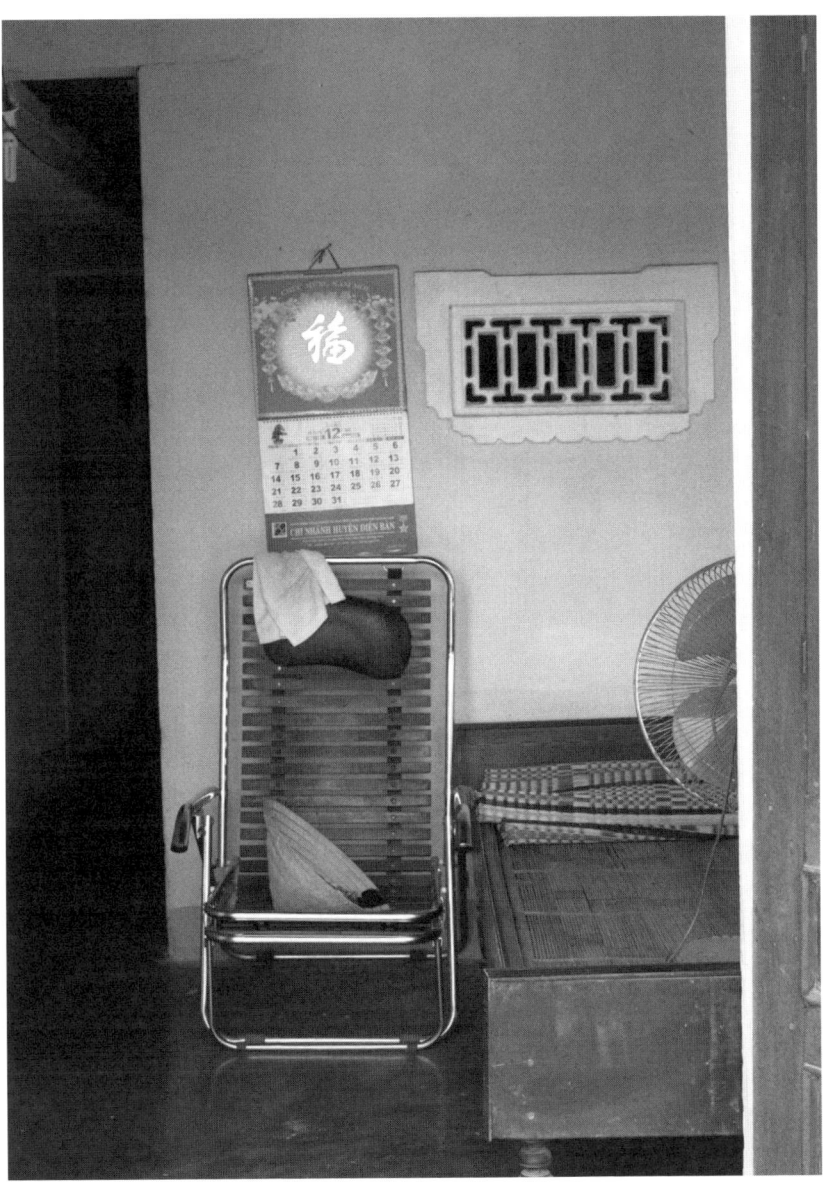

Zu Gast in einem Bauernhaus in Vietnam. Den Menschen so nahe zu kommen, machte Valeska glücklich. Die Erinnerungen daran lösen bis heute Fernweh in ihr aus.

rung wäre garantiert, und nach Ablauf der Projektphase könnte ich auf etwas zurückblicken, das ich geschaffen habe. Und dürfte wieder gehen.

Gehen. Ja, es ist Zeit. Nur soll es diesmal keine Reise sein, sondern ein Projekt im Ausland. Vielleicht könnte ich einer NGO helfen, mich an einem Kunst- oder Buchprojekt beteiligen oder irgendetwas Journalistisches machen. Ich muss nur noch das Richtige finden. Aber diesmal wird es schwer. Damals in München gab es nichts, das mich gehalten hätte. Doch jetzt sind da Berlin, der fantastische Job, die tollen Freunde. Manchmal wache ich auf und denke: »Geil, ich habe hier einfach alles. Warum nur will ich weg?« Aber langsam realisiere ich, dass ich ständig diesen inneren Schrei unterdrücke, diese Stimme, die mir sagt, dass ich wieder etwas ganz anderes tun und fortmuss. Das kann doch nicht gesund sein, das immer zu unterdrücken – nun schon seit fünf Jahren!

Da ist es hilfreich, dass ich derzeit keinen Partner habe, und dauernd denke ich: »Nur niemanden kennenlernen«, wenn ich durch die Straßen laufe, in Bars sitze oder an der Haltestelle stehe. Denn es ist nicht so, dass ich an Liebesdinge so herangehen würde wie an Jobs. Bei jedem Rendezvous keimt in mir die Hoffnung auf, dass das jetzt fürs Leben sein könnte. Dafür jedoch wäre jetzt einfach nicht der richtige Zeitpunkt.

Meine Eltern wissen noch nichts von den neuen Ausbruchplänen. Mittlerweile haben sie sich ein wenig an mein Leben gewöhnt. Klar, Eltern wollen ihre Kinder immer beschützen, und dann bringen sie auch mal Themen wie Altersarmut ein. Aber meistens sagt meine Mutter: »Du machst das schon«, wobei ich wünschte, sie würde mir manchmal etwas Input geben, die Dinge mit mir gedanklich durchspielen, so wie eine gute Freundin. Mein Vater ist meinem Lebensstil gegenüber immer noch skeptisch, aber auch er hat sich entspannt. Er meint, ich hätte ja in den letzten sechs Jahren bewiesen, dass ich ihm nicht auf der Tasche liege. Dennoch sucht er noch nach der Schublade, in die er mich einsortieren kann. Dabei ähneln wir uns sehr – vermut-

Valeska von Mühldorfer

lich macht ihm genau das Angst. Mit meiner Rastlosigkeit lebe ich vieles aus, das er nie zugelassen hat.

Ob ich einmal Kinder möchte? Vielleicht. Ist gerade nicht in Planung, aber es sind ja auch noch zehn Jahre Zeit. Wenn es passiert, passiert es halt. Erst mal muss der Partner stimmen, der auf jeden Fall bereit sein muss, mit mir ins Ausland zu gehen. Wir könnten je zwei Jahre lang in einem Land leben, bevor wir weiterziehen.

Wie wäre es weitergegangen, wenn ich damals in München nicht ausgebrochen wäre? Sicherlich wäre ich ängstlicher. Heute betrachte ich alles mit Abstand, lasse mich von den Dingen nicht so sehr stressen, denn sie sind – global betrachtet – unbedeutend. Diese Erkenntnis ermöglicht es mir, Probleme in aller Ruhe anzugehen, sie zu lösen, und zu akzeptieren, wenn etwas nicht klappt – ein Vorteil meinen Mitarbeitern gegenüber. Die flippen schon aus, wenn mal eine Mail über den falschen Verteiler rausgeht. Ich frage dann: »So what?«

Mein Team kennt mich als Leaderin, die ruhig bleibt, auch in stressigen Situationen. Meine Freunde kennen mich als Heulsuse. Seit der Reise bin ich mir meiner Gefühle bewusster, mit meinem Bauchgefühl in ständigem Kontakt. Klar, das hat sich ja auch auf der Reise, in all den fremden Ländern, als nützlich erwiesen. Leider spüre ich seitdem aber auch meine

Seit der Reise bin ich mir meiner Gefühle bewusster, mit meinem Bauchgefühl in ständigem Kontakt.

Ängste und Sorgen deutlicher. Ganz klar bin ich weicher geworden. Wie gesagt, manchmal verstecke ich mich im Bett und breche in Tränen aus.

Aber ich habe nicht nur für mich ein besseres Verständnis entwickelt, sondern auch für andere Kulturen. Im Büro ist das hilfreich, weil wir international arbeiten. Und noch etwas: Ich gehöre nicht zu denen, die nach Deutschland zurückkommen und auf Heimat und Gesellschaft schimpfen. Im Gegenteil: Ich habe gesehen, wie gut wir es haben. In Südamerika kann dein Geld von einem Tag auf den anderen nichts mehr wert sein, und wenn dein Bus vor einer roten Ampel steht, könnte es sein, dass ihn im nächsten Moment Männer stürmen, die Kameras und Bargeld wollen. Passiert dir hier nicht. In Ländern wie Vietnam sagten die Menschen zu mir: »Oh, du kommst aus Deutschland. Wie toll! Großartiges Land!« Tatsächlich war ich überrascht vom guten Ansehen unserer Heimat in der Welt. Wir können uns auf unsere Regierung verlassen. Mein Blick auf mein Zuhause hat sich durch die Weltreise verbessert. Damals, vor dem Aufbruch, war in meinen Augen alles hier schlimm. »Ich komme nie wieder«, schwor ich mir in jenen Tagen und kaufte einen Umschlag für meinen Pass, damit mich auf der Reise nicht andauernd irgendwelche »Mitbürger« in Tennissocken und Trekkingsandalen anquatschen würden.

Jetzt bin ich stolz darauf, Deutsche zu sein, und sehe mich auch in der Verantwortung, mein Land vernünftig zu repräsentieren – selbst hier in Berlin. 90 Prozent meiner Freunde sind Ausländer. Tja, was bleibt? Was ist die Bilanz so weit? Wo will ich hin? So oft wünsche ich mir einen Mentor, der mich anleitet, mir ganz klar sagt: »Jetzt machst du A, dann B, dann C.« Eines aber ist sicher – Berlin wird immer meine Base bleiben. Die Stadt erdet mich. Der Lärm der Großstadt ist mein Lebenselixier. Man mag darüber lachen, aber dann erst komme ich tatsächlich zur Ruhe. Genau: Berlin, mein Kurort! Ob ich irgendetwas bereue? Nur den Moment, in dem ich mich von der Kurzzeitarbeitslosigkeit habe herunterziehen lassen. Doch es wird weitergehen. Es geht immer irgendwie weiter.

Der Lärm der Großstadt ist mein Lebenselixier.

Nachtrag: Valeska war nur noch einmal, für drei Monate, im Ausland – in den USA. Abgesehen davon wohnt sie seit mittlerweile acht Jahren in Berlin. Jetzt fühlt sie sich wohl. »Der Drang ist verschwunden, ich habe mir den Alltag über die letzten Jahre so gestaltet, dass es eine gewisse Grundzufriedenheit gibt und ich nicht ständig das Gefühl habe, daraus mit einem großen Abenteuer ausbrechen zu müssen. Ich habe mich viel ausprobiert, weiß jetzt, was ich mag und was nicht. Dafür waren die Reisen toll, jetzt sind sie aber nicht mehr so dringend nötig«, sagt sie. Beruflich steckt Valeska gerade mitten in ihrem zweiten Bauprojekt. Sie leitet drei Teams in einem der größten deutschen Start-ups/Grown-ups. »Es ist eine stark skalierende Firma, die sich genauso oft verändert wie ich, so wird mir nie langweilig.«

Heute, nach all den Jahren, würde sie sich als relativ gesettled beschreiben. Berlin ist für sie eine wichtige Basis und ein guter Ausgangspunkt für Reisen und Besuche. Nach wie vor schätzt Valeska ihren multikulturellen Freundeskreis, sie ist seit Dezember 2020 mit dem Reise-Enthusiasten und gebürtigen Rumänen Mihai verlobt. Ihre Hochzeit steht kurz bevor, langfristig steht ein Umzug aufs Land an – nah heran an die Natur, doch nicht zu weit weg vom nächsten Flughafen.

Valeska von Mühldorfer

- *heute 33, Teamleiterin in einem berühmten Start-up und ausgebildete Fotografin*
- *Einjährige Reise durch die USA, Kanada, Hawaii, Asien*
- *Dreimonatige Ausbildung zur TEFL-Sprachlehrerin in den USA, um weltweit Englisch unterrichten zu können*
- *drei- bis viermonatiges Sabbatical geplant für eine Reise nach Südamerika, gemeinsam mit Partner Mihai*
- *www.valeskasblog.wordpress.com*

Auf der Flucht

Die Geschichte von Helge Timmerberg, aus: *Tiger fressen keine Yogis. Stories von unterwegs*, **Solibro Verlag**

Ein Gastbeitrag

Meine Flucht begann im Alter von zwölf Jahren. Bis dahin kämpfte ich, wenn etwas nicht anders zu regeln war. Und ich war klug, stark und mutig und gab nie auf. Das hat mich in unserer Bande zur Nummer zwei gemacht. Was ich nicht leiden konnte, war Ungerechtigkeit. Drei Mitglieder einer polnischen Familie in unserer Nachbarschaft verdanken mir eine relativ unbeschwerte Kindheit. Ich habe mich ständig für sie geradegemacht.

Ich war der Zweitstärkste meiner Klasse. Der Stärkste war der Sohn eines Schlachters, von dem bekannt wurde, dass er zu Hause jeden Tag einen Liter frisches Blut zu trinken bekam. Sein Name war Frankie. Und Frankie war brutal. Der Schwächste in der Klasse war der Sohn eines Frauenarztes. Schwach, weil fett wie ein Mastschwein. Und blöd war er auch. Aber er konnte nichts dafür. Er hat mir immer leidgetan. Eines Vormittages steht der Dicke vor unserem Lehrer und scheißt sich vor Angst in die kurzen Hosen. Und als er zu seinem Platz zurückgegangen war, hatte er tatsächlich eine Spur von kleinen, festen Koddeln hinterlassen. Dafür wollte ihn Frankie nach der Schule verprügeln. Ich nahm den Hosenscheißer in Schutz.

Frankie war einfach nicht zu besiegen. Jeden Tag einen Liter Blut! Als es offensichtlich wurde, dass ich verlor, feuerte der Dicke plötzlich Frankie an. Das Hosenscheißer-Schwein. Ich ließ mich für ihn verprügeln, und als ich am Boden lag, trat er sogar auf mich ein. Seit diesem Tag habe ich mich nicht mehr geschlagen. Die Meister der Martial Arts befürworten übrigens dieses Verhalten: Kämpfe erst, wenn du nicht mehr flüchten kannst, sagen sie. Die Flucht ist die kluge Schwester des Kampfes. Und du willst doch kein dummer Krieger sein.

Damit sind wir bei Castaneda und Don Juan. Ich habe seine Bücher mit 17 verschlungen. Dazu ein bisschen Timothy Leary und ein bisschen Aldous Huxley, und bevor ich wusste, was geschah, saß ich auf einer begrünten Verkehrsinsel auf dem Autobahnkreuz Kamen. Im Grunde war alles wie immer ein Missverständnis. Ich wollte an der Grenze zwischen Belgien und Deutschland das LSD nicht schlucken. Ich hatte es nur zum Schmuggeln in den Mund getan. Aber es war, wie in diesen Tagen üblich, auf Löschblätter geträufelt. Wir fuhren noch ein wenig über das Autobahnnetz des nächtlichen Ruhrgebiets, dann wurden wir ausgesetzt (natürlich waren wir per Anhalter unterwegs), und auf der Verkehrsinsel, auf der wir nun standen, entfaltete das LSD plötzlich seine volle Wirkungskraft. Wir mussten auf die andere Seite, und jeder weiß, wie breit eine deutsche Autobahn ist, doch mir erschien sie breiter, und zudem erschien ein Licht von rechts, gekoppelt an ein Heulen, und Licht und Heulen nahmen in geradezu erschreckender Geschwindigkeit an Intensität zu. Schlussendlich wurde eine Supernova daraus, ein explodierender Kometenschwarm, kurz: Das Kamener Kreuz nordöstlich von Dortmund, südwestlich von Hamm und südlich von Münster war bereits 1970 viel befahren, und was soll ich sagen: Wir trauten uns nicht vor Sonnenaufgang auf die andere Seite der Autobahn, von der ich dann zum ersten Mal nach Indien trampte – mit 17. An dem Tag, an dem Jimi Hendrix starb.

Könnte man nicht alles über die Drogen streichen und den Text hier beginnen! Aber nein! Denn es fing mit den Drogen an. Sie waren das Problem. Jede Region hat ihre eigenen Drogen. In kalten Ländern wie Deutschland greift man zu Bier

Denn es fing mit den Drogen an. Sie waren das Problem.

und Schnaps, und beides hilft, das Wetter zu ertragen. Dabei geht es nicht nur um die Kälte, sondern vor allem um die Abwesenheit von Licht. Es graut einem vor diesem Grau, wenn man nicht besoffen ist. Graue Häuser, graue Straßen, graue Hosen, graue

Gesichter, und das Fernsehen war schwarz-weiß. Rosa Löschblätter brachten Farben in dieses Leben. Außerdem begann ich zu kiffen. Haschisch war die Volksdroge des Orients und eigentlich in Ostwestfalen völlig fehl am Platz, denn sie hilft Hitze und zu viel Sonne gut zu ertragen sowie Armut und andere Mangelerscheinungen. Weil sie auf Reichtümer aufmerksam macht, die nichts zu kosten scheinen. Stichwort: Sensibilisierung. Ich bekam ein Ohr für Musik und ein Auge für musikalische Formen und ein Herz für den Müßiggang, und damit war Deutschland für mich gestorben. Also Kulturflucht! Ich habe es Reisejournalismus genannt.

Seit 25 Jahren permanent auf Achse, bis auf Australien, die Fidschis und Alaska alles gesehen, anfangs konnte ich zwischendurch noch immer einige Monate in Deutschland verweilen, aber bald hielt ich auch das nicht mehr aus. Drei Wochen Heimaturlaub wurden Obergrenze. Dann hatte ich die Vorteile satt (gutes Brot, gute Schokolade, gute Freunde), und jede Art von Depression übernahm das Regiment. Es sei denn, es war Sommer. Aber wann ist schon Sommer in diesem Land?

Ist das Flucht? Habe ich selten so gesehen. Im Gegenteil. Wann immer ich in einem Flieger saß und durch die Wolkendecke stieß, die wie hintapeziert über Hamburg zu hängen scheint, beschlich mich das Gefühl, Probleme zu überwinden, statt ihnen zu entfliehen. »Ihr könnt mich mal« war das Substrat meiner Gedanken bei jedem Start. Flucht als aggressiver Akt. Das klappte etwa 14 Jahre. Dann wurde ich des Reisens müde und suchte einen Hafen. Settle down in Marrakesch. Ich mietete ein großes Haus im Labyrinth der kleinen Gassen und glaubte, ich würde den Rest des Lebens unter den duftenden Orangenbäumen in meinem Patio verbleiben. Ich blieb drei Jahre. Settle down in Havanna. Andere Düfte, andere Früchte, Salsa for ever. Ich blieb zwei Jahre. Settle down in Indien? Ich versuchte es im letzten Jahr. Ich blieb sieben Wochen. Bin ich von einem

> *Das klappte etwa 14 Jahre. Dann wurde ich des Reisens müde und suchte einen Hafen.*

Dämon getrieben, oder was ist das für ein Phänomen? Ich kann nicht bleiben. Egal, wo ich bin. Nach drei Jahren Marokko hatte ich hinter jeden Schleier geschaut und sah nur noch Nervenkranke auf staubigen Straßen. Nach zwei Jahren Kuba konnte ich definitiv keine Mulattin[1] mehr sehen. Und Indien machte mich rasend. Und noch etwas: Diese Kulturen assimilieren nicht. Anderslautende Versicherungen aus Kreisen der Gastgeberländer sind geschäftsbedingtes Gewäsch. Schon mal in Marokko ohne Geld dagestanden? Oder in der Karibik? Oder in Asien? Man konnte mit aufgeplatzten Pestbeulen durch die Gegend reisen und erfreute sich derselben Reaktion. Du kommst als Freund und gehst als Fremder. Es sei denn, du heiratest inländisch. Dann wirst du Mitglied der großen Familie, die du von nun an ernährst. Ich muss es jetzt endlich mal sagen. Je länger ich vor Deutschland flüchte, desto deutscher werde ich. Oder sagen wir, desto europäischer.

Nach einem Vierteljahrhundert des rastlosen Rasens um diesen Planeten im Zickzackkurs identifiziere ich mich als Europäer, und das tut gut. Bin ich aber in Europa, sehne ich mich nach dem Orient. Nach diesen anderen Farben, in diesem anderen Einfallswinkel des Lichts.

Ab einem bestimmten Alter wird das Reisen sinnlose Qual.

Das Gras in Nachbars Garten ist immer grüner, und wenn ich über den Zaun hüpfe, verblasst es und wird normal. Und dann hüpf ich wieder und wieder, und so bleibt man jung, könnte man sagen, und fidel. Blödsinn. Ab einem bestimmten Alter wird das Reisen sinnlose Qual. Das ewige Packen, Schleppen, Schlangestehen, Einchecken, Auschecken, der Kampf mit dem Zimmer, den Fliegen, den Kakerlaken.

---

[1] Der Duden rät heutzutage von der Verwendung des Begriffs Mulattin ab. Ihm zufolge stammt er vom spanischen *mulato* = Maultier, nach dem Vergleich mit dem Bastard aus Pferd und Esel. Die Orientalistik jedoch sieht in dem Wort nichts Diskriminierendes: Ihr zufolge liegt sein Ursprung im arabischen Begriff *muwallad*, der eine Person mit Eltern unterschiedlicher Herkunft bezeichnet.
So oder so: Der Text »Auf der Flucht« stammt aus dem Jahr 2001, und es lag der Herausgeberin mehr als fern, auch nur eine Silbe daran zu ändern.

Helge Timmerberg

Ich habe selbst im Taj Mahal, Bombay, zwei gesehen. Zwei riesige, fette Kakerlaken. Ich kann Paul Bowles verstehen. Ein großer Schreiber war er, viel gereist. Irgendwann wurde ihm klar:»Meine größten Feinde sind meine Füße.« Und er blieb stehen. Für immer. Paul Bowles fand seinen Hafen kraft Einsicht, da, wo er gerade war. Und er war zufällig in der Altstadt von Tanger. Vor 20 Jahren. Klasse, das war klasse. Und das kann ich mit ganzem Herzen sagen. Und mir von ganzem Herzen wünschen. Und wann werde ich es wagen? Jetzt? Hier?! Lieber würde ich den Strick nehmen. Ich bin in New Delhi. Einmal muss ich mindestens noch in den Flieger, um die Flucht zu beenden. Nur noch einmal.

Helge Timmerberg

- *heute 70, Deutschland, Weltreisender/Abenteurer/Journalist/ Reiseschriftsteller*
- *seine Versuche, sesshaft zu werden, schlugen lange fehl. Er lebt mittlerweile in Wien, Berlin und St. Gallen*
- *schreibt unter anderem für »Stern«, »Die Zeit«, »Merian«, »SZ Magazin« und »Playboy«.*
- *Bücher (Auswahl):*
  - *Lecko mio. Siebzig werden, Piper*
  - *Tiger fressen keine Yogis. Stories von unterwegs, Solibro Verlag*
  - *Timmerbergs Reise-ABC. Mit 21 Cartoons von Peter Puck, Piper*
  - *Shiva Moon. Eine Reise durch Indien, Rowohlt*
  - *In 80 Tagen um die Welt, Rowohlt*
  - *Die rote Olivetti. Mein ziemlich wildes Leben zwischen Bielefeld, Havanna und dem Himalaja, Piper*
- *www.utiya-magazine.com (Reportagemagazin)*

Die geilste Lücke
im Lebenslauf

Die Geschichte von Nick Martin

Wie alles begann ... Ich bin rein in den Van, ich habe das Rauschen der Wellen gehört und bin mit einem Grinsen im Gesicht eingeschlafen. Das ist mir noch nie passiert. Und dann ist noch etwas passiert. Dieses Grinsen war beim Aufwachen noch da. Das ist im Jahr 2009 gewesen. Ich hatte meinen gesamten Jahresurlaub auf einmal genommen, um drei Wochen lang in Neuseeland zu reisen.

Schnell ging die Zeit vorüber und ich zurück ins Büro. Ich bin gelernter IT-Kaufmann, habe im Anzug Businesssoftware verkauft. Nun wartete ich darauf, dass die Routine zurückkam wie nach jedem Urlaub. Doch das klappte diesmal nicht, der Alltag stellte sich einfach nicht wieder ein. Meine Kollegen waren top, wir rissen Witze, verbrachten die Mittagspause zusammen, unterhielten uns auch mal über Privates. Der Job war auch super, die Software verkaufte sich wie geschnitten Brot. Mein Chef klopfte mir manchmal auf die Schulter. »Du kannst es zu was bringen«, sagte er dann. Aber ich habe auf einmal nur noch halbherzig gearbeitet, und mir wurde klar, dass mein ganzes Leben schon vorgezeichnet vor mir liegt: Karriere als Vertriebsleiter, irgendwann der eigene Firmenwagen, Aufstieg zum Niederlassungsleiter. Ich dachte: *Wow, ich werd' 'ne Menge Asche machen. Aber war's das? Eigentlich nicht. Und der reichste Mann auf dem Friedhof werden – das ist eigentlich nicht mein Ziel.*

Da bin ich hin zu meinem Chef, hab die Tür aufgerissen, auf den Boden gespuckt und gerufen: »Ich kündige!«

Nein, so war es nicht. In Wahrheit habe ich vor ihm gesessen und fast geheult. Es war mehr eine Frage, als ich sagte: »Also ... dann ... kündige ich?« Es war meine Reaktion darauf, dass er mich nicht gehen lassen wollte. Eigentlich hatte ich ihn nur gebeten, mir ein Jahr lang unbezahlten Urlaub zum Reisen zu geben – Rückkehr nicht ausgeschlossen.

»Bist du bescheuert?«, fragten mich meine Eltern. Sie wussten es, ich wusste es: Ich schmeiße alles weg. Meinen guten Job, der mir meinen A3 Sportback sichert, meine geräumige Dreizimmerwohnung, meine Karriere. Auch meine Freunde

Ich schmeiße alles weg. Meinen guten Job, meine geräumige Dreizimmerwohnung, meine Karriere.

verstanden es nicht. »Das alles willst du aufgeben? Für eine Reise?« Ich konnte nur nicken. »Ja.«

Meine damalige Freundin hingegen bestärkte mich, obwohl sie selbst fürs Studium daheimbleiben musste. Sieben Jahre waren wir schon zusammen. Sie sagte: »Wenn du jetzt nur wegen mir bleibst, wirst du unglücklich.« Sie ließ mich gehen, entließ mich in eine wunderbare Zeit.

Die Rückkehr. Ich stehe an einem Bushaltestellenhäuschen, und der Novemberregen rieselt auf mich herab. Ich schaue auf das Datum meiner Uhr. Heute vor genau einer Woche bin ich auch nass geworden – von einer fast perfekten Welle an einem der besten Surferstrände der Welt. Da, auf meinem Board, schoss mir das Adrenalin pur durch die Adern. Ich kann es immer noch spüren. Und dann spüre ich wieder den Regen. Er dämpft die Freude, die gerade in mir aufgestiegen ist. Stattdessen steigt einmal mehr das Bild meiner Freundin vor meinem inneren Auge auf. Wie sie mir gestern gegenübersaß. Wie eine fremde Person. Ich erzählte ihr von meinen Abenteuern, doch so richtig, das war ganz deutlich zu sehen, interessierte sie sich nicht dafür. Sie erzählte mir von ihren Schülern, sprach darüber, wie sie täglich nach der Schule noch mehrere Stunden zu Hause am Schreibtisch verbringt, wie sie Klassenarbeiten korrigiert. Wenn ich ehrlich bin: So richtig interessiere ich mich auch nicht mehr für ihre Geschichten, für

Nick Martin

ihren sich permanent wiederholenden Alltag. Wir beide leben jetzt in zwei verschiedenen Welten, und die sind sehr weit voneinander entfernt.

Ich schrecke aus meinen Gedanken hoch. Die alte Frau neben mir hat angefangen zu keifen: »Warum muss dieser Bus immer zu spät kommen?« Eine andere fällt mit ein: »Ja, gestern war er auch erst um fünf nach da.« Ich schaue auf meine Hand, sehe die Schussverletzung von Fidschi. Und während ich gerade noch unter dem nassen Glasdach der Bushaltestelle stehe, befinde ich mich auf einmal unter dem warmen Wasserstrahl einer Dusche am Strand. Eine leichte Brise weht vom Meer zu mir herüber; nach mehreren Stunden Volleyball die perfekte Erfrischung. Die anderen Backpacker und ich haben gerade haushoch gegen ein paar Locals verloren, aber die Stimmung ist gut, Sieger und Verlierer albern herum, auch jetzt noch während meiner Dusch-Session.

Gerade wasche ich mir kopfüber die Haare, da höre ich, wie jemand meinen Namen ruft: »Nick! Nick, schau mal!« Ich mache die Augen auf, kann aber nichts sehen durch meine langen Strähnen. Schnell aus dem Gesicht gewischt, geben sie den Blick auf Knox frei. Er ist einer der Fidschianer aus der Siegermannschaft und zugleich einer der Angestellten meines Hostels. Keine zwei Meter steht er nun vor mir und hält etwas in der Hand. Es ist eine Harpune. Eine Harpune, die er auf mich gerichtet hält. »Der Junge macht Spaß«, geht es mir durch den Kopf. »Willst du mich abschießen oder was?«, rufe ich und lege mir eine Hand auf die Brust. Knox lacht, albert herum, visiert mich an, springt ein wenig auf der Stelle herum. Im nächsten Moment spüre ich eine Art Taubheit im rechten Daumen, mache zwei Schritte nach hinten, schaue an mir herunter, und erkenne, dass sich ein Speer in meine Brust gebohrt hat. Die Harpune war geladen?! Unter mir breitet sich langsam eine Blutlache aus.

Ein großer Wassertropfen zerplatzt mir auf der Nase. »10 Minuten Verspätung«, leuchtet die gelbe LED-Anzeige in der Novemberdunkelheit auf. »Oh nein!«, die Frau neben mir stöhnt. »Der Typ hätte mich damals fast umgebracht!«, will ich sie anschreien. Mache ich natürlich nicht, aber weiß plötzlich: In diesem Land hält mich nichts mehr.

Ein paar Tage später trennen meine Freundin und ich uns, und die wichtigste Bezugsperson geht damit verloren. Das weiche Bett in meinem alten Kinderzimmer kann den tiefen Sturz auch nicht abfangen. Da liege ich – habe keine eigene Wohnung, kein Auto, keinen Job und jetzt auch keine Freundin mehr. Ich starre Löcher in die Luft, verfalle in eine Reisedepression, während draußen vor dem Fenster unablässig der Regen fällt. Man muss sich das vorstellen, ich hatte zwei Jahre lang am Stück nur Sommer erlebt.

Ich starre Löcher in die Luft, verfalle in eine Reisedepression.

Aber sofort flüchten will ich auch nicht. Der Grund dafür ist eine andere Frau, die mir begegnet ist. Sie ist auch gerade erst von einer langen Reise zurückgekehrt, und es stellt sich heraus, dass wir zur selben Zeit am selben Ort in Australien gearbeitet haben – für die zwei miteinander konkurrierenden Hotelketten. Hier in Deutschland sehen wir uns zum ersten Mal, kommen zusammen und sind bis heute ein Paar.

* * *

Im Grunde ist es so: Wenn du nach einer solchen Reise zurückkommst, wirst du nur nicht verrückt, wenn du dir eine Beschäftigung suchst. Du musst dich ablenken. Du hast so viel erlebt, und dein Kopf kam die ganze Zeit nicht dazu, das zu verarbeiten. Nun, da du wieder sesshaft bist, bekommt dein Hirn diese Gelegenheit und spielt verrückt. War halt alles ein bisschen viel, nicht wahr?

Dennoch wehre ich mich jetzt dagegen, als mich das Arbeitsamt wieder in meiner alten Branche vermitteln will. Diese graue Maus beim Amt versteht einfach nicht, dass das nicht mehr geht. Ich will mich selbstständig machen, aber die wollen mir dann das Geld nicht

Nick Martin

Nick führt heute ein Leben ganz nach seinem Geschmack. Die verregneten deutschen Winter hat er gegen Sonne und Strand eingetauscht.

weiterzahlen. Also schreibe ich mit Absicht Scheißbewerbungen, so lädt mich wenigstens niemand zum Gespräch ein.

Die Konsequenz: Die vom Amt verdonnern mich zur Teilnahme an einem Bewerbungstraining. Jeder von uns soll sich dort zu Beginn kurz vorstellen. Also sage ich: »Hallo, mein Name ist Nick, ich habe mir gerade meinen Lebenstraum erfüllt und war zwei Jahre auf Weltreise.« Da steht allen der Mund offen. Am zweiten Tag kommt der Chef vom Amt zu mir und meint: »Sie passen nicht in den Kurs, aber Sie tun der Gruppe gut.« Er gibt mir die Erlaubnis, mein Reisetagebuch abzutippen, während die anderen Lebensläufe verfassen. Es dauert dann nicht mehr lange, und ich gehe sowieso wieder auf Tour.

* * *

2014 komme ich erneut nach Deutschland zurück – und lande wieder in einem Kurs vom Amt. Das Thema diesmal interessiert mich schon ein bisschen mehr, denn es beschäftigt sich mit einer Frage, die mich schon lange umtreibt: »Wie mache ich mich selbstständig?« Wenn man so lange auf Reisen war, so viel gesehen hat, dann kann man nicht mehr als kleiner Angestellter im Büro arbeiten, das geht einfach nicht mehr. Wie auch immer, der Zufall will es, dass der Chef des Arbeitsamtes von damals selbst den Kurs leitet und mich wiedererkennt.

> *Das Thema beschäftigt sich mit einer Frage, die mich schon lange umtreibt: »Wie mache ich mich selbstständig?«*

»Na, womit wollen Sie sich denn selbstständig machen, Herr Martin?«, fragt er mich. »Ich möchte als Motivationstrainer arbeiten.« Er nickt, denkt kurz nach und sagt: »Okay, dann kommen Sie mal nach vorn.« Im nächsten Moment stehe ich neben ihm: »Jetzt zeigen Sie mal, was Sie können. Sprechen Sie zur Gruppe, motivieren Sie die Leute!« Er tritt zur Seite ans Fenster, verschränkt die Arme und beobachtet mich. Da stehe ich also mit dem Rücken zur Wand, gut 20 Leute vor mir. Es ist die Probe aufs Exempel. Kurz geräuspert, fange ich an, erzähle von meinen Reisen, davon, wie es mir gelungen ist, meine Pläne zu verwirklichen, Probleme zu überwinden, Zweifel zu bekämpfen. Eine Stunde lang.

»Sie haben den Job«, sagt der Chef am nächsten Tag zu mir. »Welchen Job?«, frage ich. »Sie bekommen Ihren eigenen Kurs – als Leiter, als Motivationstrainer.«

Von März bis September arbeite ich nun mit Langzeitarbeitslosen zusammen. Man muss sich das mal vorstellen: In dem Kurs sitzen Leute, die teilweise seit zehn Jahren zu Hause geblieben sind. Denen hat noch nie jemand zugehört. Ich nehme mir Zeit für sie. Es geht um Inspiration und Motivation, darum, wie man erreicht, was man möchte. Wir verfassen gemeinsam Bewerbungsschreiben, stellen eine

Nick Martin

Vor bis zu 1.300 Zuschauern spricht Nick über seine Abenteuer.
Für ihn sind sie »die geilste Lücke im Lebenslauf«.

Kamera auf und filmen uns gegenseitig, während wir üben, uns beim Bewerbungsgespräch bestmöglich zu verkaufen: in die Augen schauen, auch selbst mal eine Frage stellen, gerade sitzen, deutlich sprechen … »Ja! Ja! Lächeln nicht vergessen! Das wirkt souverän und bricht das Eis!« Ich sage ihnen, wie ich es machen würde an ihrer Stelle. Einen schicke ich eines Tages spontan, mitten im Kurs, in die Stadt, damit er sich bewirbt. Oh, da gab es Ärger vom Chef!

Meine Pläne für die Zukunft? Gibt es nicht. Nach meiner zweiten Weltreise war nur klar: Ich will nicht ewig in Deutschland bleiben, will aber auch nicht ewig reisen. Damals, das war 2013, war ich eigentlich nur zurückgekommen, weil ein Freund seine Hochzeit feierte.

Kurz danach bin ich ein halbes Jahr lang sogar dafür bezahlt worden, mir die Welt anzuschauen. Swiss Air suchte einen Reisejournalisten für so eine befristete Marketinggeschichte. Ein Freund machte mich darauf aufmerksam, meinte: »Bewirb dich doch mal, Nick.« Tatsächlich, der Job schien mir wie auf den Leib geschneidert. Unter 1.400 Bewerbern haben sie mich dann auch tatsächlich ausgewählt.

Danach habe ich den deutschen Sommer genossen und wieder ein bisschen an meiner Selbstständigkeit gebastelt. Mittlerweile habe ich die virtuelle »Reise-Uni« *travel-echo* gegründet, an der User das Reisen studieren können und den Mut finden, es auch zu tun. Ja genau, ich bin jetzt tatsächlich Motivationscoach geworden! Daneben halte ich deutschlandlandweit vor bis zu 1.300 Menschen Vorträge über meine Reisen. Außerdem habe ich das Reisekochbuch *Fuck Pasta N Ketchup!* geschrieben und ein Buch über meine Abenteuer: »Die geilste Lücke im Lebenslauf«.

Und diese Lücke wird immer größer: Mittlerweile bin ich gemeinsam mit meiner Freundin unterwegs. Sie hat einen Job, den sie online von überall auf der Welt aus erledigen kann. In zwei Monaten wollen wir nach Ägypten zu einem Camp für digitale Nomaden fliegen. Ist schon geil, du kannst am Strand sitzen und arbeiten. So was will ich auch machen. Meine Vorträge in Deutschland sind ganz gut gelaufen, mehr als 25.000 Zuhörer hatte ich 2019 insgesamt. Nun schwebt mir vor, mich auch im Ausland auf die Bühne zu stellen.

Dabei geht es mir immer auch darum, den Leuten Mut zu machen, aus dem Alltag auszubrechen, mal etwas zu wagen. Auf meiner Website heißt es: »Sechs Jahre Weltreisen – Die geilste Lücke im Lebenslauf«.

Spreng doch mal das deutsche Sozialklischee: gute Noten, Uni, Partner, Kinder, Kredit, Haus. Du bist so viel mehr!

Viele fürchten sich davor: »Oh Gott, niemand wird mich mehr einstellen, wenn ich mal länger nicht an der Karriere gebastelt habe!« Das ist Bullshit! Spreng doch mal das deutsche Sozialklischee: gute Noten, Uni, Partner, Kinder, Kredit, Haus. Du bist so viel mehr! Du verdienst so viel mehr! Reisen ist das beste Erlebnis des Lebens, und

Nick Martin

meiner Meinung nach sollten die Personalchefs das anerkennen. Da hat jemand mal über den Tellerrand geschaut, ist herausgegangen aus der eigenen Gesellschaft, dem eigenen Umfeld und hat – ganz wichtig – sich selbst in ganz neuen Situationen kennengelernt. Man reift unwahrscheinlich.

* * *

Und wie habe ich mir das alles finanziert? Die Antwort lautet: manchmal so richtig ranklotzen. Gegen Ende meiner Zeit als IT-Kaufmann arbeitete ich nachts parallel als Barmann. Auf meiner Reise gab es eine Phase, da hatte ich fünf Jobs gleichzeitig. Das war in Perth, Australien. Ich restaurierte Boote, war Barkeeper in einer afrikanischen Bar, schob Nachtschichten an einer Hotelrezeption, mixte als VIP-Barkeeper Cocktails auf einer Yacht und verkaufte Tacos auf dem Wochenmarkt.

Ich bin 2010 mit 9.000 € losgefahren und danach mit 12.000 € in der Tasche zurückgekommen. Siehst du? Es geht! Ich kann dir nur raten: Überleg dir, auf welchem Gaul du gerade sitzt, ob es der richtige ist, ob du glücklich bist. Es ist nie zu spät, etwas zu ändern. Ich meine, was hast du zu verlieren? Wir Deutschen machen uns immer viel zu viele Sorgen. Doch eigentlich ist es doch so: You are born with nothing, you're going with nothing. What do you lose? Nothing.

* * *

Jetzt erzähle ich noch die Geschichte zu Ende, wie das damals war, angeschossen zu werden. Um ein Haar wäre ich gestorben. Ich musste stundenlang auf Hilfe warten. Die kam schließlich in Gestalt eines Fischers herangeschlendert, der mich zu einer löchrigen Nussschale mit Außenborder brachte – seinem Boot. Bötchen. 'Ner Nussschale halt. Er hatte den Auftrag, mich zum Medical Centre auf der Nachbarinsel zu bringen. Das entpuppte sich leider als ärmliche Hütte mit so 'ner Art Hexe drin, der Krankenschwester. Mit fleckiger Schürze stand die da und rührte in einem Topf. Ich hatte ja schon einiges gesehen, aber das ging gar nicht. Hier wollte ich nicht sterben. Noch nicht ganz ins Halbdunkel eingetreten, drehte ich mich wieder um und dem Licht entgegen, das schon stark abgenommen hatte. Der Tag neigte sich dem Ende zu, und noch immer lief ich mit einem blutigen Loch in der Brust herum. Trotz der einsetzenden Kühle schwitzte ich. Ich war wie betäubt, wusste nicht, wohin mit mir. Instinktiv lief ich in die Richtung, aus der ich gekommen war, zurück zum Bootssteg, immer dem staubigen Weg nach, den Blick fest darauf geheftet.

»Nick!« Zuerst hörte ich sie gar nicht, die Stimme, die da meinen Namen rief. Doch dann: »Nick!« Und wieder: »Nick!« Mir fiel ein, dass das mein Name ist. Der Name, den mir meine Eltern vor knapp 30 Jahren gegeben haben. Wenn die wüssten … Ich kapierte nicht, warum den hier jemand kannte, hier mitten in der Fremde, auf einer Insel, auf der eine Hexe in einem Topf rührte. Waren das einsetzende Halluzinationen? War ich meinem Ende schon so nah? Die Stimme klang nach einem jungen Mann – mein Alter, mit irgendeinem Akzent. Auf jeden Fall kein Fidschianer. Plötzlich stand er vor mir, noch etwas außer Atem. Shorts, nackter Oberkörper, so Mitte 20, Lockenkopf. Er sah aus, als wäre er auf dem Weg zum nächsten Beachvolleyball-Turnier, doch seine ernste Miene passte irgendwie nicht dazu. Sie passte mehr zu mir, zu meiner Stimmung, zu meiner Scheißsituation. Himmel! Mir hatte sich mitten im Paradies ein Pfeil in die Brust gebohrt, keine Eva in Sicht, wahrscheinlich würde ich sterben, und jetzt stand auch noch dieser Typ vor mir! Was wollte er denn? »Nein, ich kann heute nicht mitspielen«, wollte ich schon sagen, da übernahm er das Reden: »Ich hab dich überall gesucht, ich bin gelernter Krankenpfleger.«

Michael untersuchte die klaffende Wunde, kam zu dem Schluss, dass die Organe wohl nichts abbekommen hatten, weil ich noch am Leben war, öffnete einen kleinen Verbandskasten und vernähte den Krater ohne Betäubung.

Später am Abend rettete ich dann meinem Angreifer, Knox, das Leben. Der Hotelbesitzer fragte mich, welcher der Angestellten auf mich geschossen hatte, nur dann würde er mir die Hotelkosten erlassen. Ich entschied mich, die Rechnung zu bezahlen. Später erfuhr ich, dass sie ihn verbannt hätten. Er hätte nicht mehr arbeiten dürfen, nie wieder seine Familie sehen … Yeah, ich habe mich für nur 60 US-$ anschießen lassen. Wäre mir das in Amerika passiert, hätte ich den Typen verklagt, und die Insel, auf der es geschehen ist, würde heute mir gehören.

Nick Martin

* heute 35, Deutschland, gelernter IT-Kaufmann
* seit 2010 auf Weltreise
* Bücher:
  * Fuck Pasta N Ketchup! – Das Kochbuch für Backpacker
  * Die geilste Lücke im Lebenslauf: 6 Jahre Weltreisen, Conbook Verlag
* www.travel-echo.com

Das Hostel
am Ende der Welt

Die Geschichte von Ivan Kitson

Wenn ich aus den Fenstern in meinen Garten sehe, sehe ich Bananenstauden, Orangen- und Zitronenbäume. Ich weiß, dass es nicht weit ist zu den Cashewbüschen, zu den Avocados und den Mangobäumen. Ich muss nur den Hang hinuntergehen. Vor der Küche steht ein Kava-Kava. Seine Blätter haben eine heilende Wirkung, sagen die Maoris. Man kann sie zum Beispiel als Tee trinken.

Dieser Ort, das *Bioshelter*, das ist mein Kaitiaki. Kaitiaki, das heißt, ich bin nicht der Besitzer dieses Stück Lands – obwohl es per Gesetz mir gehört. Ein Maori-Wort sagt manchmal mehr als 1.000 Worte: Das Grundstück gehört mir nicht, ich habe nur das Privileg, hier zu wohnen, darauf aufzupassen, solange ich lebe. Dafür ernährt es mich. Als ich es zum ersten Mal betrat, wusste ich, dass es der Platz ist, an dem ich bleiben möchte. Hier fühle ich mich mit der Erde verbunden.

Es gibt einen Wasserlauf und den Wald, in dem ich wohne. Ich habe kaum etwas verändert, nur ein paar Obst- und Nussbäume hineingepflanzt – so wie es die Stämme im Amazonas tun, so wie ich es bei ihnen gelernt habe. Sie beziehen ihre Nahrung ausschließlich aus den Wäldern.

Hier also ist mein Kaitiaki, hier ist meine Basis – auch wenn man immer Reisender sein wird, hat man erst einmal damit angefangen. Aber meine Partnerin und ich wollten nach unseren Jahren in Südamerika zurück in unsere Heimat, zurück nach Neuseeland – dorthin, wo wir geboren und aufgewachsen sind. Sie war schwanger und das Kind sollte in Sicherheit und den stabilen Verhältnissen der Heimat aufwachsen, nicht in einem von den Militärs besetzten Guatemala oder dem Bolivien der 70er-Jahre. Neben der Sicherheit bot uns unsere Heimat zudem etwas, das wir in Südamerika lieben gelernt hatten: den Regenwald.

Kurzum: Durch die Reise fingen wir an, zu schätzen, was wir in der eigenen Heimat hatten, und wollten im Grunde nur noch eines: Unsere eigene wundervolle Natur beschützen und etwas gegen den Klimawandel tun. Wir hatten so viel Verschmutzung in der Welt gesehen – dreckige Meere, vermüllte Landschaften, wir waren schockiert. Zugleich hatten wir von den Völkern im Amazonas gelernt, welchen Reichtum man genießt, wenn man im Regenwald lebt – sei es in Südamerika oder eben auf unserer Seite der Welt.

Wir hatten so viel Verschmutzung in der Welt gesehen – dreckige Meere, vermüllte Landschaften, wir waren schockiert.

* * *

Aufgewachsen in Palmerston North, war ich viele Jahre vor der Reise in den Norden nach Auckland gezogen, um Architekt zu werden. An diese Karriere wollte ich nun anknüpfen, doch die Bewerbungsgespräche liefen schlecht. Die Branche hatte ein Problem damit, dass ich so lange weg gewesen war, und ich wiederum wollte raus in die Natur. Die Vorstellung, die nächsten 40 Jahre in einem Büro zu sitzen, gefiel mir nicht.

Ich fing an, in einer Baumschule auf Waiheke Island zu arbeiten, das liegt vor Auckland. Später kaufte ich auf der kleinen Insel das Stück Land und pflanzte die ersten Bäume, die mich und meine Familie einmal ernähren sollten. Am Rand des Grundstücks stand ein kleines Cottage aus Holz – vier mal fünf Meter, mit einem Wellblechdach. Darin lebten wir, während ich anfing, nach meinen eigenen Plänen das *Bioshelter* drum herumzubauen, einen Ort, an dem es möglich war, eng mit der Natur zusammenzuleben. Pflanzen würden darauf und darin wachsen, die uns ernähren sollten, Sauerstoff spenden, Schatten, Wärme. Die damalige Architektur weltweit war menschenfeindlich, sie

Ivan Kitson

Die Menschen und die Kultur Lateinamerikas haben Ivan für immer geprägt. Dieses Foto, aufgenommen in La Paz, Bolivien, begleitet ihn seit den 70er-Jahren.

schnitt die Bewohner von der Natur ab. Ich wollte eine Wohnskulptur erschaffen, die sich mit ihr verbindet. In meiner Studienzeit hatte ich an der Universität in Auckland den Künstler Friedensreich Hundertwasser als Gastdozenten gehört. Seine und meine Ideen sind sich sehr ähnlich, wir haben die gleiche Vision davon, wie »Lebensraum« aussehen sollte, und diese setzte ich um.

So lebten meine Familie und ich damals in der Hütte, während um uns herum nicht nur der Wald, sondern auch das Haus wuchs. Unser Sohn war gerade erst geboren, und später bekamen wir noch eine Tochter. Ich halte es für richtig, Kinder in diese Welt zu setzen, auch heutzutage. Auf unserem Planeten können noch viel mehr Menschen wohnen, es gibt genügend Platz für alle. Viel wichtiger ist doch, wie wir leben: wie viele Ressourcen, wie viel Platz wir verbrauchen, wie viel Müll wir produzieren, wie viel wir verschwenden. Schauen wir uns nur das große Problem mit Lebensmitteln hier in Neuseeland an: Ein Drittel davon landet im Müll!

Unseren Kindern haben meine Frau und ich versucht beizubringen, im Einklang mit der Natur zu leben – wenn auch nicht so spartanisch wie zu Beginn, als wir nur einen Gaskocher hatten, ein Plumpsklo und zum Duschen in den Schuppen gegangen sind. Unter der Woche arbeitete ich in der Baumschule, in jeder freien Stunde am Haus. Ich hatte kein Geld für Handwerker. Zu Beginn dachte ich, dass ich mehr Hilfe bekommen würde, aber so war es nicht. Also dauerte es fünf Jahre, bis das *Bioshelter* fertig war.

Irgendwann während dieser Jahre bekam meine Partnerin Depressionen. Ich musste mich nun auch um sie kümmern und gleichzeitig die Kinder versorgen. Das waren harte Jahre – die härtesten. Gezweifelt habe ich dennoch nie, und ich verspürte auch nicht den Wunsch, alles hinter mir zu lassen und wieder auf Reisen zu gehen. Aber ich habe mich irgendwann schon gefragt, wann das Haus endlich fertig sein wird.

Mittlerweile leben wir getrennt; schon sehr lange. Nun habe ich auch wieder Zeit und Geld, mir andere Länder anzusehen – nicht mehr für Jahre, so wie damals, nur für Monate, aber immerhin. Die Baumschule gehört mir mittlerweile, mein Sohn führt sie, wenn ich unterwegs bin. Er ist ein wahres Kind des Regenwaldes geworden.

Unseren Kindern haben meine Frau und ich versucht beizubringen, im Einklang mit der Natur zu leben.

Ivan Kitson

Nicht nur im Amazonasgebiet stehen atemberaubende Bäume. Das erkannte Ivan nach seiner Rückkehr in die neuseeländische Heimat. Seitdem pflanzt er Wälder.

Und das *Bioshelter*? Nun, manchmal sind an einem Abend alle fünf Kontinente an meinem Esstisch versammelt. Mittlerweile ist das Haus ein Hostel; meine Kinder sind ausgezogen, und es können immerhin 15 Reisende gleichzeitig hier wohnen. Sie bringen mir die Welt nach Hause, wenn ich mal nicht unterwegs bin. Es ist wie eine große Familie mit wechselnden Mitgliedern, manche kommen immer wieder. Umgekehrt besuche ich sie auf meinen Reisen.

Wenn ich daheim bin, arbeite ich bis heute am Haus. Es gibt immer was zu tun. In diesem Jahr habe ich zusätzliche Solarzellen angebracht. Außerdem muss das Dach isoliert werden, und ich möchte im Wintergarten einen Frischwasserpool für Lobster anlegen. *Think global, act local.* Das habe ich auf den Reisen gelernt. Die Hummer werden ein weiterer Bestandteil meiner Ernährung sein, und ich muss schon heute das Wenigste im Supermarkt kaufen.

Gleichzeitig versuche ich, mit meiner Art zu leben, meine Gäste zu einem nachhaltigeren Lebensstil zu inspirieren – so wie mich damals die Stämme im Amazonas inspiriert haben. Manche meiner Besucher haben noch nie etwas von Mülltrennung gehört, spülen ihr Geschirr unter fließendem Wasser und verbrauchen eimerweise Seife beim Wäschewaschen. Manche sagen mir beim Abschied, dass sie von nun an versuchen wollen, in ihrer Heimat umweltbewusster zu leben. Manche kommen auch, weil sie von meinem Garten und Haus gehört haben und es sich anschauen wollen, bevor sie ihr eigenes Projekt starten.

Gleichzeitig versuche ich, mit meiner Art zu leben, meine Gäste zu einem nachhaltigeren Lebensstil zu inspirieren.

Wie ich die Natur so lieben kann und es mir gleichzeitig erlaube, zu fliegen? Nun, zum einen bin ich zuversichtlich, dass wir eines Tages in Elektroflugzeugen unterwegs sein werden. Außerdem pflanze ich jedes Jahr ehrenamtlich Hunderte von Bäumen.

Ich bin Mitglied einer Umweltgruppe auf Waiheke Island, die jährlich öffentliche Flächen des Landes bewaldet. In den vergangenen Jahrhunderten haben die europäischen Siedler rund 80 Prozent der Bäume in Neuseeland abgeholzt. Auch Waiheke hat nur noch wenige Wälder. Die Regierung hat uns Flächen zur Verfügung gestellt, die wir nun wieder aufforsten können. Das Geld dafür kommt vom Land und aus Spenden. So konnten wir allein in diesem Winter 1.700 Bäume pflanzen.

Aber das ist noch nicht alles. Nicht nur auf Waiheke werden Wälder gepflanzt, sondern im ganzen Land. Zusätzlich hat unsere Regierung eine Milliarde neuer Bäume versprochen. Vor Kurzem waren Wahlen in Neuseeland, und zum ersten Mal war dabei Umweltschutz das größte aller Themen.

Immer mehr junge Menschen reisen, und ich denke, dass Globalisierung auch das bewirken kann: den Gedanken weiterzutragen, dass wir diesen Planeten erhalten müssen. Weil er so atemberaubend schön ist.

Ivan Kitson

Ivan Kitson

- *heute 71, Neuseeland, Architekt/Betreiber eines Hostels und einer Baumschule*
- *vierjährige Reise durch Südamerika, seitdem immer wieder mehrere Monate weltweit unterwegs*
- *facebook: bioshelter backpackers*

Bloggen gegen das Fernweh

Die Geschichte von Aylin und Stefan Krieger

Aylin: Da sitze ich also. Vor mir im Büro der Bildschirm, neben mir an der Wand ein großer Kalender mit Panoramafotos, aufgenommen auf der ganzen Welt. Es könnten meine Bilder sein. Vieles davon habe ich auch schon fotografiert. Auch Angkor Wat, das Motiv des Monats. Ich schaue aufs Datum: Ja, so ziemlich genau heute vor vier Jahren waren Stefan und ich in Kambodscha.

18 Monate waren wir unterwegs. Als wir nach Hause kommen, habe ich große Pläne: Auf keinen Fall will ich wieder in der freien Wirtschaft arbeiten. In meinem Lebenslauf steht als letzter Punkt: »Personalreferentin«. Ich male mir aus, was bald als Nächstes dort stehen könnte: »Doktorandin an der XY-Universität«. Ja, das gefällt mir. Schon im Flugzeug kommen mir die Ideen: Ich werde mir eine Uni suchen, an der ich promovieren kann, und nebenbei jobben, um das Ganze zu finanzieren.

Stefan und ich landen ein paar Tage vor Weihnachten. Bevor wir ankommen, tauschen wir die kurzen Hosen gegen lange aus, die Flipflops gegen Winterschuhe. Wir freuen uns auf die Familie, Glühwein, den Weihnachtsmarkt, all die leckeren Dinge, die es in deutschen Supermärkten zu kaufen gibt – Brot, Schokolade, guten Käse. Dennoch ahnen wir, was uns bevorsteht. Stefan tippt den letzten Blogeintrag: *Während mir die Entscheidung für diese Reise leichtfiel, merkte ich erst unterwegs, was meinen unfreiwilligen Mut erforderte: Zurückzukehren. Und da hatte ich sie also entdeckt – meine Angst.*

Zunächst war die Heimkehr schön. Die ersten Tage fühlten sich an wie Urlaub. Niemand hatte Erwartungen an uns. Wir futterten, erzählten, zeigten Bilder, tauschten uns mit den Verwandten aus, feierten Heiligabend. Dann gingen alle wieder auseinander, tauchten ab in ihren Alltag, gingen ins Büro, zur Uni … an ihren Platz eben, den sie in dieser Gesellschaft hatten. Doch wo war unser Platz? Wo war meiner, der von Aylin Berktas? Morgen musste ich zum Amt. Arbeitsamt. Ich wollte das Wort nicht einmal denken. Das klang so nach um Almosen bitten, nach Hilflosigkeit, Perspektivlosigkeit. Der Gedanke daran hing über mir wie eine schwere dunkle Wolke und verdrängte fast die stolze Idee, dass ich bald Doktorandin sein könnte. Und da kroch sie in mich hinein, auf direktem Weg in meine Seele, in meinen Kopf, hinein in die Magengrube. Panik. Ich verstand das nicht. Vor ein paar Tagen noch war ich megagechillt gewesen, selbstsicher, überzeugt, dass ich alles schaffen könnte, was ich mir vornehmen werde. Und jetzt … als hätte sich ein Schalter umgelegt.

Ich kam zurück vom Amt und hatte – nichts zu tun. Das konnte ich mir nicht erlauben. Das hatte ich auf der Reise machen dürfen, da hatte das zum Konzept gehört. Doch jetzt war es ein komisches Gefühl, einfach in den Tag hineinzuleben wie eine Hartz-IV-Empfängerin.

Da ich es mir also nicht erlauben konnte, nichts zu tun zu haben, packte mich der Aktionismus. Ich setzte mich an den Computer, besuchte die einzelnen Homepages der Unis, und als ich nach zwei Monaten immer noch keine Doktorandenstelle ergattert hatte, fing ich an, mich auch auf andere Stellen zu bewerben, die irgendwie passten.

Der Grund, warum sie mich einstellten? Berufserfahrung, Auslandserfahrung, Reisebereitschaft, Englischkenntnisse.

Eines Tages entdeckte ich auf der Homepage einer Uni die Ausschreibung für … nein, nicht für eine Doktorandenstelle. Die suchten eine Studentenbetreuung. Ich bewarb mich, erhielt eine Zusage, Stefan und ich mussten schnell von Hamburg nach Bremen ziehen. Der Grund, warum sie mich einstellten? Berufserfahrung, Auslandserfahrung, Reisebereitschaft,

Aylin und Stefan Krieger

Englischkenntnisse. Zu 75 Prozent nämlich kamen die Studenten, mit denen ich zu tun haben würde, aus anderen Ländern, und das kam mir gelegen. Zweimal im Jahr sollte ich außerdem nach China fliegen.

Ich wurde also nicht Doktorandin, doch durch meinen neuen Job lebte ich mich definitv leichter wieder in Deutschland ein. Und dennoch: Diese Affekthandlung, die mich in diesen Kompromiss geführt hatte, musste ich ausgleichen. Innerhalb des nächsten Jahres spürte ich immer deutlicher: Ich brauchte wenigstens nebenher ein Herzensprojekt, etwas, das ich wirklich tun wollte – wie zum Beispiel die Weiterführung unseres Reiseblogs.

Stefan: So ging es auch mir. Mit dem Blog angefangen hatten wir auf unserer Reise – sie war der Startschuss. Nun stellte sich die Frage: Warum sollten wir damit aufhören? Dennoch lag der Blog erst mal ein knappes Jahr brach. So lange brauchten wir, um uns zu orientieren, uns wieder einen Job zu suchen, in Bremen anzukommen, die Wohnung einzurichten. Erst dann konnten wir uns ihm wieder widmen. Eines Tages setzte ich mich hin und las mir noch einmal den letzten Eintrag durch – den, den ich kurz vor der Landung verfasst hatte: *Während mir die Entscheidung für diese Reise leichtgefallen war, merkte ich erst unterwegs, was meinen unfreiwilligen Mut erforderte: Zurückzukehren. Und da hatte ich sie also entdeckt – meine Angst.* Unwillkürlich nickte ich. Wo stand ich jetzt, ein Jahr, nachdem ich diese Zeilen geschrieben hatte? Wie war es mir ergangen?

Aylin: Der Blog half mir dabei, das Fernweh zu verarbeiten – eben jenes Fernweh, das mich im ersten Jahr davon abgehalten hatte, mich mit dem Blog zu befassen. Es hätte zu sehr wehgetan. Schon sehr schnell hatte mich die Mühle des Alltags fest im Griff, das war mir bewusst, und zugleich erzählte ich noch lange, ich käme gerade von einer Weltreise zurück. Ich fand es sehr schade, dass sie vorbei war, auch wenn ich mich gar nicht hinein ins nächste Abenteuer stürzen wollte. Aber ich konnte auch nicht so leben, als wäre nie etwas gewesen. Am liebsten hätte ich dieses Lebensgefühl für immer konserviert. Mir graute vor einer Zukunft, in der nie wieder etwas passieren würde.

Vor allem aber kaufte ich mir nach der Ankunft in Deutschland erst einmal eine bessere Kamera und konzentrierte mich auf die Fotografie, knipste, probierte, wurde besser … bis der Zeitpunkt kam und wir sagten: »Entweder machen wir es jetzt richtig, oder wir begraben den Blog.«

Stefan: Wir machten es richtig, überarbeiteten die Seiten, und sie wurden Bestandteil unseres Lebens. Seitdem hat sich das Niveau stetig verbessert. Früher haben wir Reiseberichte nach Schema F geschrieben, stereotypische Texte, in denen stand: Wir haben das gemacht und dann das und dann das. Wenn wir jetzt unterwegs sind, suchen wir nach einem Thema, verfolgen es, und reflektieren vor diesem Hintergrund unsere Erlebnisse. Schreiben ist für mich zu einer Passion geworden. Nach der Reise hat es mir unheimlich viel gegeben, es wirkte befreiend. Manchmal saß ich am Ende des Tages noch mal kurz am Computer. Und wenn es nur eine halbe Seite war, die ich füllte, dann gab mir das schon ein Gefühl der Zufriedenheit. Es verband mich wieder mit unserer großen Reise – auch wenn ich nur noch über die kleinen Trips schrieb, die wir in den Alltag integrierten.

Aylin: »Worüber wollt ihr denn jetzt noch berichten?«, hatten viele gefragt. Das traf mich. Ich fragte mich dann selbst, ob es denn nun überhaupt noch genug Themen geben würde, so zurück im Alltag. Mittlerweile weiß ich: Ja, es gibt sie noch. Uns zieht es ständig wieder hinaus. Wir probieren, an jedem freien Tag zu reisen. Zum Beispiel werden wir über Ostern für zwei Wochen nach Griechenland fliegen. Man muss sich gut organisieren, um den Urlaub mit unseren beiden Berufen zu koordinieren. Die Reisen selbst wiederum sind vollkommen ungeplant. Das machen wir seit der Weltreise so. Zum Beispiel haben wir diesmal nur den Flug gebucht. Nach der Ankunft … mal sehen. Das klappt super! In dieser Spontaneität sind wir mittlerweile so routiniert, dass es immer gut geht.

Die Reisen selbst wiederum sind vollkommen ungeplant. Das machen wir seit der Weltreise so.

Aylin und Stefan Krieger

Große Pläne unter Palmen. Auf Reisen wachsen die Träume. Die Kunst ist es, sie, zurück in der Heimat, in die Realität umzusetzen.

Stefan: Aber auch bei anderen Gelegenheiten können wir reisen: Wir sind viele Kooperationen mit Reiseveranstaltern eingegangen, die uns Tickets, Unterkunft etc. bezahlt haben. Im Gegenzug haben wir auf unserem Blog oder auf ihren Portalen über die Erlebnisse berichtet.

Aylin: Ich bin froh, dass wir die Seite wiederbelebt haben. Mein Beruf ist okay, aber eben nur Beruf, nicht Berufung. Bloggen und fotografieren – das ist es, was ich wirklich machen möchte. Dank des Blogs führe ich kein Nullachtfünfzehn-Leben, an dem die Tage vor dem Fernseher auf der Couch enden.

Stefan: Wie ich mich wieder eingelebt habe? Im Gegensatz zu Aylin bewirkte die Reise tatsächlich einen Bruch in meiner Biografie. Irgendwo zwischen Asien und den USA war mir klar geworden, dass es nicht wie vorher weitergehen konnte. Ich traf eine Entscheidung und setzte sie nach der Heimkehr konsequent um: Ich ging noch mal zur Uni und wurde Lehrer. Vorher hatte ich als Shopmanager für ein großes Mobilfunkunternehmen gearbeitet. Hauptsächlich hat sich meine Arbeit mit der Frage beschäftigt, wie wir den Leuten das Geld aus der Tasche ziehen können. Das passte nicht zu mir, weswegen dieser Beruf mich auch nie glücklich gemacht hatte. Während der Reise erkannte ich, dass ich so etwas Sinnloses nie wieder tun will, und dass ich mich in Wirklichkeit für Sprachen und für Menschen interessiere. Außerdem gebe ich gern Jugendlichen etwas mit auf den Weg. Ich erinnerte mich plötzlich daran, dass ich mal im Tischtennisverein die Kids trainiert hatte.

Für mich war das Heimkommen damit zwar ein Bruch, aber zugleich ein lockerer Übergang vom Reisealltag hinein in den heimischen Alltag. Ich rutschte nicht in die knallharte 40-Stunden-Woche, in der ich um 8 Uhr rasiert und im Anzug irgendwo auftauchen musste. Während des Studiums hatte ich noch sehr viel Zeit für die Dinge, die ich gern tat, zum Beispiel für den Blog.

Aylin: Mittlerweile habe ich intern noch mal den Job gewechselt. Die Studentenbetreuung hat zwar Spaß gemacht, ist aber nicht besonders anspruchsvoll gewesen. Jetzt bin ich für das Online-Marketing zuständig, ich bespiele die sozialen Medien und blogge für die Uni. Die Stelle habe ich vor allem bekommen, weil ich das auch privat mache und fotografieren kann. Zu der Zeit, als man mir die Stelle anbot, war meine eigene Seite bereits drei Jahre alt, ich bewegte mich in der Bloggerszene und besuchte regelmäßig die ITB Berlin, eine internationale Messe der weltweiten Tourismusbranche. Ohne die Reise hätte ich das sicher nicht zum Beruf gemacht. Die neue Stelle ist super, und das ist gut so, denn den eigenen Blog beruflich zu betreiben, kann ich mir bis jetzt nicht vorstellen. Wie sollte sich das finanzieren?

Stefan: Ich habe die Rückkehr nach Deutschland als entspannt empfunden – anders als erwartet, wie mein Blogeintrag während der letzten Stunden im Flieger beweist, in dem ich von der *Angst vor der Heimkehr* schreibe und dem Mut, den man dafür aufbringen muss. Ich dachte, es wird so schlimm werden wie als Abiturient, als ich ein Jahr lang durch die USA getourt war. Damals fiel ich nach meiner Rückkehr in ein emotionales Loch.

Aylin und Stefan Krieger

Aber der Trip gemeinsam mit Aylin ist eben nicht meine erste »Time-of-my-Life-Erfahrung« gewesen, und mit über 30 war ich sicher auch gefestigter als direkt nach meinem Schulabschluss. Ja, klar war ich ein wenig wehmütig, als es vorbei war, aber bereits die letzte Zeit vor der Rückkehr ist von unserer Vorfreude auf zu Hause geprägt gewesen. Wir sind freiwillig zurückgekommen, nicht weil das Visum abgelaufen oder uns das Geld ausgegangen ist. Ich hatte einfach auch das Gefühl: *Jetzt will ich mal wieder vorwärtskommen, das Leben aktiv gestalten und das umsetzen, was ich mir auf der Reise vorgenommen habe.*

Aylin und ich sind nicht die Hippie-Aussteigertypen, dazu haben wir zu viel Antrieb, müssen immer irgendetwas machen, uns weiterentwickeln. Zum Beispiel haben wir dann auch erst mal geheiratet, wir waren also mit der Vorbereitung der Feierlichkeiten gut beschäftigt.

Aylin: Die Reise hat mich, und das was ich mache, sehr verändert. Ich weiß jetzt, dass ich fotografieren und schreiben möchte und langfristig keinen x-beliebigen Job mehr haben will. Das war keine »Boom«-Erkenntnis während der Reise. Sie hat sich in den Jahren danach langsam eingeschlichen. Allerdings hat der Trip diesen Prozess angestoßen. Kontinuierlich arbeite ich jetzt auf die Verwirklichung meiner Ideen hin, der Prozess ist also noch im Gang. Ich nähere mich in kleinen Schritten dem, was ich irgendwann einmal hauptberuflich machen will: bloggen.

> **Die Reise hat mich, und das was ich mache, sehr verändert.**

Geld spielt dabei nur eine untergeordnete Rolle, denn wir brauchen nicht viel. Wir haben kein Auto, kein Eigentum, wir leben in einer Dreizimmerwohnung in einem ganz normalen Stadtteil, in dem viele junge Familien wohnen. Wir selbst haben keine Kinder, also können wir sparen. Karriere bedeutet mir nichts. Wichtig ist mir allerdings, dass ich Teil der Reiseszene bleibe. Ein Lob für unseren Blog bedeutet mir viel.

Was ich mir für die Zukunft wünsche? Flexiblere Arbeitszeiten, sodass Stefan und ich in den drei Monaten, die er als Lehrer insgesamt Urlaub haben wird, reisen können. Oder er bekommt eine Stelle an einer Schule im Ausland. Dann gehe ich mit, und wer weiß, vielleicht wage ich ja dann den Schritt in die Selbstständigkeit. Was mir nämlich von der Reise geblieben ist, ist der Wunsch nach Selbstbestimmung und Freiheit. Und so schlecht ist die Auftragslage schon jetzt nicht: Gerade baue ich zum ersten Mal für jemanden eine Website auf. Außerdem haben Stefan und ich das Buch *101 Dinge, die ein Weltenbummler wissen muss* herausgebracht. Von den Erträgen aus dem Buchverkauf können wir uns immerhin schon zwei Reisen pro Jahr finanzieren. Außerdem war das Buch ein Türöffner für weitere Projekte.

Aber bei all den Trips, die wir unternehmen, sind wir der Auffassung, dass Reisen generell eine Geisteshaltung ist. Das Leben an sich ist die Reise, und jeder von uns bestimmt täglich, wohin sie geht. Es geht darum, den offenen, neugierigen Blick auf die Umwelt und die Mitmenschen zu bewahren, egal, ob in Patagonien oder in Hamburg-Altona.

Jeder Ort hat seine Vor- und Nachteile: In Deutschland ist der Lebensstandard megahoch, auch für uns, obwohl wir noch nicht mal einen super Job haben. Aber wir haben es warm, Licht, fließend Wasser und am Ende des Monats immer noch etwas Geld übrig. Stefan und ich hätten zudem anderswo gar nicht an die Uni gehen können, wären wir dort in die gleichen sozialen Verhältnisse hineingeboren worden wie hier. Und das Reisen wäre uns auch nicht vergönnt gewesen. Wir empfinden es als Privileg, einen deutschen Pass zu besitzen.

Aber natürlich beobachten wir auch das mitunter steife, distanzierte Miteinander hierzulande. In den Bussen herrscht Leichenhallen-Stimmung, die Menschen sind zurückhaltend, und quatscht man jemanden an der Haltstelle an, erschreckt man ihn zu Tode. Allein, wenn man die Leute hier nur anschaut, ist das eine Grenzüberschreitung. Jeder

Aylin und Stefan Krieger

geht mit Scheuklappen umher, selbst in Gruppensituationen. Letzten Sonntag zum Beispiel waren wir bei einem Kochkurs. Die Teilnehmer kannten sich nicht, und niemand fing ein Gespräch an. Wie wir da so standen und schweigend auf die Kursleiterin warteten – das fühlte sich an, als würde gleich ein Prüfer den Raum betreten und einen nach dem anderen nach vorn rufen. Selbst als die Kursleiterin später da war und Fragen stellte, hat sich keiner getraut. Wir haben dann den Anfang gemacht, denn wie heißt es so schön: Sei du selbst die Veränderung, die du in der Welt sehen willst.

Nachtrag: Mittlerweile haben Stefan und Aylin eine Familie gegründet und zwei weitere Bücher herausgebracht.

Aylin und Stefan Krieger

- *heute 35 und 39*
- *Aylin: Online-Marketing-Koordinatorin*
- *Stefan: Lehrer für Englisch und Spanisch*
- *anderthalb Jahre Weltreise (Thailand, Malaysia, Singapur, Indonesien, Kambodscha, Vietnam, Laos, Thailand, Nepal, USA, Kolumbien, Ecuador, Peru, Bolivien, Argentinien, Chile)*
- *jetzt wieder sesshaft in Deutschland*
- *Bücher:*
  - *101 Dinge, die ein Weltenbummler wissen muss, Bruckmann*
  - *52 kleine & große Eskapaden in und um Bremen: Ab nach draußen!, DuMont*
  - *Reisehandbuch Deutschland im Winter – Reiseführer: Geniale Ausflüge, besondere Events und magische Orte im Herbst und Winter (Geheimtipps von Freunden), Reisedepeschen Verlag*
- *www.todaywetravel.de*

Plötzlich hatte ich Flausen im Kopp
Die Geschichte von Johannes Erdmann

Ich kam mir vor wie Tristan Jones, der große Segler. Ich saß fest. Zwar nicht in New York, doch in Kiel – und genau wie Jones hatte ich kein Schiff mehr. Im wahrsten Sinne saß ich auf dem Trockenen. Und genau wie er wollte ich wieder los. Ich hatte bisher nur einen Ozean besegelt, dahinter lagen noch zwei andere. Das Gefühl des »Das kann doch nicht alles gewesen sein, da muss doch noch mehr kommen«, trieb mich um. Die Sache fühlte sich unrund an.

Dabei war bisher doch alles rundgelaufen oder besser: linear, ganz nach dem Geschmack von Eltern, Lehrern, potenziellen Chefs. Ich war ein ehrgeiziger Schüler gewesen, hatte ein gutes Abi und ein Werft-Praktikum gemacht. Auf mein anstehendes Schiffbaustudium freute ich mich. Das war genau das, was ich machen wollte. Schon als Kind hatte ich Modellboote gebaut. Die Vorstellung, Yachten zu designen, wenn ich mal groß bin ... Ja, das gefiel mir! Doch nach dem Praktikum tat sich eine Lücke auf: zwei Wartesemester bis zum Uni-Beginn. Da konnte man nichts machen als das Beste draus. Ich kaufte mir ein Boot und segelte über den Atlantik, bis zu den Bahamas und den USA.

Meine Eltern hatten mich im Vorfeld unterstützt, meine Mutter war der Meinung, sie müsse das tun, um unsere gute Beziehung nicht zu gefährden. So fuhren sie mich nach Portugal, geradewegs hinein in mein Verderben – so fühlte es sich jedenfalls für sie an, als ich das Boot zu Wasser ließ. Meine Eltern blieben am Kai zurück, winkten, wurden immer kleiner. Ich glaube, für die, die bleiben, ist es immer härter.

Elf Monate später war ich wieder da, und sie erkannten sofort: Ihr Junge war erwachsen geworden, enorm gereift. Was meine Eltern nicht sahen: Ich war eigentlich nur zurückgekommen, weil ich es versprochen hatte, am liebsten wäre ich weitergesegelt. Auf einmal hatte ich Flausen im Kopp. Noch Jahre nach meiner Heimkehr würden sie mich fragen, ob ich nicht doch noch eine Ausbildung, irgendetwas Vernünftiges machen wolle, da hatte ich das Studium schon lange geschmissen.

Was war geschehen? Wie so viele Heimkehrer, fiel auch ich in ein tiefes Loch. Später würde ich als Journalist einmal die Weltumseglerinnen Laura Dekker und Jessica Watson interviewen. Beide waren sehr jung aufgebrochen und hatten nach ihrer Rückkehr enorme Probleme gehabt. Die Struktur, die der Törn dem Leben der

Wie so viele Heimkehrer, fiel auch ich in ein tiefes Loch. beiden gegeben hatte, und das feste Ziel, das sie vor Augen gehabt hatten – beides war, zurück im Heimathafen, weggebrochen. Von einem Tag auf den anderen. Zugleich waren sie noch voller Adrenalin, hatten etwas Außergewöhnliches geleistet. Zurück im Alltag kamen sie nicht mehr zurecht. Alles erschien so trivial.

Mir ging es ähnlich, und was ich besonders vermisste, war die Freiheit. Während meiner Atlantiküberquerung war ich den Großteil der Zeit allein gewesen, oft auch einsam, doch frei wie nie zuvor. Nun saß ich mit 300 Kommilitonen in den Hörsälen, in der Bibliothek, in der Mensa. Ich fühlte mich eingesperrt, hineingepresst in eine starre Struktur, die ich innerlich zu sprengen versuchte. Inmitten dieser Tristesse und all der Theorie – in ihrer Trockenheit das krasse Gegenteil zu der sprühenden See da draußen, fristete ich mein Landratten-Dasein. Auf See hatte ich in starken Stürmen in Sekundenbruchteilen Entscheidungen treffen müssen, damit mir der Kahn nicht um die Ohren flog. Hier war ich umringt von Teenagern, die in Panik gerieten, wenn sie den Hörsaal nicht fanden.

Ich habe oft darüber nachgedacht: Mit Sicherheit hätte ich das Studium beendet, wäre ich nicht auf Reisen gegangen. Der Trip jedoch

Johannes Erdmann

sollte das Ruder herumreißen und mich auf einen völlig neuen Kurs bringen: Ich bekam das Angebot, ein Buch zu schreiben, und widmete ihm mehr Aufmerksamkeit als meinen Profs. Dann begann die Lesereise. Ich tourte durchs Land, besuchte Segelclubs, las und berichtete in Kinos und Veranstaltungshäusern. Auch da blieb wenig Zeit für die Berechnung von Schweißnähten oder die Konstruktion von Lukendeckeln. Ich verpasste den Anschluss. Zugleich hatte ich gemerkt, wie viel Spaß mir das Schreiben macht, ich baute mir in der Szene einen Namen als Journalist auf. Irgendwann beschloss ich: Ich will keine Schiffe zeichnen, sondern auf ihnen segeln, und wenn nicht auf ihnen segeln, dann über sie schreiben. Ich brach das Studium ab, begann ein Praktikum beim Magazin *YACHT*, das in ein Volontariat mündete.

Es hatte damals nach der Reise ein Jahr lang gedauert, bis ich sozusagen auch mental wieder an Land war, wieder im Alltag angekommen. Doch auch die ganzen Jahre danach grübelte ich darüber, wie ich wieder zu einem Schiff käme. Interviewte ich andere Segler und hörte von ihren Abenteuern, ging mir durch den Kopf: »Wenn ich das doch auch noch mal machen könnte.« In diesen Momenten wurde mir klar, dass ich eben vielleicht doch nicht nur über das Segeln schreiben, sondern es wieder selbst erleben wollte. Nun besaß ich jedoch kein Boot mehr, denn meines hatte ich in Amerika verkauft, es war nicht mehr hochseetauglich gewesen.

Es hatte damals nach der Reise ein Jahr lang gedauert, bis ich sozusagen auch mental wieder an Land war, wieder im Alltag angekommen.

Wie Tristan Jones, dem sein Schiff ebenfalls abhandengekommen war, setzte ich alles daran, um diesen Umstand wieder zu ändern. Hatte Jones als Kesselheizer gearbeitet, für das Fernsehen und als Charterkapitän, spürte ich meine eigenen Geldquellen auf: Ich war Redakteur, mein Buch verkaufte sich für ein Segelbuch sehr gut, ich erwarb kleine Boote, renovierte sie und veräußerte sie mit Gewinn. Auch ging ich weiterhin auf Lesereise, bis hinunter in den Süden. Einmal nahm ich mir dafür einen Tag frei, fuhr nach München, las aus dem Buch, fuhr über Nacht zurück und saß morgens um 9 Uhr wieder im Büro.

Es begann eine Zeit, in der ich mein Leben einem neuen Aufbruch widmete. Zwischendrin lernte ich meine jetzige Frau Cati kennen, und auch sie war Feuer und Flamme. Gemeinsam fanden wir ein Boot, tauften es MAVERICK TOO. Der Name geht auf den amerikanischen Politiker Samuel Maverick zurück und steht für jemanden, der seinen eigenen Weg geht. Schon mein erstes Boot hieß so.

In den zwei Jahren vor der Abfahrt bekamen unsere Freunde uns nur wenig zu sehen: Waren wir nicht bei der Arbeit, standen wir in einer Halle unter dem Boot, traute sich doch mal jemand vorbei, stand er bald auch darunter. Manchmal stellten Cati und ich den Wecker auf 3 Uhr morgens, dann war eine Lackschicht trocken geworden und der nächste Arbeitsschritt stand an. Dazu kamen die langen Hamburger Winter und die stundenlange Pendelei zum Büro. Alles in allem eine harte Zeit.

Manchmal fragte ich mich, wie viel mehr ich wohl verdient hätte, hätte ich mein Studium beendet. Dann wäre alles einfacher gewesen.

Manchmal fragte ich mich, wie viel mehr ich wohl verdient hätte, hätte ich mein Studium beendet.

Auf der anderen Seite: Ich hatte einen Chef, der mich nicht nur für zwei Jahre ziehen lassen würde, mit der Garantie auf Wiedereinstellung. Nein, er sagte mir auch ein Monatsgehalt von 1.000 € zu, würde ich von unterwegs aus Geschichten für ihn schreiben. Sollte ich über das vereinbarte Pensum hinaus liefern, so versprach er, würde ich sogar noch mehr verdienen.

Derart abgesichert, konnte es losgehen, wir brachen auf zu einem Törn, der unserem zweiten Buchprojekt ein paar Jahre später den Titel *Zu zweit auf See: Auf Schlingerkurs ins Segelabenteuer* einbringen sollte. Handlungsort: der Atlantik, die US-Küste und die Karibik. Dauer: 24 Monate.

Dass diese Zeit, die immerhin doppelt so lang wie ein klassisches Sabbatical war, vielleicht immer noch nicht genug wäre, darauf brach-

Auf ihrem Katamaran segelten Cati und Johannes drei Jahre lang Touristen durch die Karibik. Ein Knochenjob.

ten uns ein paar Segler, die wir unterwegs trafen: »Ihr habt doch jetzt zwei Jahre am Boot gearbeitet, da könnt ihr doch nicht nur zwei Jahre lang unterwegs sein«, scherzten sie. Ich horchte in mich hinein: Tatsache, ich hatte gar keine Lust, heimzukehren. Schon wieder nicht. Am liebsten wollte ich weiterfahren, wie 2006. Dennoch kamen wir pünktlich zurück nach Deutschland. Pünktlich, um zu kündigen. Diesmal entschied ich mich gegen die Vernunft – und Cati war dabei. Meine Flausen teilte ich mittlerweile mit ihr, und festen Boden unter den Füßen, heirateten wir erst mal. Danach stellten wir das Schiff in die Halle, ich lernte für den Segelschein, gemeinsam übten wir Manöver auf dem Wasser, ich machte die Prüfung, fiel fast durch – das alles innerhalb weniger Wochen. Am Tag nach der Prüfung flogen wir ab. Da stand es, schwarz auf weiß auf unseren Tickets: Zielflughafen Fort Lauderdale/Florida.

Was wir mittlerweile ausgeheckt hatten, war Folgendes: Ein Pärchen, das wir unterwegs getroffen hatten und das ebenfalls aus Deutschland kam – wir hatten gemeinsame Bekannte – wollte uns seinen Katamaran verkaufen. Zugleich hatten wir entdeckt, dass es auf den Bahamas eine hohe Nachfrage deutscher Touristen nach Charterfahrten gab. Allerdings boten fast ausschließlich Amerikaner solche Touren an. Eine Marktlücke. Natürlich war die Entscheidung, es zu wagen, nicht über Nacht gefallen. Cati und ich hatten lange überlegt, waren hinuntergesegelt an den Golf von Mexiko. Da saßen wir am Strand und fragten uns: »Wann haben wir je wieder diese Gelegenheit?« Und: »Selbst wenn es schiefgeht, die Gäste ausbleiben, was kann schon passieren?« – Wir würden uns einfach noch ein schönes Jahr auf den Bahamas machen.

Doch die Gäste blieben nicht aus. Nachdem wir den Katamaran abgeholt, ein Inspektor unsere Schwimmwesten gezählt und wir die nötige Lizenz erlangt hatten, waren wir startklar. Drei Jahre lang kamen von November bis Mai alle zehn Tage neue Gäste an Bord. Wir bekochten sie und schipperten mit ihnen zu unseren Lieblingsinseln. Im Sommer, in der Hurrikansaison, flogen wir zurück nach Deutschland. Ich machte Urlaubsvertretungen in der Redaktion oder arbeitete als Freiberufler von zu Hause aus. Cati jobbte als Sekretärin.

Die Arbeit in Deutschland deckte unseren persönlichen finanziellen Bedarf für das gesamte Jahr ab, also zum Beispiel Krankenkasse, Flüge und Lebensmittel. Mit dem Projekt auf den Bahamas konnten wir die Raten für den Katamaran zahlen und alle Unkosten, die bei so einem Unternehmen anfallen. Es war schon enorm, allein für die Reparaturen gaben wir jährlich 10.000 US-$ aus.

Auf der einen Seite hatten wir eine fantastische Zeit, viele Gäste kamen als Fremde und gingen als Freunde.

Während das Schiff nun Stück für Stück uns gehörte, fragten wir uns eines Tages dennoch, ob wir das jetzt unser Leben lang machen wollen. Auf der einen Seite hatten wir eine fantastische Zeit, viele

Johannes Erdmann

*Der Segeltörn schweißte sie noch fester zusammen. Zurück in
Deutschland heirateten Cati und Johannes erst mal.*

Gäste kamen als Fremde und gingen als Freunde. Doch das Dasein als
Skipper, Animateur, Koch, Einkäufer, Putzkraft, Barkeeper, Tourguide
und Hausmeister war sehr anstrengend. Zwischen zwei Törns lagen
gerade mal 24 Stunden Pause, und die nutzten wir zum Putzen und
Einkaufen. Ein Knochenjob.

Das wäre mit Kind nicht mehr möglich gewesen. Richtig, Cati wurde
schwanger – nicht ganz ungeplant. Wir wollten eine Familie gründen
und wussten: Dann würde es Zeit sein, wieder nach Hause zu fahren.
Während Cati in den Flieger stieg, überführte ich den Katamaran, und
während sie ein Kind im Bauch hatte, hatte ich ein Jobangebot in der

Tasche. Ich konnte bei *boote*, dem Schwestermagazin von *YACHT*, anfangen.

Die Heimkehr würde mir diesmal deutlich leichter fallen als die letzte. Nicht nur, dass unser neugeborener Sohn an sich schon ein kleines Abenteuer war. Auch die Tatsache, dass wir noch ein ganzes Jahr lang im Hamburger Hafen auf dem Boot lebten, machte die Ankunft viel leichter. Es fühlte sich so an, als könnten wir jeden Moment die Leinen losmachen und wieder in See stechen.

Im Moment sind wir echt glücklich. Seit anderthalb Jahren leben wir jetzt in Hamburg. Den Katamaran haben wir verkauft. Zur Hälfte war er abbezahlt, den Erlös haben wir in ein Haus gesteckt. Ja, unser jetziges Leben ist das krasse Gegenteil zum vorherigen. Bin ich also doch noch vernünftig geworden. Bis zum Sommer wollen wir Küche und Wohnzimmer renoviert haben, dann kommt das zweite Kind. Es ist das erste Mal, dass wir ein richtiges Zuhause haben und echt praktisch: Endlich können wir all die Mitbringsel ausstellen, die bei den Eltern im Keller verstaubten.

Trotzdem war es uns schwergefallen, den Katamaran zu verkaufen. Die Boote zuvor hatte ich problemlos abgegeben, wenn sie nicht mehr zu meinem Lebensentwurf passten. Die erste MAVERICK war nicht mehr hochseetauglich gewesen, die MAVERICK TOO, mit der wir 2014 aufgebrochen waren, war zu klein gewesen, um darauf Touristen durch die Karibik zu schippern. Doch die MAVERICK XL ... Mit ihr verbanden wir so viele Erinnerungen, auch an unseren ersten Winter mit Baby an Bord.

Selbst wenn du dich falsch entscheidest, kannst du es später noch korrigieren. Diese Erfahrungen haben mir die Angst vor lebensverändernden Entscheidungen genommen.

Bei dem Entschluss, sie zu verkaufen, half mir etwas, das ich draußen auf dem Atlantik gelernt habe: mich zu entscheiden. Schnell zu entscheiden. Wenn du mitten auf dem Meer in einem schweren Sturm zögerlich bist, hast du keine Chance. Was ich da draußen auch verstanden habe: Selbst wenn du dich falsch ent-

Johannes Erdmann

scheidest, kannst du es später noch korrigieren. Diese Erfahrungen haben mir die Angst vor lebensverändernden Entscheidungen genommen, ich kann seitdem das Wichtige vom Unwichtigen unterscheiden und verzettele mich nicht. Andere basteln zum Beispiel zehn Jahre lang an ihrem Boot und dann fahren sie doch nicht los. Das wird uns sicher nie passieren. Die Sehnsucht ist nach wie vor da. Irgendwann wollen wir für sechs Monate in Elternzeit, dann muss ein neues Boot her. Wir kennen das Mittelmeer noch nicht.

Johannes Erdmann

- *heute 36, Deutschland, Redakteur beim Magazin »boote«*
- *immer wieder mit dem eigenen Boot unterwegs, seit 2014 mit Ehefrau Cati*
- *2005–2006: von Portugal über den Atlantik, via Karibik in die USA*
- *2014–2016: Atlantikumrundung unter Segeln*
- *2016–2019: Bahamas (als Charterskipper für deutsche Touristen)*
- *Bücher:*
  - *Allein über den Atlantik: Mein Abenteuer mit* MAVERICK, *Delius Klasing Verlag*
  - *Zu zweit auf See: Auf Schlingerkurs ins Segelabenteuer, Delius Klasing Verlag*
  - *Könnt ihr mal das Segel aus der Sonne nehmen? – Skurrile Erlebnisse eines Charterskippers, Delius Klasing Verlag*
- *www.the-mavericks.de*

Ja verdammt, ich arbeite! – Tacheles über Geld, Zeit und Reisen

Die Geschichte von Sarah Bauer

Ich liege am Strand, eine Seestern-Maske im Gesicht, als sich plötzlich der Himmel auftut und Geld herabregnet. Dann schreibe ich ein bisschen gedünsteten Blödsinn auf meinem Blog, und schon kommt Instagram persönlich vorbei und überhäuft mich mit Schecks. »Wie kannst du dauernd unterwegs sein?« Ein Mysterium, mindestens so krass wie das Verschwinden von MH17. Vielleicht habe ich auch reich geerbt, Gold im Grundwasser gefunden oder einfach ein Rad ab?

Die Wahrheit ist, dass ich eines Tages auf depressiv-verstimmtem Umweltpapier einen Fragebogen zur steuerlichen Erfassung ausgefüllt habe, um ihn auf dem Weg zum Büro der Rentenversicherung im obersten Stock eines Betonklotzes in Recklinghausen beim Finanzamt einzuwerfen. Unternehmensgründung in Deutschland. Da fährt die Euphorie Dreirad auf Koks.

Seitdem ist alles, was ich zum Geldverdienen brauche, mein Laptop und WLAN. Nein, ich verkaufe keine dubiosen Energydrinks. Nein, ich jobbe nicht in Hostels in Neuseeland. Nein, ich verdiene keinen Cent mit meinem Blog. Ja, ich kann von meinem Job leben. So gut wie nie. Denn ich bin endlich frei.

Ein ehrlicher Bericht. Wie ich es schaffe, neben sechs Monaten auf Reisen trotzdem ganz normal zu arbeiten und warum es eine böse Lüge ist, dass das jeder kann.

Neun Felder. Neun Felder hat das Glas meines Bürofensters zwischen den Kunststoffstäben. Ein Gefängnis. Ein gut bezahltes, warmes

und sicheres Gefängnis. Irgendwas stimmt nicht mit mir. Ich habe Journalismus und Public Relations studiert. War das etwa falsch? Ich manage die Social-Media-Betreuung einer Kultureinrichtung. Ist das etwa nicht fancy genug? Ich raste aus. Irgendwas stimmt nicht mit mir. Ich will meinen Computer nehmen und durch das Fenster mit den neun Feldern schmeißen.

Dann endet mein Vertrag. April 2017. Ich steige ins Flugzeug und mache mich auf in das Abenteuer meines Lebens. Vier Monate solo im Auto durch die USA. Mein Kindheitstraum. Zehn Jahre lang habe ich darauf gespart. Seit ich 16 Jahre alt war. Ich habe eine fast schon boshafte Ernsthaftigkeit, wenn ich etwas unbedingt will. Dinge passieren nicht einfach. Dinge passieren nur, wenn du sie tust.

Dann komme ich wieder. Geteert und beflügelt – von einem 12.000 Kilometer langen Roadtrip, magischer Natur, unfassbaren Begegnungen und dem Gefühl, gelebt zu haben. Nicht auf Magerstufe, sondern so richtig fett!

Jetzt zurück in den nächsten Vollzeitjob. Ich bin nämlich nicht Dagobert, und der gesamte USA-Trip hat mich mal eben 11.500 € gekostet. JA MANN – lasst uns doch mal über Geld sprechen, ihr Eichhörnchen! Was ist das denn immer für ein deutsches Gescheiße. Jeder ist neugierig, und alle flüstern nur. Ist ja wie beim Spicken in der Schule.

Der nächste Vollzeitjob ist noch schlimmer als das Fenster mit den neun Feldern. Nach einer Woche kündige ich wieder. Mein Chef denkt, ich hätte geistige Cholera. Doch ich habe einfach nur begriffen, was mit mir nicht stimmt. Ich liebe meinen Beruf. Aber ich kann so nicht arbeiten! Nicht von 9 bis 18 Uhr auf einem ergonomischen Stuhl mit Lebenszeitverbrennung auf Glasfasergeschwindigkeit. An fünf von sieben Tagen in der Woche. Manchmal auch am Wochenende. Sechs Wochen Urlaub von 52 Gesamtwochen im Jahr. Ja, das ist doch normal. Klappe zu, Affe tot.

Weil es das ist, was du gelernt hast, als normal zu betrachten. Mit Dankbarkeit. Gefälligst. Für mich war das schief. Leicht schief vor meiner Langzeitreise und so schief wie Loriots Zimmerverwüstung nach dem Trip. Ich hatte die Welt gesehen. Die Schönheit von allem, was da draußen ist. Die Tür war offen. Ich war hindurchgegangen. Ich konnte nicht mehr zurück. Aber es regnete kein Geld am Strand. Auf den 500. Reiseblogger, der über die veganste Bar auf Bali schrieb, wartete auch keine Sau. Und meine reiche Erbtante ist wohl aus Versehen aus dem Stammbaum gefallen.

Gleich hinter mir kratzen Miete, Krankenkasse und Arbeitsamt mit ihren Fingernägeln auf Tafel. Was zum Teufel soll ich also tun? Ich entscheide mich schließlich nach zahlreichen schlaflosen Nächten, dass ich nicht mal in das modernste Homeoffice-Teilzeit-Konzept im Silicon Valley passe. Ich will keine freien Stunden oder Tage. Ich will ein freies Leben. Der letzte Schluss: Wenn es nichts gibt, das passt, muss ich etwas erschaffen, das passt.

Der letzte Schluss: Wenn es nichts gibt, das passt, muss ich etwas erschaffen, das passt.

Ich gründe mein eigenes Unternehmen und biete ab Januar 2018 freiberuflich meine Dienste als Redakteurin, Texterin, Pressereferentin, Fotografin und Social-Media-Managerin an. Für Fototermine muss ich anwesend sein – alles andere regele ich über Telefon, E-Mail und Internet. Scheißegal wo. Texte schreiben geht überall, wo mein Laptop ist. Meine Resultate an Kunden verschicken kann ich überall, wo WLAN ist.

Es klappt. Ich verdiene durchschnittlich 1.200 € netto im Monat im ersten Jahr bei rund drei Arbeitstagen pro Woche und kann damit meinen ohnehin bewusst recht minimalistischen Lebensstil finanzie-

Sarah Bauer

ren und sogar noch etwas zurücklegen. Außerdem reise ich knappe elf Wochen. Zwei Wochen Roadtrip durch die Normandie, drei Wochen Roadtrip durch Andalusien, zwei Wochen mit dem Zug durch Italien, zwei Wochen zurück in die USA und dann noch für ein paar Tage nach Paris und Hamburg.

Romantik stopp – Realität an! Bevor gleich die Geigen vom Himmel fallen, verstimme ich mal kurz die Gitarre am Lagerfeuer der Begeisterung.

Warum hat das alles so gut geklappt? Ich hatte aus Versehen die richtige Ausbildung durch mein Studium (Journalismus & PR). Ich hatte genug Berufserfahrung durch meine Jahre im Vollzeitjob. Ich hatte genug Kontakte durch vorherige Jobs. Ich hatte genug Startkapital, um unbesorgt loszulegen. Ich hatte Glück und direkt einen zweijährigen Großauftrag mit einer festen Summe pro Monat. Ich habe absolut keine Probleme, mich zu Hause zu jeder Tageszeit und Wetterlage zum Arbeiten zu motivieren. Ich habe absolut keine Probleme, unterwegs im Bus, am Strand oder am Flughafen zu arbeiten und kann mich extrem gut fokussieren. Worte sind meine Naturbegabung – ich bin effizient und schnell; die Buchstaben laufen mir quasi aus der Nase.

Und damit sage ich ganz offen – und widerspreche vielen »Coaches« und »Motivationstrainern«: Nö, das kann nicht jeder. Es ist eine Lüge, dass jeder mal eben alles hinwerfen und mit irgendeiner Online-Scheiße massenhaft Geld verdienen und um die Welt bimseln kann. Es reicht nicht, mal in der Schülerzeitungs-AG gewesen zu sein oder hobbymäßig über die zehn geilsten Cafés in Amsterdam zu schreiben. Das, was ich da mache, ist Business. Kundenakquise, Abrechnungen, Umsatzsteuervoranmeldung. Der Smoothie trinkende Reiseblogger mit seinem Tablet unter der Kokosflockenpalme ist die Fata Morgana des 21. Jahrhunderts. Niemand erwartet euch da draußen mit offenen Armen und schmeißt mit bunten Scheinen.

Davon abgesehen: Nicht jeder ist für diesen Lebensstil gemacht. Kannst du in Ruhe schlafen, wenn du nicht weißt, wie viel Geld du nächsten Monat auf dem Konto hast? Kannst du dich motivieren, auch sonntags um 20 Uhr auf der Couch noch einen Text zu schreiben? Würdest du dein Konsumverhalten einschränken, um weniger zu arbeiten und weniger Geld zu verdienen und im Gegenzug mehr Zeit zu haben? Sind dir sechs Wochen Urlaub vielleicht einfach genug und brauchst du einen festen Tagesablauf?

Mein Lebensstil ist nicht die Ultima Ratio und die Rettung der Menschheit, geschweige denn des digitalen Nomaden. Das Leben eines anderen zu kopieren, hat noch nie wirklich etwas gebracht außer Papierstau im Fach der Entfaltung. Das wirklich Wichtige ist doch: Bist du glücklich?

Seit Anfang 2019 habe ich eine Geschäftspartnerin. Gemeinsam haben wir die Agentur *frei getextet* gegründet. Unsere Kunden sind unter anderem UNICEF, Brinkhoffs, die Landeszentrale für politische Bildung NRW, camperstyle, Ruhr Tourismus und der Sauerländische Gebirgsverein. An meinem Geburtstag habe ich einen Besuchstermin des Bundespräsidenten mit der Kamera begleitet.

Während meine weniger reisefreudige Businesspartnerin in Deutschland die organisatorischen Fäden zusammenhält, bin ich in diesem Jahr sechs Monate lang gereist – unter anderem fünf Monate in die USA zu meinem Freund und Verlobten, den ich 2017 auf meinem großen Trip kennengelernt habe. Die gesamte Zeit über habe ich weitergearbeitet. Getextet, recherchiert, telefoniert und auch mal geskypt. Mit meiner Geschäftspartnerin, mit Kunden und sogar mit dem Finanzamt. Da muss man dann auch mal flexibel bis 1 Uhr nachts wach bleiben, um bei acht Stunden Zeitdifferenz pünktlich um 9 Uhr deutscher Zeit mit dem Auftraggeber über die dritte Korrekturschleife zu sprechen.

In diesem Jahr habe ich pro Monat durchschnittlich 1.600 € netto bei zwei bis drei Arbeitstagen pro Woche verdient. Im Februar waren es fast 5.000 €, im Juli einmal nur 650 €.

Die Freiheit und Lebenszeit, die mir dieser Job auszahlt, ist jedoch mit keiner Währung der Welt aufzuwiegen. Wenn mich jemand fra-

Sarah Bauer

gen würde, würde ich sagen, ich bin reich. Denn ich bin so glücklich, dass ich platzen könnte: Noch nie bin ich so viel gereist, habe so viel Zeit mit meinen Lieblingsmenschen verbracht, so viele Hobbys ausgeübt und so gesund gegessen und geschlafen wie jetzt. Noch nie war ich so selten krank, unzufrieden oder gestresst. Noch nie hatte ich weniger das Gefühl, etwas zu verpassen.

Die Freiheit und Lebenszeit, die mir dieser Job auszahlt, ist jedoch mit keiner Währung der Welt aufzuwiegen.

Das mit dem ortsunabhängigen Arbeiten nehme ich wirklich ernst und mache keine Kompromisse. Einmal leider auch, weil ich mir als meine eigene Chefin eine Krankschreibung direkt in den Abfall pinnen kann. Hier kommen meine Top 5 Orte, an denen ich schon gearbeitet habe: Im Krankenhausbett zwischen Darmspiegelung und MRT, als bei mir Colitis Ulcerosa diagnostiziert wurde; am Flughafen von Los Angeles um 4 Uhr morgens am Gate; um 5 Uhr morgens zu Hause auf der Couch mit heftigem Jetlag nach 30 Stunden Flug; im eiskalten Vorraum einer Autowerkstatt, als mein Wagen drei Stunden zur Inspektion war; in einem Hotelzimmer in Spanien bei 41 °C im Schatten.

Ja, ich bin andauernd unterwegs. Und ja, verdammt, ich arbeite. Ich habe meinen persönlichen Weg zum Glück gefunden und fühle mich nicht mehr so, als würde etwas mit mir nicht stimmen. Denn es stimmt endlich. Alles.

Sarah Bauer

- *heute 30, Deutschland, freie Texterin und Fotografin*
- *digitale Nomadin*
- *verlobt in den USA*
- *Buch: Angst ist keine Ausrede!, National Geographic Deutschland*
- *www.lonelyroadlover.com/www.freigetextet.de*

Radeln,
wo das Fernweh ist
Die Geschichte von Jonas Deichmann

Fernweh hatte ich nie, weil ich immer gleich zurück bin in die Ferne. Oft hatte ich schon das nächste Ticket in der Tasche, wenn ich nach Hause kam. Kurz die Familie besuchen, bei der Schwester auf der Schweizer Alm vorbeischauen oder beim Vater im gemeinsamen Unternehmen. Vielleicht kurz in den Alpen wandern, Medientermine wahrnehmen. Und dann zurück ins nächste Abenteuer, rauf auf den Radsattel im kanadischen Yukon, rein in die Hängematte unter brasilianischen Palmen, ab zum Triathlonschwimmen in der kroatischen Adria, rein ins Zelt vor Wladiwostok. Ich wusste immer schon, was als Nächstes kommt, wenn ich kurz zu Hause war.

Das Geheimnis? Disziplin, Konsequenz, Mut. Sich nicht beirren lassen.

Zwei Beispiele: Für mein Auslandssemester – ich habe International Business studiert – kam ich in Singapur an. Bereits am ersten Tag hasste ich die Stadt. Zu voll, zu teuer, zu wenig Natur. Dort wollte ich nicht leben und fand heraus, dass ich nicht bei allen Vorlesungen anwesend sein muss. Ich konnte ebenso gut zu Hause lernen und zur Prüfung in die Uni zurückkehren. Zwei Tage später zog ich in einem Strandbungalow auf der Insel Pulau Tioman ein. Das liegt gut 160 Kilometer von Singapur entfernt vor der malaysischen Küste.

Nicht nur, dass ich jetzt im Paradies lebte. Meine Wahlheimat kostete mich nur ein Viertel dessen, was ein Mehrbettzimmer in Singapur kostete. Mein selbst auferlegter Stundenplan sah wie folgt aus: morgens um 6 Uhr aufstehen, Frühstück mit Kaffee und frischen Früchten, eine halbe Stunde joggen am Strand, Studium in der Hängematte, tauchen gegen Nachmittag, zurück zu den Büchern, Abendbrot, am

Lagerfeuer sitzen, lesen, Nachtruhe um 22 Uhr. Das Ergebnis: eine fantastische Zeit, massive Kosteneinsparungen und Jahrgangsbester.

Zu Beginn dieses Abenteuers hatte ich den anderen Austauschstudenten vorgeschlagen, mitzukommen. Keiner wollte, alle sagten: »Nee du, lass mal, das funktioniert eh nicht.« Es schreckte sie ab, dass nie zuvor jemand das gewagt hatte.

Doch ich sollte recht behalten. Abgesehen davon, dass man zum Gelingen dieses Lebensstils Selbstdisziplin brauchte, gab es keinen Grund, warum es nicht klappen sollte. In Singapur habe ich durch diese Erfahrung neben den Inhalten fürs Studium auch noch gelernt, dass ich nicht dem Weg anderer folgen muss, sondern meinen eigenen gehen kann. Ich kann tatsächlich Träume verwirklichen.

Zurück in Europa, zog es mich nach Dänemark an die Copenhagen Business School. Ich kam im Spätsommer an, dann, wenn die Stadt wunderschön ist. Die Masten der Boote ragten in den blauen Himmel, die Giebelhäuser am Nyhavn leuchteten rot und gelb, die kleine Meerjungfrau schimmerte auf ihrem Felsen in der Herbstsonne. Doch nach nicht einmal einem Monat begann es zu regnen, und es war unwahrscheinlich, dass sich das Wetter bis April verbessern würde. Eine Woche später lebte ich auf Teneriffa und professionalisierte das Konzept, das ich in Singapur entwickelt hatte.

Ich kann nur jedem raten: Mach dir bewusst, dass dein wichtigstes Gut deine Zeit ist. Wir alle haben eine bestimmte Anzahl von Jahren, Monaten und Tagen auf diesem Planeten. Ich frage mich immer, ob die Leute das vergessen, weil sie irgendwann im Alltag feststecken, anstatt den Träumen zu folgen, die sie einmal hatten. Warum fällt das

Mach dir bewusst, dass dein wichtigstes Gut deine Zeit ist.

vielen so schwer? Ich denke, es ist Angst. Angst davor, die Komfortzone zu verlassen, Angst vor dem Scheitern und Angst vor dem Verlust des aktuellen Lebensstandards.

Ich habe vieles getan, von dem ich nicht wusste, ob es funktionieren würde. Einiges war erfolgreich, anderes stürzte mich kurzzeitig in

Angst davor, die Komfortzone zu verlassen? Hat Jonas nicht.
Seine Erkenntnis: Wenn man sich erst mal auf den Weg gemacht hat,
ergeben sich auch die Möglichkeiten.

Krisen. Dennoch bereue ich nichts, höchstens die Dinge, die ich nicht getan habe. Misserfolg ist Teil eines erfüllten Lebens, nur so lernst du, nur so verbesserst du dich. Als Extremsportler gehört es zu meinem Trainingsprogramm, mit Höhen und Tiefen umzugehen. Wenn ich am Limit durch einen Kontinent fahre, habe ich täglich mit beidem zu tun. Dabei ist mir klar, dass Tiefs etwas Gutes sind, denn ihnen folgt ein Hoch. Es kann nur besser werden. Diese Denkweise aus dem Profisport kann man auf alles übertragen.

Im Grunde ist alles Kopfsache. Klar, man braucht gewisse Tools, je nachdem, was man vorhat. Als Sportler musst du fit sein, als Autor musst du schreiben können, als Unternehmer brauchst du Wissen um Vertieb und Marketing. Aber egal, was du tust – 90 Prozent sind Kopfsache.

Das Verlassen der Komfortzone ist mit Sicherheit überwältigend. Der Anfang ist mit Abstand immer das Schwerste, dieser Prozess, der einen überhaupt erst an die Startlinie bringt. In dieser Phase lockt die Versuchung, doch noch abzuspringen, so sehr, wie bei 30 °C im Schatten eine kalte Limo zu schlürfen. Wenn du aber erst mal unterwegs bist, ist das abgehakt, gibt es kaum noch Platz für Zweifel. Und dann kommen die wundervollen Erfahrungen: Man lernt, wächst über sich selbst hinaus, spürt Erfüllung.

Meine Erkenntnis: Wenn man sich erst mal auf den Weg gemacht hat, seiner Leidenschaft folgt, ergeben sich auch die Möglichkeiten. Im Leben dreht sich immer alles ums Verkaufen. Um den Verkauf eines Produkts, einer Idee, eines Projekts. Oder man muss sich selbst verkaufen; wenn du etwa um den Partner wirbst oder einen Personaler überzeugen musst. Wir alle verkaufen täglich irgendetwas, und dabei gibt es nichts Erfolgreicheres, als leidenschaftlich zu sein und an das zu glauben, was man tut.

Meine Erkenntnis: Wenn man sich erst mal auf den Weg gemacht hat, seiner Leidenschaft folgt, ergeben sich auch die Möglichkeiten.

Wie es dir gelingt, deinen Träumen zu folgen? Denk darüber nach, was du wirklich willst und schreib es auf. Es schwarz auf weiß zu sehen, hilft. Es erinnert dich täglich an dein Ziel, auch wenn du gerade im Alltag versinkst. Arbeite möglichst jedes Jahr mindestens einen Punkt dieser To-do-Liste ab.

Doch zurück zu meiner Studienzeit: Während der zwei Jahre meines Masters in Dänemark lebte ich also in Spanien. Aber nicht nur dort, ich verbrachte längere Zeit in Brasilien und Indien, radelte durch 20 Länder und wohnte eigentlich nur vier Wochen lang in Kopenhagen. Ich habe an einer Eliteuniversität die Top 10 % erreicht, neue Sprachen gelernt, die Welt erkundet und das Studium aufgrund der niedrigen Lebenshaltungskosten in diesen Ländern ohne Schulden abgeschlossen.

Ich habe ab dem ersten Semester gemerkt, dass es geht, dass man als Deutscher im Ausland leben und Geld verdienen kann. Seitdem war mir klar: Alt werde ich in der Heimat nicht. Diese Erkenntnis bestimmte seitdem meine Lebensplanung und mittlerweile bin ich selbstständiger Extremsportler und Abenteurer.

Damit habe ich mir einen Beruf erschaffen, den es nicht gab. Erneut habe ich mich also dafür entschieden, keinen Trampelpfaden zu folgen, schon gar keinen Landstaßen oder Autobahnen, sondern mich quasi mit der Machete durch den Urwald zu schlagen. Mit anderen Worten: neue Wege zu gehen. Meine eigenen. Wege, die mich an Zebras, Gazellen und Elefanten vorbei durch Afrika führen, durch kristallklares Wasser, begleitet von einer Gruppe Delfinen. Wege, die mich die freundlichsten Menschen treffen lassen, zum Beispiel im Iran und im Sudan. Wege, die mich die Elemente spüren lassen – nicht immer eins mit der Natur, doch immer in der Natur.

Wenn ich auf dem Rad 240 Kilometer täglich durch exotische Länder fahre, ist das hart, manchmal sehr hart. Dann bläst der Wind oft in die falsche Richtung, direkt in mein Gesicht, so stark, dass er mich ausbremst und ich mein Tagespensum nicht schaffe. Dann erscheinen Gebirge noch steiler als auf der Karte, und ich spüre mit jedem Tritt in die Pedale, wie mehr Energie aus meinem Körper weicht. Dann will mich die Wüste aufhalten, nimmt kein Ende und mir wird das Wasser knapp, bis mir die Zunge am Gaumen klebt.

Und trotzdem: In dem Büro, in dem ich gleich nach dem Studium die einzigen zwei Jahre meines Lebens an ein und demselben Ort verbrachte – von der Schulzeit mal abgesehen –, will ich nicht mehr sitzen. Nur hier draußen verlasse ich meine Komfortzone, lerne, mit den Dingen umzugehen. In einem Nine-to-five-Job wäre ich unterfordert, unterwegs fühle ich mich lebendiger.

Ich wollte ohnehin nie Karriere machen, brauche kein Auto, habe meinen studentischen Lebensstil beibehalten. Mittlerweile habe ich noch nicht mal mehr eine Wohnung. Tagsüber sitze ich auf meinem Rad, nachts liege ich im Zelt oder rolle meinen Schlafsack mal vor einem Ladeneingang, mal auf einer überdachten Veranda aus. Und dennoch bin ich mit dem, was ich tue, erfolgreich. Von den Einnahmen aus Sponsorenverträgen und Vorträgen kann ich gut leben. Zusätzlich kommt ein bisschen Geld aus Bücherverkäufen rein, oder eine Produktionsfirma, die einen Film über mich machen will, zahlt mir etwas für die Lizenz. Ich lebe von der Vermarktung meiner Abenteuer.

Dafür habe ich gemeinsam mit meinem Vater in der Schweiz eine Firma aufgebaut. Er lebt dort und hält mir als Manager den Rücken frei, wenn ich unterwegs bin. Wenn ich zum Beispiel durch Sibirien radle, macht er die Pressearbeit. Er kümmert sich um die Bank, die Steuern, die Sponsoren.

Seit dem Studium habe ich kaum irgendwo länger als ein halbes Jahr gelebt.

Das sind Dinge, die ich unterwegs vom Handy aus nur schwer erledigen kann. Die Schwester seiner Frau und zugleich Nachbarin kümmert sich um die Buchhaltung. Ich selbst bin im Schnitt ein- bis zweimal pro Jahr in Deutschland und der Schweiz. Seit dem Studium habe ich kaum irgendwo länger als ein halbes Jahr gelebt, und da Deutschland die besten Flugverbindungen hat, wird jeder Transit zwischen den Ländern auch gleich zum Heimatbesuch.

Ich habe nichts gegen die Deutschen. Ich freue mich immer, meine Familie zu sehen, meine Eltern, die kleine Schwester, den älteren Bruder. Auch habe ich gute Freunde in der Heimat, lerne supernette Menschen kennen, was vielleicht auch daran liegt, das ich mich oft in der Radszene aufhalte und wir alle die gleichen Interessen haben. Aber klar, die Deutschen als Gesellschaft suchen immer gern auch nach Problemen, und das habe ich mir wahrhaftig abgewöhnt. Seit Jahren übe ich mich im positiven Denken. Vor allem durch das Reisen habe ich gelernt, dass es immer irgendwie weitergeht. Deswegen bin ich gelassener geworden, verfalle nicht in Panik, wenn etwas nicht klappt.

Ein Beispiel: Gerade sitze ich für sechs Wochen in der Türkei fest, weil ich auf das Visum für Russland warten muss. Das hat den Zeitplan gehörig durcheinandergeworfen, und dabei verlassen sich meine Sponsoren darauf, dass ich meinen Triathlon in der versprochenen

Jonas Deichmann

Es sind nicht nur die Tiere, die mitunter gefährlich werden.
In Äthiopien geriet Jonas in einen Bürgerkrieg und verschanzte sich
im Hotel, um zu überleben.

Zeit schaffe. Das Abenteuer, in dem ich gerade stecke? Mit dem Rad bin ich bereits nach Kroatien gefahren, dann weiter durch die Adria gekrault bis nach Montenegro. Bis zum Frühjahr will ich durch Europa und Asien zur chinesischen Küste geradelt sein. Von Shanghai aus werde ich mit einem Segelboot zur amerikanischen Pazifikküste übersetzen und ab San Francisco joggen, einmal quer durch die USA. Ein zweites Schiff soll mich von New York zurück nach Lissabon bringen, von dort aus geht es mit dem Rad zurück nach München.

Nun also stecke ich aber erst mal in der Türkei fest. Was kann ich tun? Nichts. Nervös werden? Das wäre mir früher passiert. Diesmal habe ich mich entschieden, das Beste aus der Situation zu machen: nämlich eine Fahrradtour durchs Land.

Probleme gehören für mich dazu, in neun von zehn Fällen erledigen sie sich fast von selbst, wenn man sich auf sie einlässt. Fast alles ist überwindbar. Eine große Herausforderung verwandelt man in kleine Portionen und arbeitet sie Stück für Stück ab. Außerdem befinde ich mich, wie bereits erwähnt, gern außerhalb meiner Komfortzone. Deswegen ist es mir in Deutschland inzwischen zu langweilig. Die Dinge funktionieren zu gut.

Auf der anderen Seite ist die Heimat für meine Karriere eine perfekte Basis und unglaublich wichtig. Hier halte ich die meisten Vorträge, und hier sitzen meine Sponsoren. Das könnte mir das Ausland nicht bieten. Ich sage immer: Beruflich bin ich gern Deutscher, denn ich mag es natürlich auch in bestimmten Situationen, wenn die Dinge funktionieren und ich mich auf andere verlassen kann. Privat bin ich gern Brasilianer, habe Spaß, tanze gern, sehe die Dinge gelassen.

* * *

Sobald eines meiner Projekte zu Ende geht, habe ich bereits den Plan für ein neues in der Tasche. Ohne den würde ich vermutlich in Depressionen verfallen. Das ist ein weitverbreitetes Phänomen unter Spitzensportlern, und mit Sicherheit kann man es auf Weltreisende übertragen: Du kommst nach einem Mega-Abenteuer nach Hause, hast etwas Großartiges zu Ende gebracht. Für ein paar Tage bist du happy, dann stellt sich das Gefühl einer gewissen Leere ein. Die Frage kommt auf: Und jetzt? Zurück in den Alltag? Zu langweilig!

Mein Rezept gegen diesen Post-Reise-Blues sieht in etwa so aus: Ich komme nach Hause und habe extrem viel zu tun: Vorträge, Medientermine, Familientreffen. Dann für sechs bis sieben Wochen ab nach Brasilien in die Hängematte, Caipis schlürfen. Außerdem sehe ich dort meine Freunde aus Studienzeiten wieder. In diesen Tagen unterliegt mein Leben auch keinem Trainingsplan. Ich weiß dann aber schon: Bald bin ich wieder bereit. Die Vorbereitungen beginnen zunächst mit lockerem Training, das in hochkonzentriertes übergeht. Nach sieben Monaten beginnt das nächste Abenteuer.

Jeder Reiserückkehrer sollte ein Ziel vor Augen haben.

Jeder Reiserückkehrer sollte ein Ziel vor Augen haben. Es kann ein großes sein, dass er sich in viele kleine herunterbricht, um es zu erreichen. Man muss ja nicht gleich wieder los, aber man kann etwas planen für in drei Jahren und dazwischen immer mal wieder etwas kleineres. Es sollte ein Ziel sein, auf das man sich freut, auf das man aber auch hinarbeiten muss.

Meine Eltern haben sich daran gewöhnt, dass ich oft und lange unterwegs bin. Das fing schon früh an. Mit 17 lebte ich als Austausch-schüler ein Jahr lang in Alicante, Spanien. Danach zog ich zu Hause aus. Kaum das Abi in der Tasche, machte ich ein Praktikum in einer New Yorker Marketingagentur. Mit 19 begann mein Studium, das mich in verschiedene Länder führte. Nebenbei schaute ich mir mit dem Rad 64 Länder an. Mit 24, nach dem Master, bin ich noch mal losgestrampelt. Es folgte die einzige Festanstellung meines Lebens, in München als IT-Vertriebler. Das war seit der Schule die längste Zeit, die ich in Deutschland verbracht habe. Nach Feierabend bereitete ich in dieser Zeit meinen allerersten Weltrekord vor: von Portugal nach Russland in nur 64 Tagen. Damit würde ich der erste Mensch in der Geschichte werden, der die gesamte Landmasse Eurasiens mit dem Rad durchquert.

Ich schaffte es. Zuvor jedoch musste ich trainieren und mich um die Logistik kümmern, was zum Beispiel auch jede Menge Recherche bedeutete: Welche Visa brauchte ich? Wie lange konnte ich in den jeweiligen Ländern bleiben? Wo bekam ich mitten in Sibirien einen Ersatzreifen her? In dieser Zeit habe ich auch die ersten Kontakte zu den Medien geknüpft. Die Radsportmagazine interessierten sich automatisch, aber auch die *Welt am Sonntag* berichtete über mich.

Ich wusste, den Rekord kann ich danach als Aushängeschild nutzen. Damals war ich ja noch Angestellter, doch seit Studienende

Ich wollte später nicht nur ortsmäßig, sondern auch finanziell frei sein.

plante ich langfristig die Selbstständigkeit. Der Job bei den Münchnern war mir eine willkommene Option gewesen, ich hatte mich bewusst für ihn entschieden, um Erfahrungen im Vertrieb zu sammeln und Geld anzusparen, denn ich wollte später nicht nur ortsmäßig, sondern auch finanziell frei sein. In dem Moment, in dem ich den Vertrag unterschrieb, hatte ich mir bereits die Deadline gesetzt: In zwei bis drei Jahren würde ich die Kündigung einreichen.

Mir war also klar, der Tag würde kommen, und keine Woche nach meiner Rückkehr, das Jubeln an der Ziellinie in Wladiwostok hallte noch in den Ohren, saß ich im Büro und dachte: »Jetzt, jetzt ist es so weit.« Die Kündigung fiel mir leicht, bereitete mir keine Sorgen, ich war ja darauf vorbereitet, hatte durchgerechnet, was ich monatlich zum Leben brauche, dass ich für den Anfang genug habe, und langfristig das Ziel, in der Selbstständigkeit neues Geld zu verdienen. Im Vorfeld hatte ich Bücher gelesen wie Tim Ferriss' *The 4-Hour Work Week* und einen Kurs im Onlinemarketing besucht. Meine eigene Firma wollte ich von überall auf der Welt managen können, gern auch wieder von einer Insel aus.

Mit mir selbst also herrschte Einigkeit, schwieriger war es, mein Umfeld zu überzeugen. Fast alle sagten: »Du bist verrückt, wirf doch den tollen Job nicht hin, da hast du super Karrierechancen. Niemand sonst würde so etwas tun.« Es waren dieselben Einwände wie damals, als ich Singapur den Rücken kehrte. Seitdem wusste ich aber, dass es möglich ist, eigene Wege zu gehen. Ihre Zweifel kamen deswegen nicht gegen meine Gedanken und Überlegungen an. Die lauteten: »Was soll schon passieren? Als Vertriebler und Weltrekordler bekommst du jederzeit einen Job, falls etwas schiefgeht.«

»Du bist verrückt, wirf doch den tollen Job nicht hin, da hast du super Karrierechancen. Niemand sonst würde so etwas tun.«

Doch es ging nichts schief. Nach der Kündigung reiste ich nach Kanada und weiter in die USA, um für mein nächstes Projekt zu trainieren: Ich wollte die längste Landverbindung der Welt, die Strecke von Alaska nach Argentinien, in rund 100 Tagen schaffen und so den bestehenden Weltrekord knacken. Ich saß also mal wieder im Sattel, radelte durch die Weiten Nordamerikas und war glücklich. Es sind die kostenlosen Dinge, die mir am meisten Freude bereiten. In dem Jahr

Was seine Unterkünfte angeht, ist Jonas nicht wählerisch. Mal rollt er seinen Schlafsack vor einem Laden aus, mal unter dem Dach einer Veranda.

gab ich nur 6.000 € aus und war, obwohl »arbeitslos«, sehr entspannt. Ich wusste: Wenn ich diese Challenge schaffe, kommen danach die Medien, Sponsoren und Möglichkeiten, Vorträge zu halten, kurzum: die Gelegenheit, meine Abenteuer zu monetisieren und mehr einzunehmen als ich eigentlich brauche. Ich sollte recht behalten und wurde langfristig Extremsportler von Beruf.

Natürlich, bis heute verdiene ich bei Weitem nicht so viel wie damals in München; ich verdiene mehr. Ich werde also gut dafür bezahlt, jeden Tag das zu machen, was mir Freude bereitet. Dennoch lebe ich sparsam: Mein Zelt ist mein Haus, mein Lebensmittelpunkt meistens in Ländern mit geringen Lebenshaltungskosten, zum Beispiel Südamerika. Ich glaube, die meisten Menschen wissen gar nicht, wie wenig man braucht, um glücklich zu sein.

Meine Mehreinnahmen investiere ich in die Zukunft, in Aktien und Immobilien. Bald möchte ich gemeinsam mit meinem Vater in Portugal ein Segelboot kaufen. Dort auf dem Atlantik wäre ich dann zumindest zeitweise sesshaft und hätte eine Basis. Wenn ich gerade nicht dort lebe, kann der Rest der Familie das Schiff nutzen. Langfristig rechne ich damit, bis Mitte 40 im Extremsport unterwegs zu sein. Auch danach kann ich meine Abenteuer zu Geld machen – es werden dann eben andere sein. Langsamere. Wenn es so weit ist, wird mehr Zeit da sein, die Länder und ihre Menschen kennenzulernen. Doch auch jetzt schon nehme ich die Gegenden, die ich durchquere, intensiv wahr. Sie sind nicht nur Kulisse, trotz der hohen Geschwindigkeiten.

> *Doch auch jetzt schon nehme ich die Gegenden, die ich durchquere, intensiv wahr. Sie sind nicht nur Kulisse.*

Wenn ich einen Gang zurückgeschaltet habe, wird meine Mutter sicherlich aufatmen. Sie weiß, dass ich in gefährliche Situationen gerate, das bringt der Beruf mit sich. Zum Beispiel lag ich einmal nachts in Botswana im Schuppen einer Polizeistation. Plötzlich kam ein Löwe und fraß den Wachhund auf. Ein Mordsgebrüll! Eigentlich hatte ich im Zelt schlafen wollen. In Äthopien wiederum radelte ich mitten in den Bürgerkrieg in einer Kleinstadt hinein: Autos brannten, ein Mann ging unter den Hieben einer Horde von Stockschwingern zu Boden. Vermutlich hat er es nicht überlebt. Ich verschanzte mich in einem Hotel und gehörte zum Glück nicht zu den gut 100 Menschen, die an diesem Tag ums Leben kamen. Vor ein paar Wochen ging es mir dann doch an den Kragen, eine Strömung packte mich. Ich musste Überstunden machen, um mit dem Leben davonzukommen. Es ist kurz vor Feierabend, wenn man so will: ich in den Wellen der Adria. Um die sechs Stunden bin ich schon geschwommen, immer an der Küste entlang, das Floß mit meinen Habseligkeiten gleitet an einem Seil hinter

Jonas Deichmann

mir her. Noch eine Stunde, dann will ich am Ufer das Zelt aufschlagen. Plötzlich merke ich, wie ich auf das offene Meer hinaustreibe. Mir wird ganz anders, ich versuche aber, ruhig zu bleiben. Zug um Zug, Minute um Minute arbeite ich mich aus dem Sog heraus. Minuten werden zu Stunden. Es ist dunkel, kalt und spät, als ich an Land krieche und mich auf den Sand fallen lasse.

Trotzdem würde ich mein Leben gegen kein anderes eintauschen, habe im Moment auch nicht das Bedürfnis, eine Familie zu gründen oder in einer Beziehung zu leben. Ich war in Brasilien für zweieinhalb Jahre mit einer Frau zusammen, doch letzten Endes lockten die Freiheit und das Fahrrad. Im Moment fehlt mir zu meinem Glück eigentlich nur eine Espressomaschine. Die hat nicht mehr in die Satteltaschen gepasst.

Jonas Deichmann

- *heute 33, Deutschland, Extremsportler/Abenteurer/ Keynotespeaker*
- *Austauschschüler mit 17 in Alicante, Spanien*
- *Extremradfahrer in über 64 Ländern der Erde*
- *mehrfacher Weltrekordhalter, unter anderem:*
  - *von Portugal nach Russland in nur 64 Tagen und damit der erste Mensch, der die Landmasse Eurasiens mit dem Rad überquert hat*
  - *von Alaska nach Argentinien in nur 100 Tagen und damit Schnellster auf der längsten Landverbindung der Erde*
  - *vom Nordkap zum Kap der guten Hoffnung in 72 Tagen und damit 30 Tage schneller als der bisherige Rekordhalter*
- *Buch: Cape to Cape, Delius Klasing Verlag*
- *www.jonasdeichmann.com*

Ich war fremd
im eigenen Land
Die Geschichte von Sabine Wackenroder

»**S**ind Sie in Deutschland straffällig geworden oder was?« Entsetzt blicke ich den Mann an, der vor mir hinter seinem großen Schreibtisch sitzt. Mitte 50, dunkle Brillenränder, Bauchansatz. »Wie bitte?«, frage ich ungläubig. »Nun, warum sonst sind Sie ins Ausland gegangen?« Ich bin sprachlos. Da sitze ich zwei Männern in ihren Fünfzigern gegenüber und kann es nicht glauben. Das fragen die mich in einem Bewerbungsgespräch? Andere Jobinterviews verlaufen nicht besser. »War schön, in Afrika in der Sonne zu liegen, nicht wahr?«, bekomme ich zu hören.

Ein andermal nimmt mich meine Oma bei der Hand, sieht mir ernst ins Gesicht und fängt an, irgendetwas von Hella von Sinnen zu reden. *Oma, DU bist von Sinnen*, denke ich, bis ich kapiere, dass sie herausfinden will, ob ich lesbisch bin, eine vom anderen Ufer.

Es war nicht üblich, in den 80er-Jahren für lange Zeit ins Ausland zu gehen, als Frau, allein. Überall, wo man war, in WGs zu wohnen, mit Frauen, ganz auf sich gestellt.

Auch andere Gerüchte kursierten, etwa: »Sie soll ja jetzt mit einem Afrikaner zusammen sein, einem Muslim.« Zugegeben, ich hatte damals nicht viel Kontakt zu meiner Familie und meinen Freunden. WhatsApp und E-Mails gab es noch nicht. Ich schickte Briefe per Luftpost, und wir telefonierten einmal im Quartal. Da blieb viel Raum für Fantasie. Manchmal staune ich, wie gelassen meine Eltern trotz allem blieben. »Du machst ja sowieso, was du willst, was sollen wir uns aufregen?«, sagten sie. Damals traf mich ihre Gleichgültigkeit. Heute weiß ich: Sie hatten recht. Ich machte sowieso immer, was ich wollte –

und das war gut so. Es hat mich weiter gebracht als andere. Meine Auslandsaufenthalte zum Beispiel: Durch sie habe ich ganz neue Seiten an mir entdeckt. Sie haben mich gestärkt, und letzten Endes habe ich eine steilere Karriere hingelegt als meine Kommilitoninnen, bin nicht in einer Kita oder auf irgendeinem Amt versauert.

Ja, richtig, ich werde einmal eine niedrigere Rente erhalten, weil ich mehrere Jahre lang keine Beiträge gezahlt habe. Auf diese Weise also werde ich die Rechnung begleichen müssen. Anderes ist mir dafür erspart geblieben. Ich habe zum Beispiel nicht den erstbesten Partner geheiratet, wie so viele der Mädchen an der Uni – nur, um eine Familie zu gründen. Einmal stand ich kurz vor der Hochzeit, aber hätte ich das wirklich durchgezogen … oh, das hätte nicht gut geendet.

Aber fangen wir von vorn an. Ich hatte eigentlich nie vorgehabt, ins Ausland zu gehen. Doch während meines Studiums der Sozialpädagogik in Bremen erhielt ich das Angebot, in den Semesterferien ein Praktikum zu machen – bei den United Nations in Nairobi. Es war kaum zu Ende, da ergatterte ich einen Job an der Deutschen Schule, ebenfalls in Kenias Hauptstadt. Später wechselte ich Land und Job: Ich trat eine Stelle an der Internationalen Schule in Addis Abeba, Äthiopien, an. Zugleich arbeitete ich in einer Außenstelle des Westdeutschen Rundfunks – den ganzen Tag mit kleinen Kindern zu spielen, fand ich auf Dauer langweilig. Von nun an war ich vormittags Sabine, die Erzieherin in der Vorschulklasse, und nachmittags Sabine, die Projektassistentin: Ich recherchierte im Auftrag der Korrespondenten, empfing Gäste, organisierte das Büro. So hatte sich also ein Job nach dem anderen für mich ergeben. Dass ich überhaupt eines Tages zurückkehrte, lag nur daran, dass ich keine neue Aufenthaltsgenehmigung bekam.

> **Und dennoch – aus den wenigen Monaten, die ich ursprünglich in Afrika hatte bleiben wollen, waren vier Jahre geworden.**

Und dennoch – aus den wenigen Monaten, die ich ursprünglich in Afrika hatte bleiben wollen, waren vier Jahre geworden. Mein Studium hatte so lange brachgelegen, und ganz ehrlich, ich verspürte überhaupt keine Lust, es zu beenden. Nach all meinen Erfahrungen, die ich gemacht hatte, würde ich die Mädchen in den Seminaren mit ihrer Selbstbezogenheit nicht mehr ertragen, das wusste ich. „Ich fühle mich von dir verletzt, weil …« oder: »Du, können wir noch mal darüber reden, was du gerade gesagt hast, ich finde, das war sehr unsensibel von dir …« Schrecklich! Außerdem war ich nicht mehr der Meinung, ich bräuchte ein Studium. Doch was sollte ich dann machen?

Der Staat nahm mir die Entscheidung ab, denn eines Tages lag ein Brief für mich auf dem Küchentisch meiner WG. Ein grauer Umschlag mit amtlichem Wappen darauf. »… möchten wir Sie bitten, uns die Summe von 52.000 DM bis zum 31. November 1991 zurückzuzahlen …« Ich musste mich erst mal setzen. BAföG. Die wollten ihr Geld zurück! Damit war die Entscheidung gefallen: Wenn ich schon dafür zahlen musste, wollte ich das Studium wenigstens abschließen.

Und noch eine Entscheidung war gefallen: Nach dem Studienende wollte ich sofort wieder ins Ausland. Ich war mittlerweile 36, und die Jobchancen für eine alte Weltreisende wie mich Anfang der 90er-Jahre standen in Deutschland sehr schlecht. Das trieb mich zur Verzweiflung! In Äthiopien, in Kenia, da musstest du improvisieren, und hier war alles in ein Schema gepresst. Wer da nicht reinpasste, der hatte ein Problem. Und ich hatte ein großes Problem. Damals galt ein Aufenthalt im Ausland für die Arbeitgeber noch als »Ausfallzeit«. Sie hatten alle das Vorurteil: »Wer in Afrika gefaulenzt hat, ist auf dem deutschen Arbeitsmarkt nicht zu gebrauchen.« Das traf nicht nur mich, sondern sogar Ärzte, die für eine Weile ins Ausland gegangen waren. Viele von ihnen hatten es schwer, nach ihrer Rückkehr eine Stelle zu finden.

Das Paradoxe: Als ich das Studium abgeschlossen hatte, musste ich feststellen, dass mich auch das Ausland nicht mehr haben wollte. Ich hatte gedacht: *Da ich jetzt ein Diplom habe, müssten sich doch eine NGO, Entwicklungshilfeorganisationen oder die UN für mich interessieren.* Dafür hätte man aber nicht nur einen Abschluss – am besten als Arzt, Ingenieur oder Krankenschwester – haben müssen. Nein, die erwarteten auch Auslandserfahrung, speziell bei Entwicklungshilfeprojekten, von einem. Mein Studium der Sozialpädagogik, meine Art der Auslandserfahrung und meine Fremdsprachen – Englisch, Französich, Kisuaheli – zählten nicht. Heute, in Zeiten des Fachkräftemangels, wäre das sicher anders, auch in Deutschland ist es für mich beruflich leichter geworden. Damals aber – keine Chance!

Im Inland dauerte es lange, doch endlich bekam ich eine Zusage – von einem sozialen Träger in Schleswig-Holstein. Keiner sonst wollte den Job, schwierige Chefin. Ich war die einzige. Mit der würde ich schon fertigwerden! Ich hatte in Afrika ja ganz andere Strapazen erlebt. An der Deutschen Schule zum Beispiel – wie oft hatte ich es da mit überforderten Müttern aus Deutschland zu tun gehabt. Sie kamen und heulten sich bei mir aus: »Ich bring mich um!«, riefen sie, oder: »Mein Mann geht mit einer Afrikanerin ins Bett!« Die Menschen machen die wildesten Sachen, wenn sie im Ausland sind.

Ich hatte in Afrika ja ganz andere Strapazen erlebt.

Ich behauptete mich in Schleswig-Holstein. Sechs Jahre lang blieb ich denen erhalten, doch permanent schaute ich parallel nach Stellen im Ausland. Ich wollte weg! Und wäre es mir gelungen, einen guten Job zu kriegen, ich wäre wahrscheinlich nie wieder zurückgekommen.

Dann endlich dieses Stellenangebot: Eine NGO suchte Mitarbeiter für Ghana. Auf meine Bewerbung hin erfolgte endlich mal keine Absage, was langfristig zur Folge hatte, dass ich mich als Assistentin deutscher Ärzte in einem Buschkrankenhaus wiederfand. Fließend Wasser und Strom? Fehlanzeige. Auch an vielem anderen fehlte es: Seife, Reis, Bettlaken zum Beispiel. Und diesen Mangel zu beseitigen – genau dafür war ich zuständig. Die Ärzte hatten einfach keine Zeit, einkaufen zu gehen, manchmal schoben sie 24-Stunden-Schichten. Also stieg ich in den Landrover und fuhr in die mehrere Stunden entfernte Stadt, wo ich besorgte, was sie mir auf einen Zettel geschrieben

Sabine Wackenroder

hatten. Fehlte nichts, war ich für ihre seelische Betreuung da, fehlte ihnen nichts, trieb ich aus der Ferne in Deutschland Spenden ein. Geld fehlte immer.

Zuvor hatte ich in Schleswig-Holstein unzählige Überstunden gemacht, sodass die Habenseite meines Arbeitszeitkontos in die Höhe geklettert war. Als das »Ersparte« reichte, ließ ich mich für längere Zeit beurlauben und zog los. »Wer weiß, vielleicht bleibe ich ja jetzt auch ganz in Afrika?«, hatte ich bei Antritt meines Dienstes noch gedacht. Doch nach einem halben Jahr war ich froh, dass ich meine Stelle in Schleswig-Holstein nie gekündigt hatte, auch wenn sie nicht der Hit war. Ghana erwies sich als unglaublich intensiv: Rund um die Uhr war man von Menschen umgeben, manchmal regelrecht umzingelt. Denn die Kranken rückten mit ihrer Groß-
familie an. Hätte ich keine Vorhänge hinter meine Fenster gehängt, ich hätte sofort nach dem Aufwachen in unzäh-lige dunkle Augenpaare geschaut, die durch die Scheiben lugten. Gleichzeitig

Während meines ersten Aufenthalts in Afrika dage-gen hatte ich viele Freunde aus aller Welt gehabt.

war ich einsam. Stundenlang cruiste ich im Landrover herum, und im Buschkrankenhaus, fernab jeglicher Zivilisation, hatte ich richtigen Kontakt nur zu den paar Ärzten und ihren Familien. Während meines ersten Aufenthalts in Afrika dagegen hatte ich viele Freunde aus aller Welt gehabt. Damals hatte ich ja in Großstädten gelebt. Da war es leicht gewesen, sich einen großen Freundeskreis aufzubauen.

Zuerst war ich nach diesem zweiten Aufenthalt in Afrika also recht froh, wieder zurück in Deutschland sein zu dürfen. Dabei half mir auch, dass ich schon einen Job und eine Wohnung hatte. Eines Abends schloss ich die Tür zu ebendieser wieder auf, legte den Schlüs-sel in die Schale im Flur. Ich erinnere mich, dass ich mich wunderte, dass das Porzellan nicht von feinem Staub bedeckt war. In meinen Ohren summte es. Es war die Stille. Ich stellte meinen Koffer auf den Teppich, der sich zum Hineinlegen weich von den fasrigen Planken unterschied, aus denen der Boden meiner Buschhütte bestanden hatte.

Und als ich aus dem Fenster blickte, schaute ich auf einen Baum und nicht in unzählige dunkle Augenpaare. Kurzum: Ich freute mich über die zurückgewonnenen Annehmlichkeiten und dass ich meine Privatsphäre wiederhatte. Außerdem wusste ich: Da ist ein Arbeitsplatz, zu dem ich zurückgehen kann, alles ist geregelt.

Das ging gut, bis mir wieder die Decke auf den Kopf fiel und ich aufbrach zum nächsten Abenteuer: Drei Mal nahm ich unbezahlten Urlaub und absolvierte in jeweils drei Monaten in Vancouver eine Ausbildung zur Englischlehrerin. Die Stadt war das Gegenteil von der norddeutschen Provinz: groß und aufregend. Schillernde Wolkenkratzer spiegelten das Türkisgrün des Pazifik wider, hinter dem sich schneebedeckte Berge erhoben. In den Buchten lagen behäbige Containerschiffe, während die Straßen erfüllt waren von geschäftig dahineilenden Menschen. Und das alles vor einer so gewaltigen Bergkulisse, als hätte jemand eine Berchtesgaden-Postkarte hinter die Stadt geklebt. Gern hätte ich mich in dieser Metropole nicht nur treiben-, sondern auch niedergelassen. Doch mit meinem Abschluss hätte ich zu wenig verdient, um meine Miete zu bezahlen, mich selbst kranken- und rentenzuversichern, geschweige denn reisen zu können. Ich sagte mir: Ausland ja, aber nicht um jeden Preis!

Und wie sah es in all den Jahren privat aus? Nun, mein alter Freundeskreis in Deutschland war bereits nach der ersten Rückkehr deutlich geschrumpft, ich verstand diese Leute und ihre Pseudoprobleme nicht mehr. Als ich das erste Mal zurückgekehrt war, war gerade die Mauer gefallen. Ich fand die Atmosphäre schrecklich. Die Ossis kamen in Scharen in ihren Trabis herüber, und die Wessis pöbelten: »Die sollen bloß wegbleiben,

Nun, mein alter Freundeskreis in Deutschland war bereits nach der ersten Rückkehr deutlich geschrumpft.

die fressen uns alles weg und sind nur geil auf das Begrüßungsgeld!« Und ich dachte: »Ihr wisst gar nicht, wie gut es euch geht, ihr lebt im Paradies, und wenn ihr wirklich mal ein Problem habt, dann sichert euch die Sozialhilfe ab.« In Afrika hatte ich Menschen gesehen, die

So fern und doch so nah. Heutzutage braucht Sabine fünf Minuten nach Kamerun. So heißt ihr Nachbarort in Schleswig-Holstein, wo sie mit ihrem Mann auf einem alten Hof wohnt.

nur die Fetzen besaßen, die sie am Leib trugen, und zwischen Müllbergen am Straßenrand wohnten, wo sie die Armut langsam auffraß.

Aus meiner Studienzeit war mir nur eine Freundin geblieben. Manchmal besuchte ich sie, aber oft verbrachte ich meine Wochenenden einfach in Hamburg im englischen Kino. Oder ich blieb zu Hause und las. Das war immer noch aufregender, als mich mit Männern zu treffen. Die deutschen Jungs empfand ich als unendlich öde. In Nairobi und Addis Abeba umwarben sie einen als Frau. Wen immer ich datete, egal, aus welchem Land er kam – es war klar, er würde die Rechnung bezahlen. Das gehörte sich damals so, das war höflich und frei von Hintergedanken. In erster Linie ging es darum, einen angenehmen Abend mit interessanten Gesprächen zu verbringen. Daraus ergab sich manchmal etwas und manchmal auch nicht. Und dennoch waren diese Männer immer höflich und zuvorkommend gewesen. Meine deutschen Dates kamen mir im Vergleich dazu allesamt ungehobelt und doof vor. Die wenigsten hatten überhaupt mal über den Tellerrand geschaut, und wenn, dann benahmen sie sich wie ein Feldherr, der den anderen erzählen kann, wo's langgeht. Manieren hatten sie übrigens auch nicht. Es gab Exemplare, die beim Kauen den Mund nicht zukriegten. Aber den Vogel schoss ein anderer ab. Da sitzen wir uns gegenüber an einem Tisch, Mark und ich. Beim Chinesen. Er ist der Typ *konservativer Langweiler mit Hang zur Selbstüberschätzung.* Ich bin mir schon ziemlich sicher, dass es bei diesem ersten Date bleiben wird, da höre ich ihn sagen: »Jetzt iss aber mal schnell deinen Nachtisch auf, wir wollen ja noch zu mir nach Hause.« Ich schaue ihn an, ich schlucke das Stück Honigbanane hinunter, ich atme ein, der Geruch von Zimt und Honig steigt mir in die Nase, ich atme aus, ich schließe die Augen, ich mache sie auf, ich schaue ihn an. Ich kann nicht mehr, ich breche in Gelächter aus. Ratet mal, wer an diesem Abend keinen Sex hatte!

Erschwerend kam hinzu, dass ich ja bereits Mitte 30 war. Die Männer in meinem Alter waren entweder geschieden oder noch verheiratet, hatten aber meistens Kinder. Oder sie waren aus gutem Grund Junggesellen geblieben. Alle drei Sorten kamen für mich nicht infrage. Ich passte nicht hierher, das spürte ich ganz deutlich und fühlte mich wie eine Fremde im eigenen Land.

Knapp zehn Jahre nach meinem allerersten Auslandsaufenthalt und im Anschluss an meine Zeit bei der Diakonie zog ich nach Darmstadt. Ich hatte den Tipp bekommen, das Rhein-Main-Gebiet sei recht international – auch die dortigen Firmen. Also erhielt die Lufthansa eine Initiativbewerbung von mir, und sie stellten mich ein. Mit meinem Studienabschluss sowie mittlerweile sechs Jahren Berufserfahrung störte sich keiner mehr an meinem Afrikaaufenthalt. Doch diesmal störte ich mich. An den Kollegen. Nach zwei Wochen kündigte ich wieder. Ich passte da nicht rein, wie mir schnell klar wurde – auch ein Vorteil von Auslandserfahrung: Man kennt sich sehr gut und weiß, was man will.

Kurze Zeit darauf sagte die Internationale Schule in Wiesbaden zu. Das war's. Der Drang hörte auf. Endlich hatte ich alles, was ich

Sabine Wackenroder

brauchte: die Anbindung an andere Kulturen, eine englischsprachige Arbeitswelt, ein gutes Gehalt. Zugleich hatte ich nette italienische Nachbarn, die sich freuten, dass ich ein wenig ihre Sprache spreche, und in dem Kurs, in dem ich sie gerade übte, lernte ich einen Mann kennen. Er war genau das, was ich nicht gewollt hatte: geschieden mit zwei kleinen Kindern. Mittlerweile sind wir seit fast 20 Jahren verheiratet.

Mit einem Schlag also hatte sich mein Leben zum Guten gewendet, und ich erkannte: Es hilft auf die Dauer nicht, wenn man nur jammert. Es gibt auch in Deutschland Menschen, die was in der Birne haben, man verstellt sich nur den Blick darauf.

Mittlerweile betreue ich Mitarbeiter internationaler Firmen und ihre Familien, bevor sie für einige Zeit ins Ausland geschickt werden. Ich sage ihnen immer: »Jetzt braucht ihr mich noch nicht, und im Ausland werdet ihr mich sicher auch nicht oft anrufen müssen. Aber verlasst euch drauf: Wenn ihr danach zurückkommt, fangen die Probleme an. So ein bis zwei Jahre braucht es dann mindestens, sich wieder in Deutschland einzugewöhnen.«

Sabine Wackenroder

- *heute 63, Deutschland, Sozialpädagogin/Coachin/Autorin*
- *lernt japanisch*
- *fünf Jahre Afrika (Praktikantin bei den UN, Erzieherin an der Deutschen Schule, Projektassistentin beim WDR, Assistentin deutscher Ärzte im afrikanischen Busch für eine NGO)*
- *3 x dreimonatige Ausbildung zur Englischlehrerin in Kanada*
- *generell wieder längere Reisen geplant, unter anderem nach Neuseeland und Japan*
- *www.owanga.net*

Ich war fremd im eigenen Land

Der härteste Teil ist die Rückkehr nach Hause

Die Geschichte von Mihal Greener

»Wow, seid ihr mutig«, sagten die meisten, als wir erzählten, dass wir Melbourne bald verlassen und nach Den Haag ziehen würden. Zwölf Monate hatte es gedauert. Alles hatte damit angefangen, dass wir eines Abends bei Kerzenschein am Küchentisch saßen. Plötzlich sagte mein Mann – oder ich, das wissen wir nicht mehr so genau: »Lass uns für eine Weile in Europa wohnen.« Es war eher eine Wein- als eine Schnapsidee.

Am nächsten Morgen, es war ein Samtag und wir konnten ausschlafen, war das Erste, woran ich dachte, diese Idee, dieser Gedanke, einmal im guten alten Europa zu wohnen. Innerlich wanderte ich am Eiffelturm vorbei, aß Pizza in Rom, las ein Buch in einem provenzalischen Landhaus. So viele Fotos hatte ich von all diesen Orten gesehen, dass ich mir ausmalen konnte, wie es dort sein würde – auch wenn ich noch nie da gewesen war. Als die Bettlaken neben mir raschelten, schob ich den schönen Traum beseite. Mein letzter Gedanke: »Nette Spinnerei, doch das wird nichts; so was kann man vielleicht machen, wenn man keine Kinder hat.« Was ich da noch nicht wusste: Fast auf den Tag genau ein Jahr später würden wir das Visum für die Niederlande in den Händen halten und uns im Internet auf Jobsuche begeben.

Zehn Jahre zuvor hatten mein Mann und ich schon mal ein paar Urlaubstage in Amsterdam verbracht. Seitdem teilten wir Erinnerungen an Spaziergänge entlang der Kanäle und an freundliche Einheimische. Eines Tages, es war September, traf dann ein Jobangebot aus Den Haag ein. Wir jubelten, freuten uns wie die Kinder, und mein Mann schrieb sofort eine Mail: »Sehr geehrte Damen und

Herren, gern trete ich die Stelle wie besprochen zum 2. Januar des kommenden Jahres an.«

Wir hatten genau dreieinhalb Monate, um die Möbel zu verkaufen oder zu verschenken und unsere Kleiderschränke auszumisten. Bei einem Garagenflohmarkt staunten die Nachbarn nicht schlecht, was sich alles im Lauf der Jahre in unseren 5-Zimmern-Küche-Bad-Garage-Keller-Garten-Schuppen angesammelt hatte. Sie sagten: »Wir müssten auch mal ausmisten«, und kauften, als gäbe es kein Morgen. Die Nachmieter unterschrieben den Mietvertrag, und während sich die Räume leerten, füllten sich die Koffer mit den wichtigsten Dingen: Neben Kleidern vor allem mit Spielsachen unserer Dreijährigen und ihrer Schwester. Kurz nach Weihnachten stiegen wir in den Flieger und starteten in ein vollkommen anderes Leben.

So aufregend das damals alles war – wir hatten niemals das Gefühl gehabt, besonders mutig zu sein. Bei aller Veränderung, bei allem Abenteuer, das wir uns wünschten, dachten wir, dass wir jederzeit heimkehren könnten, wenn wir uns in Europa nicht wohlfühlen würden.

Die Heimkehr eines Tages, so schien es uns und unseren Freunden, würde ohnehin der leichteste Teil des Unterfangens werden. Wir würden zurück nach Melbourne kommen, wo mein Mann und ich aufgewachsen waren, wo wir einen großen Bekanntenkreis und unsere Familien hatten – lauter Leute, auf die wir uns verlassen konnten, die uns unterstützen würden. Wir würden die Sprache beherrschen, wissen, wo es den besten Kaffee gibt, kurzum, das Territorium kennen,

Ich wusste aber auch aus diversen Foren, dass die Rückkehr in die Heimat in vielen Fällen der härteste Teil der ganzen Reise ist.

unsere *hood*. Ich wusste aber auch aus diversen Foren, dass die Rückkehr in die Heimat in vielen Fällen der härteste Teil der ganzen Reise ist. Zwar würde die Bewältigung des Alltags wieder einfacher werden, aber im Gegenzug wäre dieses wunderbare Gefühl des Abenteurertums wieder verschwunden, das man in einer fremden Stadt hat, die man neu erobern muss. Von allem, was unser Leben in den Niederlanden so besonders gemacht hat, ist es das, was ich jetzt am meisten vermisse.

Meine Welt, ja mein ganzes Leben, hat sich so viel größer angefühlt, als ich in Europa lebte. Nicht nur, dass man einfach ins Auto springen und über die nächste Grenze fahren konnte. Meine Augen waren weit geöffnet für eine ganz andere Lebensart: Als ich zum Beispiel in Amsterdam mein drittes Kind zur Welt brachte, war es eine Hausgeburt. So etwas wäre mir in Australien nie eingefallen. Und die Abkehr vom Materialismus – mit dem Garagenflohmarkt begonnen – trieben wir dort zur Perfektion. Noch nicht einmal ein Auto besaßen wir. Wir fuhren Fahrrad; rechts von uns der Kanal, um uns herum andere Radfahrer, hinter uns die Kinder, ausstaffiert mit leuchtenden Gummistiefeln und Helmen. In diesem Land

Wie ungewohnt und so erfrischend, permanent an der Luft zu sein, in Bewegung.

ist das so normal wie in Australien das Autofahren! Wie ungewohnt und so erfrischend, permanent an der Luft zu sein, in Bewegung. Und wie bereichernd war es, sich mit den Eltern der Freunde unserer Kinder zu treffen. Viele von ihnen hatten ebenfalls die Welt bereist, zogen kleine Erdenbürger heran, wechselten alle drei, vier Jahre das Land.

Nie werde ich vergessen, wie wir eines Abends mit unseren englischen Nachbarn zusammensitzen und sie anfangen zu erzählen: »Als wir einst in Afrika lebten, stürmten eines Tages Soldaten ins Haus. Sie brüllten so etwas wie: ›Pack your things! Right now! You have to get away from here!‹« Nur wenig später saßen unsere Nachbarn zwischen ihnen und ihren Maschinengewehren in einem Jeep zum Flughafen. Ihr Flugzeug hob ab, und in dem Land brach Bürgerkrieg aus. Es sei nicht das erste Mal gewesen, erzählten sie, dass sie von bewaffneten Männern eskortiert worden waren. Auch im Mittleren Osten hatten sie solche Szenen erlebt. Ich bewunderte sie. Wie weltgewandt diese Familie war!

In den Niederlanden stellte sich bei mir ein Gefühl ein, das mir bis dahin völlig unbekannt gewesen war: Das Gefühl, dass alles möglich ist. Ich machte Listen von Orten, die ich sehen wollte, unfähig, mich zu entscheiden, in welchem Land ich gern als Nächstes wohnen würde.

Doch dann lief der Vertrag meines Mannes aus, und er fand keine neue Stelle. Für uns bedeutete das das abrupte Ende unseres Abenteuers. Wir mussten nach Hause fliegen, und unsere Welt begann zurückzuschrumpfen, zurück von Heißluftballon- auf Wasserbombengröße. Es war in den Niederlanden nicht nur die physische Distanz gewesen, die uns dieses Gefühl vermittelt hatte, der großen weiten Welt ganz nah zu sein – ein Teil von ihr. Hier in Australien ist es vor allem diese Bequemlichkeit des nur allzu bekannten Alltags, die es uns so schwer macht, Neues zu erleben und das Leben immer wieder aus einer ganz neuen Perspektive zu betrachten.

Zugleich hatte ich erwartet, dass hier in Melbourne noch alles so sein würde, wie es einmal gewesen war, aber die Menschen hatten sich verändert – so wie ich mich auch verändert hatte. Wir haben vieles im Leben unserer Freunde und Verwandten verpasst und sie vieles von uns. Das wirklich Wichtige, das, was man nicht über die sozialen Medien miteinander teilt, sondern daheim bei einem Glas Wein, musste nun nachgeholt werden.

Wir haben vieles im Leben unserer Freunde und Verwandten verpasst und sie vieles von uns.

Die Coachin Naomi Hattaway beschreibt es in einer Online-Gruppe für Auswanderer wie folgt: »Nach einem so langen Auslandsaufenthalt hat man sich zum Dreieck entwickelt. Eine Person geht von Kreisland nach Viereckstaat, und wenn sie Viereckstaat wieder verlässt, ist sie ein Dreieck. Sie passt nun weder nach Kreisland noch nach Viereckstaat. Es braucht mindestens ein Jahr, um das zu reparieren und wieder zum Kreis zu werden, sprich, sich auf die alte Heimat einzulassen. Das ist eine lange Zeit, aber man braucht sie. Nur dann kann allmählich die Bindung an das alte, aufregende Leben schwinden, nur dann hört man auf, alles miteinander zu vergleichen, und die Sehnsucht kann gehen.«

Das Verrückte an diesem Leben als Dreieck ist, dass sich hier zu Hause so vieles so vertraut anfühlt und dann doch wieder fremd: das kleine Café an der Ecke, zum Beispiel, in dem ich mir so oft einen Kaffee geholt hatte. Ich erinnere mich genau an die Momente, in denen ich dort vor der Reise gewesen war. Aber nun vermisse ich, dass sie nicht diese wunderbaren kleinen Puddingschnecken haben, die in meinem Lieblingscafé in Amsterdam in der Auslage leuchteten. Oder die Highschool meiner Kinder: Ich kenne genau den Weg dorthin, war früher selbst dort Schülerin. Was mich jetzt auf einmal stört, ist, dass sie nicht mit dem Rad hinfahren können und ich sie stattdessen mit dem Auto bringen muss.

In unserer Familie hatte die Rückübersiedelung nach Australien verschiedene Dimensionen: Sich wieder in das Leben hier einzupassen, bedeutete für meinen Mann und mich, sich in eine Gesellschaft einzugliedern, die immer unser Zuhause gewesen war. Unsere Kinder, zehn, acht und fünf Jahre alt, hatten dagegen den größten Teil ihres Lebens in den Niederlanden verbracht, wo das Jüngste ja auch geboren worden war. Für sie war Heimat dort, wo das Bett stand und die Schulfreunde wohnten. Sie alle waren am Boden zerstört, als sie zurück nach Australien mussten. Der Kontinent war für sie ein Name im Pass und der Ort, an den man alle paar Jahre hinfliegt, um den Großeltern Hallo zu sagen.

> **Für unsere Kinder war Heimat dort, wo das Bett stand und die Schulfreunde wohnten. Sie alle waren am Boden zerstört, als sie zurück nach Australien mussten.**

Nun, da sie wider Willen in diesem heißen Land wohnen, kämpfen sie darum, sich einen Teil ihrer niederländischen Identität zu bewahren. Pass hin oder her – sie fühlen sich viel mehr den Niederlanden verbunden als Australien. Bei den Olympischen Spielen wurde noch mal ganz deutlich, für wen diese kleinen Untertanen von Máxima und Willem-Alexander mitfiebern und wie viel sie von Wiedereingliederung halten: Wann immer sich die Gelegenheit bot, feuerten sie die Sportler der Niederlande an und buhten die Australier aus.

Mihal Greener

Jedes unserer Kinder hat einen anderen Akzent und eine andere Beziehung zu den zwei Ländern – je nach Alter und Identität. Sie sind mit Vegemite groß geworden und lieben es, aber als wir eine Woche nach unserer Rückkehr mit Freunden grillten, waren sie die einzigen Kinder, die keinen Ketchup auf ihrem Hotdog wollten, sondern ihn lieber mit Käse aßen – so ist es eben in Holland üblich.

Während uns die Leute hier zu Hause willkommen heißen, lernen wir gerade, was es heißt, sein Herz nun auf zwei Seiten der Welt zu haben. Von allen Erfahrungen, die wir gemeinsam in den vergangenen fünf Jahren gemacht haben, ist es diese, die uns das meiste abverlangt.

Mihal Greener

- *heute 45, Australien, Journalistin*
- *fünf Jahre Leben und Arbeiten in den Niederlanden, gemeinsam mit ihrem Mann und den drei Kindern*

Furcht vor der Heimkehr, Respekt vor dem Aufbruch
Die Geschichte von Denis und Tanja Katzer

Wir kamen aus Australien zurück, wir waren pleite. Unsere Expedition hatte unsere kompletten Ersparnisse verschlungen. Das Haus in Nürnberg war noch nicht abbezahlt. Der deutsche Alltag war uns völlig fremd geworden. Vier Jahre lang hatten wir in der Wüste gelebt. Wir wussten, wie man eine Karawane führt, Wirbelstürmen entgeht oder sich an den Sternen orientiert. Im Outback waren wir Surviver gewesen, und obwohl wir glücklich darüber waren, nach all den Jahren wieder in unserem Haus leben zu dürfen, fehlten uns der Sternenhimmel und die wilde Freiheit. Die Zivilisation überforderte uns, und ich bekam wegen dem ungewohnten Stress und der uns fremd gewordenen rasenden Geschwindigkeit der westlichen Industrienation einen Hörsturz.

Doch wir blieben zuversichtlich, wollten uns die aus der Wüste mitgebrachte positive Energie bewahren und sie dazu nutzen, den Menschen von diesem wunderbaren archaischen Leben in der Wildnis zu erzählen. Wir wollten davon berichten, dass es mehr gibt als Geldverdienen, das neueste Automodell oder die modische Handtasche. Unser Plan war – und ist es bis heute –, einen Gegenpol zu einer Welt zu bilden, die sich jeden Tag ein bisschen schneller überholt. Mit unseren Berichten ein Mosaiksteinchen dazu beizutragen, sich zurückzubesinnen, einen Gang zurückzuschalten, Ziele zu haben, Ziele zu verwirklichen.

Um das umzusetzen und unsere Reisekasse wieder aufzufüllen,

planten wir, Vorträge zu halten. Schon in früheren Jahren hatten wir Diashows gemacht, jedoch hatten sich die Zeiten während unseres Abenteuers zwischen Himmel und Wüstensand, Spinne und Schlange, Buschfeuer und Lagerfeuer enorm geändert: Meine Frau Tanja und ich hatten den Sprung vom analogen ins digitale Zeitalter verpasst. Ich holte mir Rat bei einem Bekannten, und er sagte: »Du willst einen Vortrag über eure Australienexpedition halten? Dann brauchst du einen Beamer, heute arbeitet keiner mehr mit Diaprojektoren.«

Unser Plan war – und ist es bis heute –, einen Gegenpol zu einer Welt zu bilden, die sich jeden Tag ein bisschen schneller überholt.

Ich kontaktierte eine Firma, die modernste Vortragstechnik anbietet, und ließ mir alles erklären. Innerhalb weniger Monate katapultierte ich mich von meinem Steinzeitwissen hinein ins digitale Zeitalter. Zudem gaben wir 50.000 € für Technik aus. Alle aus der Wüste mitgebrachten Fotos befanden sich damals noch auf Farbnegativfilmen. Es war eine Hochrisiko-Investition, wir gaben Geld aus, das wir eigentlich nicht hatten, inklusive unserer Reserven für die Rente. Und dann gehörten wir plötzlich zu den Ersten überhaupt, die mit einer Multimediashow durchs Land tourten, und es wurde ein voller Erfolg. Circa 150 Vorträge später waren wir wieder im Plus.

Zurück in die australische Wüste: Ein anderer Super-GAU, der unser Heimkommen beeinflussen sollte, ereignete sich im Zentrum der Great Sandy Desert neben der Aborigine-Gemeinschaft Kunawarritji: Dort hatten wir einen Zwischenstopp eingelegt, um unsere Vorräte für die kommenden Monate aufzufüllen. Von unserem Basislager, rund 100 Meter von der Aborigine-Gemeinschaft entfernt, lief ich zu einer Bretterbude, in der der Dorfvorsteher sein Büro hatte. Im Vorraum flimmerte ein Fernseher. »Nice, Satellitenempfang«, dachte ich, und: »Ah, Bruce Willis, lange nicht gesehen.« Ich ging in den nächsten Raum. Karl, der Verwalter, sah von seinem Bürotisch auf. »Hast du's gesehen?« »Ja, vor zehn Jahren mal. Cooler Film!« »Was? Nein, der

Beitrag im Fernsehen. Du hast es doch gerade selbst gesehen!« Ich verstand kein Wort. »Ja, ein Actionfilm.« »Nein!« Karl schrie jetzt. »Das ist echt, die Twin Towers! New York!« Da war ich bedient, das war ein Schock. Wenn du seit zwei Jahren in der Wüste lebst und plötzlich so einen Terroranschlag mitkriegst – da crashten nicht nur Flugzeuge in Türme, da crashten Welten ineinander, die Außenwelt in meine.

Dass sich mit diesem Ereignis auch einiges für uns ändern würde, merkten Tanja und ich, als wir wieder nach Hause kamen: Eigentlich hatte ich mit einem Verlag einen Vertrag über fünf Bücher abgeschlossen. Zwei waren schon geschrieben, drei nicht. Gleichzeitig waren wir damals das Aushängeschild für *Welt der Wunder* auf ProSieben gewesen. Doch mit den Twin Towers brach die Medienwelt zusammen und damit ein Teil unserer Einnahmen weg. Den Verlag und die Fernsehshow gab's nicht mehr.

Wir hatten also wichtige Einkommensquellen verloren und waren zugleich pleite nach Hause gekommen. In meinen alten Job als Vertriebler, der ich in einem anderen Leben einmal gewesen war, wollte ich nicht zurück. Zuversicht und Motivation halfen uns, uns finanziell zu erholen, weshalb wir 2005 unsere große Reise fortsetzen und zur ersten Etappe unserer Trans-Ost-Expedition aufbrechen konnten.

* * *

Ein paar Jahre ging alles gut, wir kamen und gingen. Während unserer Zwischenaufenthalte in Deutschland besuchten wir unsere Eltern und Freunde. Dann kam 2013 und damit ein weiteres brutales Jahr daheim: Diesmal waren wir aus der Mongolei zurückgekehrt, von unserer Überwinterung bei den letzten Rentiernomaden. Dasselbe Spiel: Wir wollten unsere Bilder und Erlebnisse mit den Daheimgebliebenen teilen. Die Entwicklung der Technik drohte erneut, davonzurennen. Es war wie verhext: Um die Länder und ihre Bewohner wirklich kennenzulernen, waren wir wie immer sehr langsam unterwegs gewesen. Manchmal so langsam, dass uns selbst eine Schnecke hätte überholen können. Was uns aber ganz sicher überholte, das war die Digitalisierung, die erneut mit Raketengeschwindigkeit davongerast war.

Nach der Heimkehr saß ich also eines Vormittags in dem Reihenhäuschen neben dem meiner Eltern, auf meinem Schoß ein Tablet, mein Blutdruck stieg. »Wie funktioniert das Ding nur?«, rief ich. Ich kam nicht zurecht, mir wurde heiß, da klingelte es an der Tür. »Deine Mutter liegt vorm Haus!« »Was? Die Mama?« Meine Mutter! Die Frau, die mich immer unterstützt hatte, immer tapfer gewesen war, nie ihre Angst gezeigt hatte, wenn wir wieder auf Reisen gingen, mich bestärkte, in dem, was ich tue, wer ich bin. Da lag sie wie tot, regte sich nicht mehr.

Mir kommen wieder die Tränen, wenn ich jetzt daran denke. Sie hatte einen Schlaganfall erlitten, und in all der Aufregung bekam mein Vater einen Demenzschub. Tanja und ich waren total überfordert. Selbst noch im Reisemodus, saßen wir mental in der Mongolei auf einem Pferd. Nun wurden an einem Tag beide Eltern schwer krank. Wir wussten, das könnte unsere nächste Reise gefährden, die beiden waren in keinster Weise abgesichert. Ins Heim geben war keine Option, doch wie sollte es weitergehen? Was würde die Pflege kosten, und wie sollten wir das finanzieren? Diese Fragen sollten wochenlang wie eine große graue Wolke über unserem Haus hängen: Saßen wir jetzt in Deutschland fest? War unsere große Reise zu einem abrupten Ende gekommen?

Drei Tage nach dem Schlaganfall meiner Mutter sollte ich in München auf der Sport-Messe ISPO als Keynotespeaker vor gut 100 Managern sprechen. Ich fragte mich: Wie soll ich das jetzt machen? Das schaffe ich nicht, was soll ich denen erzählen? Trotzdem sagte ich nicht ab. Pünktlich am Nachmittag um 16 Uhr stand ich auf der Bühne, unten das Publikum – alles Topmanager aus Amerika, Australien, Europa, kurz: der ganzen Welt. Erwartungsvoll sahen sie mich an, mich, den erfahrenen Explorer, den nach außen hart wirkenden Hund, der schon unzählige Expeditionen überlebt hat, der genau weiß, wovon er spricht.

Denis und Tanja Katzer

Ich stand also da, machte den Mund auf, wollte etwas sagen, zwang mich zu einem Lächeln. Mir kamen die Tränen. Es wurde ganz still. Als ich die Flut der Trauer unter Kontrolle hatte, erzählte ich, was zu Hause passiert war, wie es um meine Eltern stand, um meine Zukunft als Abenteurer. Die Zuhörer standen auf und gaben Standing Ovations. Das Blatt wendete sich komplett, und es wurde mein bester Vortrag ever.

Nicht so begeistert waren einige der engsten Freunde unserer Familie. Es gab regelrechte Anfeindungen, einige von ihnen dachten, wir würden jetzt für immer dableiben, doch Tanja und ich arbeiteten intensiv daran, wieder fortzukommen: Ein Dreivierteljahr lang, 16 Stunden am Tag, organisierten wir nicht nur die nächste Expedition, sondern auch die Versorgung der Eltern. Meine Mutter war arg geschwächt, aber auf dem Wege der Besserung. Mein Vater hingegen baute zusehends ab. Oh Gott, das war schlimm. Wir hatten die Diakonie eingeschaltet, Freunde und Nachbarn standen parat. Meine Eltern hatten wieder ein Fundament unter den Füßen.

So musste es funktionieren, denn uns zog es wieder in die Welt hinaus. Das war unser Lebenselixier, unser Beruf, unsere Berufung.

So musste es funktionieren, denn uns zog es wieder in die Welt hinaus. Das war unser Lebenselixier, unser Beruf, unsere Berufung. Für manch einen ist es schwer, zu verstehen, dass man die Eltern allein lässt. Doch in anderen Familien arbeiten die Kinder auch in anderen Städten, manchmal sogar in fernen Ländern, was das Heimkommen zuweilen unmöglich macht. Es ist sicherlich unabdingbar, für seine engsten Verwandten da zu sein, es ist aber auch wichtig, sein eigenes Leben zu leben. Dabei ist es nicht immer leicht, das richtige Maß zu finden oder, wie Buddha sagt, den Weg der Mitte zu gehen.

* * *

Der Moment, als wir wieder aufbrachen, diesmal zur längsten unsupported E-Bike-Expedition der Welt, ließ ein längst vergessenes Gefühl der Freiheit durch meinen gestressten Körper strömen. Die Haare auf meinen Armen stellten sich auf. Es war ein Gänsehautmoment. Ich drückte meine Mutter an mich. Würde ich sie wiedersehen? »Kommen sie wieder, kommen sie wieder?«, fragte mein dementer Vater, der leicht gebückt neben uns stand. Von meinen beiden Eltern war es immer er gewesen, der gewollt hatte, dass ich bleibe. Ich drückte ihn fest an mich. »Wir kommen wieder«, sagte ich und spürte, wie mich die Trauer packte.

Verfolgt von den letzten Eindrücken, begleitet von Schuldgefühlen, selbst gesundheitlich angeschlagen, bogen wir auf unseren E-Bikes in der kleinen Wohnstraße der Siedlung um eine Kurve, gerieten außer Sichtweite unseres alten Lebens und radelten auf dem Weg zum Nürnberger Hauptbahnhof unserem neuen entgegen.

Um meinen Eltern die lange Abwesenheit zu erleichtern, hatten wir beschlossen, dass Tanja oder ich einmal im Jahr unsere Reise unterbrechen würden, um für einen kurzen Besuch nach Hause fliegen.

Mein Vater starb in einer der Phasen, in denen wir beide zu Hause waren, um unsere Familie zu sehen, Vorträge zu halten und die Sponsoren zu besuchen. Meine Mutter lebt Gott sei Dank noch. Gerade haben wir mit ihr Weihnachten verbracht. Interessant. Sonst musste sie zum Fest oft auf uns verzichten, aber ausgerechnet in dem Jahr, in dem viele Familien aufgrund der Pandemie nicht gemeinsam feiern konnten, waren wir daheim. Das Virus hatte unsere Reisepläne geändert.

Ein paar Mal schon hätte mich fast etwas vom Reisen abgehalten. Das fing vor dem allerersten Aufbruch an, als ich mich entschieden hatte, meinen Beruf als Verkaufsleiter an den Nagel zu hängen. 1991. Gerade saß ich in meinem Zimmer, ließ den Blick über alles schweifen, was da am Boden lag: Rucksack, Isomatte, Wasserfilter, Zelt, Travellerschecks und mehr. Die gesamte Ausrüstung, die jemand benötigte, der sich die Welt ansehen will. Ich hatte genug Geld gespart, genug,

Vier Jahre lang lebten Tanja und Denis den Traum der unbegrenzten Freiheit im australischen Outback. Sie führten eine Karawane durch die Unendlichkeit der Wüste.

um für mehrere Jahre auszusteigen. Tanja und ich hatten alles akribisch genau vorbereitet. In ein paar Monaten wollte ich kündigen, da klingelte das Telefon: Michael war dran, mein Boss. »Sitzt du gerade?« »Ja«, sagte ich, »was gibt's?« Er bot mir eine Stelle als stellvertretender Verkaufsdirektor an. »Ich schaffe den Job nicht mehr allein und brauche eine rechte Hand.« Ganz oben sollte ich also stehen, die Taschen voller Geld. Wow. »Ich biete dir im ersten Jahr ein Gehalt von 150.000 D-Mark, im zweiten Jahr eine Viertelmillion, dann sehen wir weiter. Du bekommst einen Firmenwagen, einen Mercedes, aber du wirst sowieso die meiste Zeit fliegen.«

Ich sprach mit Tanja, sagte zu ihr: »Wenn ich nur zwei Jahre durchhalten würde, hätten wir ausgesorgt. Dann könnten wir für den Rest

unseres Lebens reisen und von den Zinsen der Ersparnisse leben.«
(Damals gab es circa 10 Prozent Zinsen.) Das wären rund 40.000
bis 50.000 DM jährlich gewesen. Durchschnittlich gaben wir damals
auf Reisen pro Jahr gemeinsam 24.000 DM aus – und damit lebten
wir gut. Doch sie sagte: »Wenn du dieses Angebot annimmst, ist dein
großer Traum vom Reisen gefährdet. Du kommst an Macht und Geld
und gerätst in etwas hinein, aus dem du vielleicht nicht mehr heraus-
kommst. Du wirst deine Gedankenstruktur verändern.« Am nächsten
Tag rief ich meinen Boss an: »Sitzt du gerade?«

Wenn Gott mich fragen würde, was ich im nächsten Leben tun will,
würde ich antworten: »Da weitermachen, wo ich in diesem aufgehört
habe.« Deswegen konnten mich in
späteren Jahrzehnten auch diverse
Fernsehsender nicht dazu bewegen,
längere Zeit in Deutschland zu bleiben, um zum Beispiel Coach beim
Dschungelcamp zu werden. Ich
hätte auch eine Reisesendung mode-
rieren können. Doch ich wollte nicht im Fernsehen über das Reisen
sprechen, ich wollte selber reisen.

Wenn Gott mich fragen würde, was ich im nächsten Leben tun will, würde ich antworten: »Da weitermachen, wo ich in diesem aufgehört habe.«

Trotzdem, durch unsere Kontakte zum Fernsehen kamen weitere
Kontakte zustande. Generell haben sich Tanja und mir immer wie-
der Türen geöffnet. Unser Leben finanzieren wir vor allem durch
Sponsorenverträge, Vorträge und regelmäßige Veröffentlichungen auf
unserer Website und sozialen Medien wie Facebook und Instagram.
Wir treten vor öffentlichem Publikum sowie bei Firmenevents auf.
Hinzu kommen die Veröffentlichung von Büchern und Beiträgen für
Magazine. Immer wieder landen Einladungen zu Shows in unserem
Postfach, wir haben aber auch schon selbst Filme produziert und Sen-
dungen moderiert.

Manchmal plagten mich trotz allem Existenzängste, dann wieder
lockte das große Geld. In Nürnberg etwa zahlte mir eine Produktionsfirma in den 90ern monatelang viel Geld dafür, dass ich aus meinem

124 *Denis und Tanja Katzer*

Filmmaterial eine zwölfteilige Doku zusammenschnitt. Sollte der Film ein Erfolg werden, so versprachen sie, würde für uns dabei mindestens eine Million Mark herausspringen. Der Film floppte, das Format konnte sich nicht durchsetzen, das Geld blieb aus.

Zu unseren Anfängen, in den 90er-Jahren, saß ich monatelang nach der Arbeit im Keller und schrieb an meinem ersten Buch. Damals war ich noch Vertriebler und verdiente schon sehr gut. Im Urlaub mietete ich Hubschrauber und Flugzeuge samt Piloten, machte Expeditionen zu bedrohten Indianervölkern, die teils noch nie einen Weißen gesehen hatten, um mich für sie einzusetzen. Da gingen locker 50.000 bis 60.000 DM bei drauf. Meine Touren brachten mir eine Einladung in die Show *Der große Preis* ein. Mensch, war ich aufgeregt, das sahen sich 18 Millionen Zuschauer an, damals ein Drittel des Landes. Als ich auf die Bühne kam, hatte ich vergessen, wie man läuft, so nervös war ich. Trotzdem wurde es ein riesiger Erfolg. Moderator Wim Thoelke, der Thomas Gottschalk der damaligen Zeit, wurde mein Mentor. Er brachte mir bei, wie man sich vor der Kamera verhält, kofinanzierte meine nächste Expedition zu den Kannibalen von Westneuguinea und sagte: »Du schreibst ein Buch.« Er hatte alle Kontakte, brachte mich mit dem Chef von Bertelsmann zusammen. Da dachte ich ein weiteres Mal im Leben: »Jetzt. Jetzt hast du es geschafft.«

Nach einem Jahr war das Buch fertig, ich kam aus dem Keller, schickte es ab, Wim Thoelke starb an einem Herzinfarkt und der Bertelsmann Verlag meldete sich nie wieder. Das Manuskript liegt bis heute fix und fertig in der Schublade.

Ich habe in meinem Leben drei Entscheidungen getroffen, die es für immer verändern sollten. Eine davon war das Ablehnen des Direktoren-Jobs, eine andere der Entschluss, meine jetzige Frau Tanja mit auf Reisen zu nehmen. – Ich spreche hier nicht von normalen Backpacking-Touren. Ich spreche von Expeditionen, zu denen zuvor Männer mit mir aufgebrochen waren, die ein Spezialtraining bei der Bundeswehr absolviert hatten und wussten, wie man im Dschungel überlebt. Ich hatte eigentlich vorgehabt, Junggeselle zu bleiben. Dann lernte ich Tanja kennen, da war sie 17. Seitdem hat sie mir ein paar Mal das Leben gerettet und ich ihr auch. In der Tat, dass wir noch leben, ist ein Geschenk Gottes.

Doch die erste alles verändernde Entscheidung ist es gewesen, bei der Bundeswehr aufzuhören. Obwohl es mir dort unglaublich gut gefallen hatte. Zum Bund war ich nach dem Abschluss meiner Ausbildung gekommen. Ich wurde, wie damals üblich, einberufen, die Alternative wäre Sozialdienst gewesen. Als Sport-Enthusiast reizte mich das Angebot, in einer Spezialeinheit zu dienen. Auf einmal sollte ich bezahlt werden für Abenteuer, Action und Freiheit! Ich machte Karriere als Fallschirmjäger, brachte es zum Ausbilder. »Genial«, dachte ich, »endlich bist du dort angekommen, wo du immer hinwolltest.« Ich war in meinem Element und zum ersten Mal in meinem Leben selbstsicher. Eines Tages jedoch fragte ich meine Schützlinge, wer von ihnen sich freiwillig für den Kriegsdienst melden würde. 80 Prozent hoben die Hand. Was für ein Schock! Das waren alles junge Männer mit hohen Bildungsabschlüssen. »Warum?«, fragte ich. »Wir wollen nicht mehr auf Pappfiguren schießen, das langweilt uns.« Wow, das waren Killermaschinen, ich hatte sie zu Killermaschinen ausgebildet. Ich war selbst eine!

Diese Erkenntnis war der Grund dafür, warum ich die Bundeswehr verlassen habe. Dort aufzuhören, war eine vollkommen irrationale Entscheidung: Obwohl mir etwas zum ersten Mal im Leben richtig gut gefallen hatte, brach ich es ab, kündigte meinen Traumjob. Denn im Ernstfall hätte er mich dazu gezwungen, Menschen umzubringen. Meine Erziehung und das Erlebnis, dass sich meine Soldaten freiwillig für einen Kriegseinsatz gemeldet hätten, ließen mich aufwachen. Diese Erfahrung zeigte mir, dass man nicht für immer ein bestimmtes Leben führen muss, nur weil das die meisten machen. Extreme Richtungswechsel sind erlaubt. Und manchmal sogar gut.

Seitdem bin ich Botschafter von Mutter Erde. Deswegen gehen Tanja und ich hinaus in die Welt, und deswegen kommen wir wieder. Weil wir eine Botschaft haben. Ich habe in den 80er-Jahren Urvölker

Denis und Tanja Katzer

gesehen, die gibt es heute nicht mehr, die wurden umgebracht oder ausgerottet – entweder durch eingeschleppte Krankheiten, Übergriffe skrupelloser Goldsucher, die Holzmafia oder durch die gnadenlose Umweltzerstörung.

Mit unseren Berichten kämpfen wir dafür, dass so etwas in der Zukunft vielleicht nicht mehr passiert. Wir möchten darüber berichten, wie schön diese Erde ist, und daran erinnern, dass wir behutsam mit ihr und miteinander umgehen müssen. Mit unserer Arbeit ergänzen wir den manchmal recht oberflächlichen Journalismus. Wir bleiben lange an Orten und recherchieren in die Tiefe. Wenn ich Verschwörungstheoretiker höre, dann kann ich nur sagen: »Fahrt doch mal hin, in andere Länder, aber bitte nicht zum Ballermann. Es ist nicht alles schwarz und weiß. Die Mudschahidin zum Beispiel sind nicht alle Verbrecher, sondern auch die tollsten Gastgeber der Welt. Die würden sterben für einen Gast. Trotzdem gibt es die Blutrache. Oder Indianerstämme: Sie sind nicht nur Opfer, sondern können aufgrund ihrer Lebensumstände in einem menschenfeindlichen Urwald auch grausam und erbarmungslos sein. Deswegen sind wir von Beruf Reisende, wir wollen sehen und darüber berichten, wie es da draußen wirklich ist.

Wir möchten darüber berichten, wie schön diese Erde ist, und daran erinnern, dass wir behutsam mit ihr und miteinander umgehen müssen.

Im Grunde ist unsere Erkenntnis, dass wir Menschen alle mehr oder weniger gleich sind, dass woanders auch Liebe herrscht und Blumen wachsen. Tanja und ich wollen mit unserer Berichterstattung in Deutschland Vorurteile abbauen, damit wir hier mal den Ball flach halten und nicht irgendwann einen zweiten Hitler haben. Außerdem ist es uns wichtig, die Menschen daran zu erinnern, wie toll es ist, dass hier heißes Wasser aus der Leitung kommt, dass es Schlagsahne und Kuchen zu kaufen gibt, während woanders die Menschen verhungern. Mit anderen Worten: Wir sind ganz schön privilegiert. Trotz all der Herausforderungen, die Tanja und mir das Heimkommen bereitet. Ich liebe Deutschland, es ist fantastisch, hier leben zu dürfen. Es ist zudem die beste Basis zum Reisen. Verdien mal in einem anderen Land so viel, dass du dir das leisten kannst! Oder die medizinische Versorgung: Als meine Mutter den Schlaganfall hatte, war der Notarzt in 15 Minuten da. In der Mongolei wäre sie gestorben.

Wir sind ganz schön privilegiert. Trotz all der Herausforderungen, die Tanja und mir das Heimkommen bereitet.

Bei all den Bequemlichkeiten ist die Gefahr, in der Heimat hängen zu bleiben, natürlich groß. Zumal man umringt ist von Sicherheitsfanatikern, die sagen: »Diesmal bleibst du aber, oder?« Die Leute hier wollen keine Exoten um sich herum, sie wollen Mitmenschen, die doch bitte das Gleiche machen wie sie. Man wollte uns schon sehr oft von dem Gedanken abbringen, wieder loszuziehen.

Und tatsächlich habe ich vor beidem großen Respekt: vor dem Fortgehen und vor dem Heimkommen. Immer noch, nach all den Jahren. Am Anfang ist es zu Hause nicht leicht, dann, nach einer Weile, ist es wieder okay. Man wird heimisch, erneuert die Beziehung zum Nachbarn, man gewöhnt sich an das sichere Nest. Die Frage kommt auf: Gehen wir wirklich wieder? Da raus in die Welt? Haben wir an alles gedacht, alles dabei? Bleiben wir gesund? Schaffen wir das fitnessmäßig? Sind die Eltern versorgt? Stimmt die Finanzierung? Erst mal unterwegs, merken wir meist: Alles nicht so schlimm. Es klappt.

Wenn wir nach Deutschland kommen, das ist heute noch so, dann ist das ein nächster Baustein im Haus unseres Lebens. Das kann man sich wirklich vorstellen wie ein Bauwerk: Jede Reise ist ein Baustein, und jeder Deutschlandaufenthalt ist auch ein Baustein. Das sind jeweils zwei völlig voneinander getrennte Welten. Wenn wir weg sind, sind wir weg, dann zurück, knüpfen wir dort an, wo wir vorher aufgehört haben.

Bevor wir heimkommen, nehmen wir uns immer eine Auszeit, denn nach unseren Expeditionen, die mit Sicherheit kein Urlaub sind, sind

Denis und Tanja Katzer

wir arg geschafft. Das ist wie nach einer 8.000er-Besteigung. Da bist du auch massiv gestresst. Psychisch und physisch. Du brauchst eine Erholungsphase. Also machen wir erst mal Urlaub. Würden wir das nicht tun und sofort nach Deutschland zurückkehren, direkt hinein in den Stress, in diese Schnelllebigkeit – das wäre ein ziemliches Aufeinanderprallen der Welten, das würden wir gesundheitlich nicht schaffen.

Wie lange wir noch reisen wollen? Gute Frage. Noch mal neun Jahre. Dann waren es insgesamt 40, und ich bin 70. Als wir 1991 aufbrachen, wollten wir nach anderthalb Jahren zurückkommen. Daraus wurden drei Jahre, daraus fünf. Danach kamen wir heim und entschieden, auf zehn aufzustocken, später auf 30. Die Welt ist einfach so groß, wir haben noch gar nicht alles gesehen. Und überhaupt, was sollten wir auch zu Hause machen? Hecken schneiden? Den Gehsteig kehren?

Wie lange wir noch reisen wollen? Gute Frage. Noch mal neun Jahre.

Eines ist gut, zu wissen: Wenn irgendetwas passiert und wir nicht mehr können, werden wir nicht als arme Rentner unter der Brücke liegen. Ganz im Gegenteil: Wir sind bereits Millionäre – Millionäre an Geschichten und Erlebnissen. Auch haben wir unser Haus und haben etwas zurückgelegt. Eigentlich könnten wir mit dem professionellen Reisen jetzt schon aufhören. Aber wir machen es ja nicht, weil wir müssen.

Und allen anderen, die etwas wollen, egal, was es ist, kann ich nur sagen: Gestalte deine Zukunft mit Vernunft, schließe zum Beispiel eine Krankenversicherung ab, wenn du auf Reisen gehst. Sei aber auch zuversichtlich, dass sich Türen öffnen. Nur wenn man sich bewegt – im wahren wie im übertragenen Sinn – wird man etwas erleben. Es ist doch klasse, aus Deutschland oder aus jeder anderen Komfortzone herauszugehen und nicht starr das nachzuleben, was die Eltern vorgemacht haben. Das Leben ist viel zu kurz und wertvoll, es gehört entdeckt.

Wichtig dabei ist, sich nicht beirren zu lassen, sondern positiv zu denken. Wenn du es wirklich willst, wirst du weitermachen, egal, was es ist. Und es kann trotzdem immer ganz anders kommen, als man es sich gedacht hat. Was ich sagen will: Die Frage ist, wie du mit etwas umgehst. Wenn du immer im Fluss bist, dich harmonisch bewegst, dann kommst du auch irgendwo hin. Und trau dich! Wenn jemand sagt: »Das wird nicht klappen« – woher weiß man das vorher? Keiner weiß es. Hinterher heißt es immer:

Mach keine halben Sachen und vergleich dich mit niemandem, das macht nur unglücklich.

»Die oder der hat's gut.« Nee, stimmt nicht. Die oder der hat es eben einfach gemacht, und zwar mit voller Power, aller Energie und Zuversicht. Mach keine halben Sachen und vergleich dich mit niemandem, das macht nur unglücklich. Und: nicht jammern, nicht in Selbstmitleid versinken, sich nicht von Zweifeln aufhalten lassen. Das setzt negative Energien frei, und die bringen dich nicht weiter. Dann kannst du die Suche nach der Traumstelle, einem Sponsor oder Buchverlag auch gleich vergessen. Wenn du aber Freude und Überzeugung ausstrahlst, dann denken alle: »Wow, mit dieser Frau, mit diesem Mann kann man arbeiten.« So funktioniert es zu 100 Prozent. Es hängt alles von dir ab, von keinem anderen.

Denis und Tanja Katzer

Denis Katzer

- heute 62, Deutschland
- Buchautor/Journalist/Vortragender als Abenteurer und Motivationscoach/Filmemacher/Moderator
- seit 1991 mit seiner Frau Tanja (51) auf mehrjährigen Expeditionen unterwegs
- Bücher (Auswahl):
  - *So weit der Akku reicht: Mit dem E-Bike durch die Mongolei und China*, Delius Klasing Verlag
  - *Karawane durchs Outback: 7.000 km zu Fuß durch Australien*, Delius Klasing Verlag
  - *Wilde Freiheit 1. Teil: 15 Monate am Anfang der Welt. Pferde-Abenteuer durch die Mongolei*, BoD
  - *Wilde Freiheit 2. Teil: 15 Monate am Anfang der Welt – Überwinterung mit den letzten Rentiernomaden in der Mongolei*, BoD
  - *Trans-Ost-Expedition – 1. Etappe: Mit dem Rad vom Bodensee zum Schwarzen Meer*, BoD
  - *Trans-Ost-Expedition – 2. Etappe: Mit dem Rad vom Schwarzen Meer zur Wolga*, BoD
  - *Trans-Ost-Expedition – 3. Etappe: Mit dem Rad von Russland über Kasachstan nach Sibirien*, BoD
  - *Trans-Ost-Expedition – 4. Etappe: Kraft und Zauber der Taiga – Unterwegs auf sibirischer Erde*, BoD
  - *Die große Reise*, Burgschmiet Verlag
  - *Welt der Wunder*, Burgschmiet Verlag
- www.denis-katzer.de
  www.facebook.com/deniskatzer
  www.instagram.com/tanjadeniskatzer
  www.youtube.com/user/deniskatzer

Gehe langsam, wenn du es eilig hast

Die Geschichte von Dr. Mark Weinert, aus:
Doc Why Not: Der Arzt, dem die Kiwis vertrauen,
Conbook Verlag

Ein Gastbeitrag

A ls wir zurückkehren, ist nichts mehr so, wie es war. Für Deutsche ist so ein Hin und Her eher ungewöhnlich, wobei der Wandel auch hier immer stärker und schneller wird. So wechseln wir in Deutschland des Öfteren den Arbeitgeber. Die Berufe, die unsere Kinder einmal ergreifen werden, existieren zu Schulbeginn oder sogar zu Beginn des Studiums noch gar nicht.

Für Engländer, die im Commonwealth hin und her ziehen, gibt es sogar einen eigenen Namen: die Ping-Pong-Poms. Poms ist ein Spitzname für Engländer aus dem Zweiten Weltkrieg. Wir wären wahrscheinlich die Ping-Pong-Krauts.

Für Kinder, die vor der Pubertät den Kulturraum wechseln, gibt es auch einen eigenen Namen: »Third Culture Kids«. Sie erleben zwei oder mehr Kulturen und verinnerlichen ihre eigene, eben die dritte Kultur. Dabei entwickeln sie ihr eigenes Wertesystem, das eine Mischung aus den Kulturen ist, die sie geprägt haben. Das ist wissenschaftlich relativ gut untersucht. Third Culture Kids haben einige Vorteile im Leben, sie haben meist einen höheren Schulabschluss als die Daheimgebliebenen, einen besseren Job und später ein, im Durchschnitt, besseres Einkommen. Man führt das darauf zurück, dass sie lernen müssen, mit dem ständigen Wandel umzugehen, flexibel zu sein, und andere Sozialkompetenzen entwickeln, wie zum Beispiel schnell

neue Beziehungen aufzubauen. Doch kein Vorteil ohne Nachteil. Sie tun sich schwerer mit langfristigen Beziehungen. Wer sich mehr für das Thema interessiert, dem kann ich das Buch *Third Culture Kids: The Experience of Growing Up Among Worlds* von David C. Pollock und Ruth E. Van Reken ans Herz legen. Beide Autoren sind absolute Experten auf dem Gebiet und beschäftigen sich mit dem Phänomen der TCK seit über 20 Jahren wissenschaftlich.

Ein Punkt, der immer wieder auftaucht, ist das Reentry-Phänomen bei Expats, den Menschen, die in einem anderen Land arbeiten und dann in die »alte« Heimat zurückkehren.

> *Ein Punkt, der immer wieder auftaucht, ist das Reentry-Phänomen bei Expats, den Menschen, die in einem anderen Land arbeiten und dann in die »alte« Heimat zurückkehren.*

Menschen, die für Hilfsorganisationen in Dritte-Welt-Ländern arbeiteten und dann in die »erste« Welt zurückkehrten, beschreiben diesen Schritt oft härter als den umgekehrten Schritt vom Luxus in ein armes Land. Es gibt eine Szene in dem Oscar-gekürten Film *Tödliches Kommando – The*

Hurt Locker, in der der Bombenentschärfungsexperte nach Ende seines Einsatzes im Irak fassungslos vor einer schier unendlichen Reihe von Frühstücksflocken im heimischen US-amerikanischen Supermarkt steht. Am Schluss wirft er einfach eine beliebige Packung in den Einkaufswagen. Kurz danach beschließt er, sich wieder freiwillig zu melden, zurück in den Irak.

Neuseeland ist kein Dritte-Welt-Land. Eher ein Anderthalb- oder Zweite-Welt-Land. Wobei die Neuseeländer das selbst nicht so sehen würden.

Als Erstes beim Reentry, also bei der Rückkehr, ist mir aufgefallen, dass man in ein Land zurückkehrt, das es nicht mehr gibt. Man kehrt zurück in ein Land, das sich ebenso verändert und weiterentwickelt hat, wie man selbst, nur war man nicht dabei. Im Geist ist für einen selbst die Zeit stehen geblieben, und man nimmt an, man käme dahin zurück, von wo man aufgebrochen ist. Doch so ist das nicht. In Neuseeland hatte ich gelernt, dass wir unseren Vorurteilen und Bildern, die die Menschen von Deutschen in der Welt haben, durchaus gerecht werden. Pünktlich, ordentlich, Zeit-fanatisch, auf höchste Qualität bedacht. Das sind die Werte und Eigenschaften, die man hört, wenn man jemanden im Ausland fragt, wie ein Deutscher denn so sei. Als ich in Deutschland lebte, habe ich mich und uns nicht so gesehen. Doch je länger ich weg war, desto mehr hatte ich den Eindruck, dass wir genau so sind. Durch den Kontrast, den man hautnah erlebt. Bei der Rückkehr stelle ich fest: So sind wir, die Deutschen – nicht. Oder zumindest nicht mehr. In meinem eigenen kleinen Glashaus stellte ich mir vor, dass hier alles beim ersten Mal funktioniert und nicht erst beim dritten oder vierten Mal. Doch inzwischen funktioniert hier auch so gut wie nichts mehr beim ersten Mal.

Woran liegt das, frage ich mich? Nicht an der Planlosigkeit der Menschen, sondern an der Hektik und immensen Arbeitsverdichtung, die ich im Krankenhaus, aber auch überall sonst sehen und fühlen kann. Alles muss nur schnell, schnell gemacht werden, sonst kommt man nicht mehr nach. Dass das im Endeffekt länger dauert, da die

Qualität darunter leidet, und man vieles dann doppelt und dreifach erledigen muss, wird in Kauf genommen. Justin Kerr beschreibt das in seinem Buch *How to Be Great at Your Job*. Das ganze Buch kann man auf die Kernaussage »Be early. Be accurate« zusammenfassen. Sei schnell. Sei akkurat. Wobei akkurat zu sein wichtiger ist als schnell. Bei Menschen, die einem nicht glauben wollen, spielt es keine Rolle, wann, wo, was und wie man etwas sagt. Das sind gute Ratschläge für die Arbeit im Allgemeinen, und sie sagen auch viel über Justin Kerr aus, dem diese Dinge offenbar sehr wichtig sind.

Hier habe ich zurzeit das Gefühl, dass sich die Reihenfolge umgedreht hat. Schnell zu machen ist zurzeit wichtiger, als es richtig zu machen. So zumindest mein Eindruck. Für völlig akkurates Arbeiten ist nicht genügend Zeit. Das empfinde ich als sehr schade. Weil beides wichtige Werte im Zusammenhang mit der Arbeit sind, bleibt dann natürlich noch weniger Zeit für andere, ebenso wichtige Werte wie Menschlichkeit, Zeit zum Reflektieren und Spaß an der Arbeit. Neulich erschien ein Artikel in der *FAZ*, in dem ein deutscher Keksunternehmer

Schnell zu machen ist zurzeit wichtiger, als es richtig zu machen. So zumindest mein Eindruck.

interviewt wurde. Sinngemäß meinte er: »Wenn ich die Damen am Fließband [an dem sie die Kekse verpacken] noch lachen höre, dann ist noch mehr drin. Dann stelle ich das Fließband schneller.«

Besser könnte man das Leben im Krankenhaus heutzutage nicht beschreiben, nur dass es da keine Kekse sind. Um die mentale und körperliche Balance zu halten, reduziere ich auf Teilzeit und gründe mit meiner Frau eine Firma, bei der ich das Gelernte aus meinem Fellowship für Simulation und meiner Ausbildung zum Kommunikationstrainer hier in Deutschland weitergebe.

Sicher, eine Firma zu gründen ist natürlich genau das Richtige, um weniger zu arbeiten, werden sich manche denken, doch darum geht es nicht. Nach jetzt 20 Jahren Nachtdienst kann ich sicher gut viel und schnell arbeiten. Es geht mir darum, mein Wissen selbstbestimmt weiterzugeben. Menschen dabei zu helfen, wie sie das Fließband in ihrem Kopf langsamer stellen und mit guten Beziehungen untereinander sichere und gute Arbeit leisten können. Im Zuge dessen habe ich in einer Arbeitsgruppe das – Achtung, jetzt kommt ein Superwort – *longitudinale Kommunikationscurriculum für den Nationalen Lernzielkatalog in der Medizin* mitentwickelt. Seit 2016 wird Kommunikation in allen Fakultäten der Universitäten in Deutschland nicht mehr nur in zwei Wochen unterrichtet. Über zwei Jahre hinweg wird den Medizinstudenten immer wieder Kommunikation im klinischen Setting, das heißt am Patienten oder Schauspielpatienten, beigebracht. Das müssen Sie sich auf der Zunge zergehen lassen. Bis dahin kam Kommunikation so gut wie nicht in der Ausbildung zum Arzt vor. Man hatte fast »nur« fachliches Training. Klar gibt es Ärzte, die besonders gut mit Menschen umgehen können. Systematisch gelernt im Studium haben sie das nicht. Bei anderen ist das, sagen wir mal vorsichtig: nicht in die Wiege gelegt. Die meisten, die schon mal bei einem Arzt oder im Krankenhaus waren, können das nachvollziehen. Dass Menschen reibungsfreier und stressfreier und sicherer im Krankenhaus zusammenarbeiten können, daran arbeite ich. Es ist mir eine große Freude, zu sehen, wie viel angenehmer und sicherer das Arbeiten dadurch wird.

Deutschland wird in der Welt oft gleichgesetzt mit Effizienz und Effektivität. Wer beispielsweise die Behörden am eigenen Leib hat arbeiten sehen, weiß, dass das nicht der Wahrheit entspricht. Es ist abstrus, zu glauben, wir wären eine effiziente und effektive Nation. So dachte ich jedenfalls, bevor ich nach Neuseeland kam. Dort erkannte ich, warum wir diesen Ruf haben. Weil wir in vielen Dingen tatsächlich effizienter und effektiver sind als andere Länder.

Doch nach ein paar Jahren wünschte ich mir zumindest hin und wieder etwas, was beim ersten Mal funktioniert. Ich hatte das Hin und Her satt, dieser und jener musste noch gefragt werden. Ich wünschte mir eine rasche Entscheidung, die dann auch zügig umgesetzt werden konnte. Und dass sich am Ende herausstellte, dass genau

Dr. Mark Weinert

das das richtige Vorgehen war. Als wir nach mehreren Jahren wieder nach Deutschland zurückkehrten, waren wir fremd. Fremd, weil das nicht das Land war, das wir verlassen hatten. Wir fragten uns, ob es an der getrübten Erinnerung lag. Ob wir die Effektivität und Effizienz nur geträumt hatten und schon immer alles so gelaufen war, wie es jetzt lief: Nichts klappte mehr beim ersten Mal. Egal, wo. Behörde oder Krankenhaus oder Bäckereibestellung. Dass etwas auf Anhieb richtig funktionierte,

> *Als wir nach mehreren Jahren wieder nach Deutschland zurückkehrten, waren wir fremd. Fremd, weil das nicht das Land war, das wir verlassen hatten.*

war plötzlich, so erschien es uns zumindest, die Ausnahme und nicht die Regel. Da hätten wir ja gleich in Neuseeland bleiben können, scherzten wir, wenn es wieder ein Problem gab. Mit dem Ummelden, der Krankenversicherung oder der Stundenabrechnung im Krankenhaus. Fast jede Abrechnung enthielt Fehler. Das kannte ich so nicht. Ich fragte mich, woran das lag.

Was mir sofort auffiel, war die extreme Arbeitsverdichtung, die noch mal zugenommen hatte. Das Krankenhaus, in dem ich wieder arbeitete, war inzwischen das zweite Mal privatisiert worden, doch das allein reichte nicht aus, um das zu erklären. Kollegen aus den Universitäten und den wenigen verbliebenen kommunalen Krankenhäusern berichteten mir von akutem Personalmangel.

Ohne Übertreibung kann ich sagen, dass wir das OP-Programm, für das wir in Neuseeland einen Tag brauchten, hier am Vormittag machen und dann das Gleiche noch mal hintendran. Konkret: Anstatt drei Gallenblasenoperationen an einem Tag und Saal, sechs.

Anstatt einer OP an der Halsschlagader und einem Gefäßbypass am Bein, jeweils zwei davon und dann noch eine kleine OP. Egal, welche Fachrichtung, wir machen hier genau das Doppelte pro Tag wie in Neuseeland.

Bei einer Tagung, an der ich teilnahm, sprach der CEO von Quirónsalud, einem spanischen privaten Krankenhausbetreiber. Ich fragte mich, was er uns so erzählen wollte. Ich saß geistig auf dem hohen Ross und konnte mir nicht vorstellen, dass es aus einem heißen Mittelmeerland medizinisch viel zu lernen gab. Wie so oft, saß ich meinen eigenen Vorurteilen auf.

Er sagte: »Für mich sind Effizienz und Effektivität zwei Seiten derselben Medaille. Wenn man etwas beim ersten Mal gleich richtig macht, dann gibt es weniger Fälle, bei denen man nachbessern oder es wiederholen muss. Es ist auch effizienter.«

Ich war baff. Wie Schuppen fiel es mir von den Augen. Durch die immense Arbeitsverdichtung wurde bei uns alles nur noch schnell, schnell gemacht. Deshalb gab es so viele Fehler. Wir waren einfach nur noch schneller und nicht besser geworden. Im Gegenteil. Wir waren nur noch schnell, und dadurch fielen wir, was die Qualität angeht, zurück. *Und das muss ich mir jetzt von einem Südeuropäer sagen lassen?*, dachte ich mir. Ja, ich weiß, schlimme Vorurteile. Offensichtlich ja, denn in deren Krankenhäusern haben sie zum Ziel, dass kein Patient während des gesamten Aufenthalts länger als 15 Minuten auf irgendeine Untersuchung warten muss. Wer schon mal als »Gast« in einem deutschen Krankenhaus war, für den hört sich das an, wie der Bericht über die Mondlandung für einen Menschen aus dem 18. Jahrhundert. Nach Fantasy und Science-Fiction. Sie waren nicht nur effektiv, sondern dadurch wesentlich schneller als wir. Dabei kommt dort die Menschlichkeit nicht zu kurz. Sie gehen davon aus, dass jeder Mitarbeiter in einem Arbeitsleben mal Patient im eigenen Haus wird, und sie möchten, dass die Patienten so behandelt werden, als seien sie Familienmitglieder. Guck an.

Was hat sich für mich geändert, wie habe ich mich verändert?

Wie geht es mir damit? Was hat sich für mich geändert, wie habe ich mich verändert? Beruflich engagiere ich mich und setze mich verstärkt für Patientensicherheit ein. Sei es bei der überfakultären Entwicklung des Kommunikationscurriculums für die Medizinstudenten, beim Aufbau von Simulationszentren, beim Aktionsbündnis

Dr. Mark Weinert

Patientensicherheit e. V. und weiteren nationalen Projekten für Patientensicherheit. Außerdem mit meiner Firma, die Kommunikations- und Führungskräftetrainings anbietet. Weiterhin arbeite ich noch klinisch, eine halbe Stelle im Krankenhaus. Und ich bin, obwohl wir viel hektischer arbeiten als in Neuseeland, viel entspannter. Auch wenn sich das aus meinem Mund möglicherweise komisch anhört: Für mich steht jetzt viel mehr der Mensch im Mittelpunkt. Bei meiner Arbeit als Arzt. Dass das selbstverständlich sein sollte, ist mir klar. Jedoch war das bei mir nicht immer so, und das ist mir erst durch meinen Aufenthalt in Neuseeland richtig bewusst geworden. Vermisse ich Neuseeland? Jeden Tag. Wir waren in den Sommerferien wieder dort, und als wir beim Landeanflug auf Wellington Island Bay und dann Lyall Bay sehen konnten, breitete sich ein seltsames, warmes und schönes Gefühl aus – als kämen wir nach Hause. Meine Tochter sah aus dem Fenster und fasste es perfekt in Worte: »Das ist unsere Heimat, wir wohnen nur nicht hier.«

Dr. med. Mark Weinert

- *Deutschland, Anästhesist*
- *seit seiner Zeit in Neuseeland in Teilzeit angestellt und selbstständig als Trainer für Führungskräfte in der Medizin und Wirtschaft unterwegs. Als solcher setzt er sich für Patientensicherheit und bessere Abläufe in Krankenhäusern ein*
- *2007–2010: Anästhesist in Wellington, Neuseeland, begleitet von seiner Frau Margit und den beiden Kindern*
- *Buch: Doc Why Not: Der Arzt, dem die Kiwis vertrauen, Conbook Verlag*
- *www.drweinert.com*

Verheerende Diagnose
Die Geschichte von David Pattison

D as Fernweh war immer da, doch nie der Neid, wenn ich am Flughafen den Reisenden hinterherschaute. Ehrlich nicht. Ich freute mich für sie, dachte mir: »Jeder sollte sich auf den Weg machen.« Dass sich mein Arbeitsplatz ausgerechnet am Flughafen von Edinburgh befand, war Zufall. Ich liebe es, Menschen zu treffen und mich mit ihnen zu unterhalten. Auf der anderen Seite begeistern mich schöne Autos. Diese Kombination machte mich zu einem Verkaufsspezialisten für Lose. »Hello Sir, Hello Madam! Haben Sie einen Moment Zeit für mich?« – bei diesem Teil des Satzes angekommen deutete ich mit der Hand stets auf den weinroten Mercedes SLK hinter mir, der sich im Spotlight der Halogenscheinwerfer im Granitboden spiegelte. »Den hier können Sie heute gewinnen!« Wie oft schon hatte ich das den Passanten auf ihrem Weg zum Flieger zugerufen. Und wie viele Menschen blieben tatsächlich stehen, weil sie spürten, dass ich das, was ich mache, mit voller Überzeugung tue, dass ich diesen Job liebe! Ja, die Leute kauften meine Lose und kamen damit ihrem Traumauto immer ein kleines Stück näher.

Irgendwann, nach vielen Jahren, erfüllte ich mir selbst einen Traum – ich brach nach Südamerika auf. Es ist nicht so, dass mir mein Leben nicht gefallen hätte, und dennoch wollte ich ihm eine neue Richtung geben. Mein Plan war, durch Argentinien und die Nachbarländer zu reisen, alles zu sehen, die Kulturen kennenzulernen und später hier und da Gelegenheitsjobs anzunehmen – in ganz neue Bereiche hineinzuschauen, vielleicht beim Bau einer Schule mitzuhelfen oder auf einer Biofarm zu arbeiten. Ich wollte eine Frau finden und mich mit ihr gemeinsam an einem schönen Flecken dieser Erde niederlassen.

Alles fing wunderbar an. Von Glasgow ging das Flugzeug nach Buenos Aires. Immer wieder traf ich angenehme Menschen, reiste mit ihnen einige Tage lang gemeinsam weiter. Wir ließen uns treiben, sahen die Iguazú-Wasserfälle in Argentinien, die größte Salzwüste der Erde in Bolivien, Machu Picchu in Peru. Und dort traf ich sie.

Ein Bekannter und ich hatten uns für einen dreitägigen Marsch durch den Dschungel entschieden, um zu den Ruinen der Inka hinaufzusteigen. Wir folgten gerade dem engen, sich schlängelnden Pfad durch das Dickicht, das uns mit seinen hundert verschiedenen Grüntönen fast zu verschlucken schien. Es war heiß und feucht, durch die Luft sirrten, krächzten und keuchten hoch über uns verschiedenste gut getarnte Tiere. Mehr und mehr spürten wir die Last unserer Rucksäcke, der Schweiß rann uns den Rücken herunter. Die Wände meiner Schuhe schienen sich langsam aufeinander zuzubewegen. Kurzum, mein Freund und ich waren in keinem guten Zustand, als wir auf einmal ein Lachen vernahmen. Ein volles, lautes, lebenslustiges Lachen. Das Lachen einer Frau. Kurz darauf tauchte Marianna aus Argentinien auf, in Begleitung einer Freundin.

An der Stelle, an der ich Marianna zum ersten Mal erblickte, kreuzte sich mein Weg mit dem ihren und ihr Leben sich mit dem meinen. Vergessen waren der Rucksack und die blutigen Füße. Zu viert setzten wir den Weg fort, und als er drei Tage später oben am Machu Picchu endete, blieben sie und ich zusammen. Gemeinsam flogen wir nach Cusco, verbrachten dort mehr Zeit miteinander. Nach einigen Wochen jedoch musste sie nach Hause fliegen und ich wieder allein weiterreisen. Eines Tages, das versprach ich ihr, würde ich nachkommen.

Während Marianna also wieder in Argentinien war, verschlug es mich nach Valdivia, Chile – eigentlich eine schöne Stadt. Eine Menge Deutscher haben sich Ende des 19. Jahrhunderts hier angesiedelt, und

David Pattison

man fühlt sich bis heute dort ganz wie in Europa. Doch in Valdivia war es, wo ich die Schmerzen in meinem linken Bein, die mich seit Tagen plagten, nicht mehr ignorieren konnte.

In einer Bar, ich hatte gerade einen Kaffee getrunken und war am Bezahlen, sprach ich den Kellner an. Der kniff die Augen zusammen, bemühte sich, mein schottisch gefärbtes Spanisch zu verstehen. Ich hatte einen Stadtplan auf dem Tisch ausgebreitet, versuchte es noch einmal, tauschte das Wort *clínica* gegen das Wort *hospital* aus. Da nickte er, beugte sich über die Karte, ließ den Finger kreisen und tippte schließlich in einen der Knicke. Jetzt sah ich es auch, das rote Kreuz.

* * *

Wenn mir seit jener Zeit der Geruch von Desinfektionsmittel in die Nase steigt, muss ich wieder an das kleine Untersuchungszimmer denken, in dem ich mich wenig später befand. Ich sehe wieder dieses verdammte Bein vor mir, das ich hinter dem blauen Vorhang auf den weißen Plastikbezug einer Liege hievte: Rot war es, doppelt so dick wie sonst. Die straff gespannte Haut reflektierte das milchige Licht einer Leuchtstoffröhre – weit weniger glamourös als einst die Granitplatten zu Hause die Halogenstrahler am Flughafen. Der Arzt warf nur einen kurzen Blick auf das Bein, dann fragte er mich, wann ich das letzte Mal in einem Flugzeug gesessen habe.

Den Rest des Nachmittages verbrachte ich in einem Krankenzimmer, und obwohl mir die Altstadt Valdivias vor dem Fenster zu Füßen lag, waren meine Aussichten alles andere als rosig. »Sie müssen unbedingt bei uns bleiben«, hatte der Arzt gesagt. »Mit ihrer Erkrankung ist nicht zu spaßen.«

Am nächsten Morgen rief ich die Sachbearbeiterin meiner Auslandskrankenversicherung in Edinburgh an. Bei ihr musste es nun Mittag sein, während ich gerade gefrühstückt hatte. Sie saß in einem Großraumbüro, und während das Gemurmel um sie herum sehr gut durch die Leitung zu mir nach Chile drang, hatten es meine Worte in die Gegenrichtung schwer. »Hello, Sir? Sind Sie noch dran?«, rief sie immer wieder.

Die anderen Patienten drehten sich schon nach mir um, als ich sie letztendlich in den Hörer brüllte, diese vernichtende Diagnose: »Venenthrombose! Hören Sie? Tiefe Venenthrombose! D – V – T !!!«
»Ah, ja. Einen Moment, Sir. Bitte geben Sie mir eine Sekunde.« Nachdem sie meine Daten aufgerufen hatte, meldete sie sich wieder: »Also, Sir – hören Sie mich noch? Also, es tut mir leid. Die Versicherung zahlt Ihre Medikamente, das ist selbstverständlich. Aber den Krankenhausaufenthalt können wir nicht übernehmen. Es tut uns sehr leid.«

Ich starrte noch auf das Telefon, als das Gemurmel und die Stimme der Frau schon lange verstummt waren. Kurz darauf half mir eine *enfermera*, eine Krankenschwester, beim Anziehen. Während in meinem Bein intravenöse Blutpfropfen mein Leben gefährdeten, vom Knöchel bis hinauf zur Leiste, musste ich das Krankenhaus verlassen. Weil meine Versicherung nicht dafür aufkommen wollte. »Gehen Sie in das Nomad Hostel«, brach die Schwester das Schweigen. »Es ist nur eine Straße weiter, und sie können problemlos jeden Tag zu uns kommen, damit wir Ihnen die Spritzen geben können.«

Oft schon hatte ich in den letzten Monaten die Nächte in käsig riechenden 12-Bett-Zimmern verbracht, nie aber die Tage. Spätestens um 8 Uhr war ich auf den damals noch gesunden Beinen gewesen. Und kurz danach draußen – am Strand, in den Bergen, beim Frühstück in einer Bar. Doch jetzt gab es kein Entkommen. Ich lungerte auf dem durchgelegenen Bett herum, eingelullt in schlechte Luft und schwere Gedanken. Das Laufen hatte mir der Arzt strikt verboten, nur einmal am Tag stand ich auf, um hinüber zur Klinik zu gehen. Nach ein paar Tagen nahm mich eine Ärztin beiseite: »Sie sollten so bald wie möglich nach Hause fliegen. Die Kollegen in Schottland müssen Ihr Bein regelmäßig röntgen, und Sie brauchen auch sonst ununterbrochen medizinische Versorgung.«

Ich konnte nur nicken. In unzähligen einsamen Stunden hatte ich mich mit diesem Gedanken – wenn auch nicht angefreundet, so doch

David Pattison

Neues Leben, neues Glück. David in Bangkok beim Feierabendbier mit seinen Schülerinnen und Schülern aus China, Korea und Thailand.

abgefunden. Es war jetzt wichtig, über Monate hinweg Medikamente einzunehmen. Allein dafür würden alle zehn Tage um die 800 € fällig werden. In Schottland ist die medizinische Versorgung kostenlos, ich konnte es mir gar nicht leisten, in Südamerika zu bleiben. Und überhaupt – was hätte das noch für einen Sinn gehabt? Die Reise war zu Ende.

***

So kam es, dass ich mich innerhalb weniger Tage auf der Couch meiner Mutter wiederfand, die mich versorgte. Wenn sie mir das läutende Telefon herüberreichen wollte, schüttelte ich den Kopf. Ich wollte mit niemandem reden, fühlte mich zurückgeworfen. Schottland zu verlassen, war so ein großer Schritt gewesen. Es hatte mich Jahre gekostet, endlich den Mut zu fassen, meinen Job zu kündigen, das Auto und alles andere zu verkaufen. Und nun diese unerwartete, erzwungene Rückkehr! Es fühlte sich einfach nicht richtig an, hier zu sitzen.

Am Anfang skypte ich noch regelmäßig mit Marianna. Doch die Telefonate wurden weniger und weniger. Ich war nicht gut drauf, sie

Auszeit. Ob sich David einst hätte träumen lassen, wo er mal seine Nachmittage verbringen würde? Hier auf der Dachterrasse im Pool seiner neuen Freundin.

hatte viel zu tun, und auch die sechs Stunden Zeitverschiebung zwischen Europa und Südamerika machten es nicht leichter.

Nach einem Monat war ich immerhin wieder so gesund, dass es sich nicht umgehen ließ – die Jobsuche stand an. Ich sagte mir: »Wenn schon, dann will ich jetzt etwas ganz anderes tun.« Doch niemand wollte so gut zahlen wie mein alter Chef, und er war wirklich glücklich, als ich ihn eines Tages anrief.

Meine Kollegen freuten sich, mich wieder bei sich zu haben. Ich zeigte ihnen die Fotos, und sie staunten. »Du hast so tolle Dinge erlebt, wir sind echt neidisch auf dich«, sagten sie. Doch dann gingen sie wieder ihrer Wege, und nichts hatte sich für sie verändert. Sie hatten sich in den vier Monaten nicht weiterentwickelt, sie machten immer noch die gleichen Dinge, trafen dieselben Menschen, bezahlten dieselben Rechnungen – tagein, tagaus. Sie sagten: »Ach, ich würde ja auch gern, aber ich habe mir gerade erst ein neues Auto gekauft«, oder: »Ich habe gerade erst den neuen Job angefangen, das ist im Moment schlecht mit so einer Reise.«

Tja, was sollte ich darauf erwidern? Eigentlich nur: »Wenn du das wirklich willst, dann tu es! Der Einzige, der dich davon abhalten kann, bist du selbst. Wenn du es wagst, wirst du es niemals bereuen. Aber du könntest es eines Tages bereuen, es nicht gewagt zu haben.« Und da war es wieder, dieses Gefühl des Fernwehs. Ich sah die Menschen auf dem Weg zu ihren Fliegern und fragte mich: »Und du? Warum reihst du dich nicht ein in die Schlange vor dem Securitycheck? Der nächste Flieger könnte deiner sein! Warum nicht du?« Manchmal war mein Fernweh noch viel größer als früher, weil ich jetzt wusste, wie wundervoll diese Erde ist. Manchmal wiederum ging es mir besser, weil ich wusste, ich hatte es wenigstens einmal im Leben gewagt.

Mit der Zeit kam ich wieder einigermaßen in der Heimat an, doch nie ganz. Ich fühlte mich nie wieder vollkommen zugehörig zu dieser sogenannten »normalen« Gesellschaft. Und ich wusste, sie würde mich bald wieder entbehren müssen, denn ich wollte zu Ende bringen, was so jäh in Valdivia geendet hatte.

Nachtrag: David lebt mittlerweile in Bangkok, Thailand, wo er sein Geld als Englischlehrer verdient – vor Ort und mit Online-Unterricht für chinesische Schüler. Parallel macht er seinen Bachelor als Sprachlehrer für Ausländer. Die Venenthrombose kam in Bangkok noch einmal zurück, doch dank einer besseren Auslandskrankenversicherung und der guten medizinischen Versorgung in Thailands Hauptstadt hat David das Problem in den Griff bekommen. Seit 2021 ist er mit einer Englischlehrerin und Mutter einer siebenjährigen Tochter zusammen. Die Iranerin ist genau wie er vor ein paar Jahren aus ihrer Heimat in diesen Teil der Welt gekommen.

David Pattison

- *heute 45, Schottland*
- *ehemaliger Losverkäufer am Flughafen Edinburgh, heute Englischlehrer in Bangkok*
- *vier Monate Südamerika*

Zum Teufel mit dem Pflichtgefühl

Die Geschichte von Stephanie Cordelia Butler

In Honduras wusste ich auf einmal, dass mehr möglich ist, als ich bisher geglaubt hatte. Wenn ich etwas tun will, dann kann ich das auch tun – das wurde mir klar. Jetzt, da ich wieder zurück in meiner Heimat, den USA bin, glaube ich das noch immer. Nehmen wir das Beispiel Reisen: Es ist möglich. Fahr einfach los! Ich habe jetzt weniger Ängste und Zweifel – und andere Werte als der Durchschnitt in meinem Land. Die Menschen sagen von mir, ich sei ein Freigeist. Was soll's, es ist mir ohnehin egal, was sie von mir denken – mittlerweile. Das Ganze ist ein Prozess – man muss lernen, seinen eigenen Instinkten zu folgen. Unsere Gesellschaft bringt uns bei, dass wir uns nicht selbst vertrauen können. Reisen kann zeigen, dass das nicht stimmt. Allein deswegen kann ich nur jedem empfehlen, sich auf den Weg zu machen – um das zu verstehen.

Es gab damals ein Erlebnis, das mich besonders geprägt hat, gleich nach meiner Ankunft in Honduras. Ich kam an und hatte kein Internet, also konnte ich die Menschen, die mich abholen sollten, nicht erreichen. Ich wollte in ein Dorf in die Berge fahren, und allein hätte ich das nie gefunden. Es liegt drei Stunden mit dem Jeep von der letzten asphaltierten Straße entfernt. Also beschloss ich, in einem Hotel einzuchecken. Als ich dort in die Bar trat, saß zufällig mein Empfangskommando an einem der Tische. Es war genauso überrascht wie ich. Seitdem glaube ich daran, dass Dinge passieren, wenn sie passieren sollen. Du musst nur all deine Sinne darauf konzentrieren und dir keine Sorgen machen. Es wird passieren.

Meine Reise ist mittlerweile drei Jahre her – mein Gott, es fühlt sich so an, als wäre es erst gestern gewesen. Denn so, wie ich der Meinung bin, dass man dabei eine Menge lernen kann, bin ich auch der Meinung, dass es nichts bringt, nicht wieder heimzukehren. Ich habe viele Backpacker kennengelernt, die das nicht schaffen, die immer weiter und weiter reisen. Viele arbeiten ein halbes Jahr lang und dann gehen sie wieder auf Tour. In meinen Augen ist das eine Flucht – vor sich selbst, vor den Problemen, die sie haben. Doch genau wie einen Rucksack, nehmen sie sie überallhin mit. Klar, das trifft nicht auf alle zu, aber auf einige, die ich getroffen habe, und auf mich auch. Man muss sich Schwierigkeiten aber stellen, an ihnen wachsen. Denn du wirst ja nicht auf Dauer glücklich, nur weil du an einem schönen Strand stehst. Wenn es in dir selbst nicht stimmt, können die äußeren Einflüsse nichts daran ändern.

Ein Alkoholiker wird auch dann nicht aufhören zu trinken, wenn er in die Karibik reist. Umgekehrt ist Reisen wie eine Droge. Man kann danach süchtig werden, man kann damit Probleme betäuben: »Oh, ich fühle mich nicht mehr gut in meinem Leben? Dann gehe ich eben wieder auf Reisen.« Dann ist man eine Weile glücklich, aber dieses positive Gefühl wird ja durch äußere Einflüsse verursacht, also ist es temporär. Es wird wieder schlechter, und man muss den Ort wechseln oder eben die nächste Droge einwerfen. Wenn man damit aufhört, fühlt man sich total leer.

So ging es auch mir. Fast zwei Jahre hat es gedauert, bis ich wieder daheim angekommen bin, ich meine, mental. Es ist ein Prozess und nicht einfach. Eigentlich bin ich immer noch mittendrin. Manchmal will ich auch wieder abhauen.

Dann träume ich davon, wie ich auf einem Truck sitze und durch die Berge von El Salto fahre. Links stürzt ein Wasserfall in die

Fast zwei Jahre hat es gedauert, bis ich wieder daheim angekommen bin, ich meine, mental.

Tiefe, vor mir tut sich sich ein bewaldetes Tal auf. Ich strecke die Arme aus, recke den Kopf in die Höhe, schaue in den Himmel. Freiheit!!!

Doch da bin ich nicht mehr; sondern hier. Und ich weiß, ich habe jetzt die einmalige Chance, zu verarbeiten, was ich unterwegs über mich gelernt habe. Ich würde nicht sagen, dass ich auf oder durch die Reise meine Probleme gelöst habe oder irgendetwas besser geworden ist. Es war eher so, dass ich währenddessen erst gesehen habe, was die Probleme sind. Manchmal ist es gut, sein Leben mit Abstand zu betrachten. Ich war lange in den Bergen und hatte viel Zeit, nachzudenken. Nichts hat mich abgelenkt. Da oben gab es keinen Fernseher, keine Drogen, nur mich und meine Gefühle. Klar, dass ich sie da ganz deutlich spürte. So deutlich wie nie zuvor.

Das war eine große Herausforderung. Ich habe verstanden, wer ich in meinem alten Leben wirklich gewesen bin, wie ich mich verhalten habe und warum. Einiges hat mir nicht gefallen, daran arbeite ich jetzt. Ich werde erst wieder reisen, wenn ich nicht mehr diese Rastlosigkeit verspüre, die mich umtreibt. So lange muss ich mich fragen: Warum verspüre ich sie? Die Antwort lautet: Ich wollte immer fliehen vor dem, was andere in mir zu sehen meinten und was sie von mir erwarteten. Ich vermute, diese Flucht geschah unterbewusst, denn ohne es zu merken, hatte ich mich den Erwartungen bis dahin gefügt. Ich habe sehr vieles nur aus Pflichtgefühl getan. Und zum Schluss habe ich mein Leben nicht mehr gemocht.

Just zu diesem Zeitpunkt kam eine Freundin von ihrer Reise zurück. Sie gehört zu der Sorte Mensch, die zu Festivals wie *Burning Man* gehen. Was sie erzählte, inspirierte mich, auch aufzubrechen. Ich entschied mich, in El Salto an einer Art Berufsschule für junge Frauen zu unterrichten: Musik, Englisch, Buchhaltung. Ich war dort als Freiwillige, durfte kostenlos wohnen und essen. Danach bin ich noch ein wenig durch El Salvador und Honduras gereist.

Eigentlich bin ich Pianistin, ich habe Musik studiert. Eigentlich sollte man meinen, ich würde diesen Beruf mögen. Aber manchmal frage ich mich, ob ich ihn nicht nur aus Gewohnheit ausübe. Seit meiner Kindheit spiele ich Klavier, seit meine Eltern mich zum ersten Mal auf den gepolsterten Hocker vor die Tasten setzten. Bis vor Kurzem war ich tatsächlich nur aus Pflichtgefühl Musikerin und nicht, weil es mir Freude bereitete. Nach der Reise habe ich eine ganze Weile gar nicht gespielt.

Stephanie Cordelia Butler

Oh, das war für meine Verhältnisse eine Revolution! Ich kam nach Hause und spielte nicht mehr Klavier! Das, worauf ich jahrzehntelang hingearbeitet hatte, schmiss ich einfach hin! Meine Eltern waren außer sich. »Was ist das hier jetzt? Späte Pubertät?«, fragte meine Mutter. »Ziehst du jetzt wieder bei uns zu Hause ein, müssen wir dich jetzt wieder durchfüttern?«, fragte mein Vater. Mit verschränkten Armen standen sie vor mir; hinter ihnen das große Holzregal mit all den Notenbüchern, die ich kenne, seit ich als Kleinkind über den Kelim gerobbt bin und sämtliche Werke aus den unteren Regalbrettern gezogen und auf dem Teppich verteilt habe. Jetzt fühlte ich mich wieder ganz klein. Und meine Eltern waren mindestens so aufgebracht wie damals. Aber die Reise hatte mich groß werden lassen. Ich begegnete ihnen nun anders. Ich kuschte nicht, ich versuchte, sie zu verstehen, ihnen die Angst zu nehmen. Ja, das war es. Ich glaube, sie hatten Angst. Sie hatten immer gedacht, sie kennen mich, und mussten nun einsehen, dass das gar nicht stimmt.

Auch war ich ein paar Wochen lang völlig desorientiert. Oh Gott, war ich desorientiert. Schnell lief ich Gefahr, in die alten Verhaltensmuster abzurutschen, die Leute um mich herum warteten ja nur darauf. Es war eine Herausforderung, dieser Falle zu entgehen. Zugleich fühlte ich mich kreativ und inspiriert! Ich folgte also meinen Impulsen, machte nur, was mir Spaß machte, ignorierte jegliches Pflichtgefühl, beugte mich keinen Erwartungen, ließ mich nicht daran messen, was die Leute über mich dachten. Die Gesellschaft sollte meinem Leben nicht wieder ihre althergebrachten Werte überstülpen.

Ich fing an, Dinge zu tun, die ich schon lange tun wollte – malen, Gitarre spielen, Dinge, die ich auf der Reise begonnen hatte. Mit einem Freund nahm ich ein Album auf, spielte solo in Bars. Ich probierte herum, fotografierte, schrieb. Gerade das Schreiben liegt mir bis heute am Herzen. Ich probierte all diese Wege aus, um mich auszudrücken. Meine Eltern konnten es derweil nicht lassen, immer wieder fragten sie: »Warum malst du jetzt? Du bist doch gar keine Malerin. Warum schreibst du jetzt? Du bist doch gar keine Autorin. Du hast Musik studiert. Warum spielst du nicht wieder Klavier?«

Aber ich spürte: Die Klavierspielerin, die ich einmal gewesen war, gab es nicht mehr, hatte es vermutlich nie gegeben. Das war eine Rolle, die mir zugewiesen worden war. Auf der Reise hatte es keinen Menschen geschert, dass ich Klavier spielen kann, da war es wichtig, dass ich um 6 Uhr aufstehe und pünktlich im Klassenzimmer bin.

Mittlerweile habe ich gelernt, Musik um ihrer und meiner selbst Willen zu machen, habe gelernt, von den Bewertungen anderer unabhängig zu sein. Ich spiele nun nur noch, was und wann es mir gefällt.

Und noch etwas hat sich geändert: Früher habe ich Kunst zur Unterhaltung gemacht, zur Belustigung des Publikums – wie ein Tanzbär. Das kleine süße Mädchen, das sich mit rosa Schleife im Haar auf den Klavierhocker setzt und anfängt, die *Mondscheinsonate* von Beethoven zu spielen, die *Vier Jahreszeiten* von Vivaldi, *Für Elise*. Fürn Arsch! Heute belustige ich nicht mehr. Der Tanzbär ist tot! Der Klavierhocker ist nun ein Barhocker. Und darauf sitzt Stephanie Cordelia Butler, die nicht mehr unterhält, sondern inspiriert.

Als ich nach meiner Zeit in El Salvador und Honduras wieder nach Hause in die USA kam, fiel mir auf, wie linear alles ist – als würden die Menschen permanent auf einen zurückweichenden Horizont zusteuern. In Mittelamerika gibt es zum Beispiel nicht diese Denkweise, dass jemand »etwas werden« muss. Du bist nicht mehr oder weniger wert, wenn du etwas Besonderes kannst oder machst. Das ist vielleicht auch der Grund, warum sich dort so viele Backpacker tummeln. Dort werden sie akzeptiert, dort fragt keiner: »Was willst du später einmal werden? Was willst du aus deinem Leben machen?«

Die Einheimischen schmieden ebenso wenig langfristige Pläne; sie denken höchstens bis zum nächsten Wochenende und fragen sich, ob sie lieber zum Strand oder zum Fußballspiel gehen sollen. Es gilt nicht als erstrebenswert, sich andauernd Ziele zu stecken. Die Leute leben den Moment.

Jetzt, nach der Reise, mache ich es genauso: bloß keine langfristigen

Stephanie Cordelia Butler

Pläne mehr. Das Einzige, worauf ich mich gerade vorbereite, ist ein wichtiges Konzert im nächsten Jahr. Vorher war das definitiv anders. Jetzt will ich es so nehmen, wie es kommt – Tag für Tag. Solange es mir Spaß macht, werde ich das so beibehalten.

Auch heute habe ich wieder mehrere Jobs gleichzeitig, um mich über Wasser zu halten. Das war schon vor meiner Zeit im Ausland so, doch nun geht auch hier der Spaß vor: Früher verkaufte ich unter anderem reichen Leuten teure Urlaube. Ich hasste es, aber das Image der Arbeit war gut. Ich konnte von mir sagen: »Ich bin Musikerin und arbeite nebenbei im Reisebüro.« Jetzt bekomme ich das gleiche Geld, arbeite aber nur auf einer Bowlingbahn. Ist mir egal, was die Leute dazu sagen, dass eine studierte Musikerin so einen Aushilfsjob macht. Ich mag die Arbeit und meine Chefs, was will ich mehr?

Meine Eltern haben immer noch nicht ganz ihren Frieden mit meinem Wandlungsprozess geschlossen. Es ist auch ein Generationenkonflikt. Sie sind in ärmsten Verhältnissen zu Zeiten der Apartheid aufgewachsen. Sie können es nicht nachvollziehen, wenn jemand etwas aus Eigennutz tut. In ihren Augen ist das etwas Schlechtes. Aber es ist doch Wahnsinn! Unser Lebensziel kann doch nicht das Leiden sein – Jesus am Kreuz, oh ja! Nun, meine Eltern haben das ganz gut drauf. Sie machen es sich in ihrem eigenen Leben so schwer wie möglich, und dann beklagen sie sich. Was soll ich dazu sagen? Wenn du Dinge nur aus Pflichtgefühl tust und dich dann darüber beschwerst, ist das in meinen Augen inkonsequent. Aber ich kann ihnen einen anderen Weg nur vorleben. Darauf kommen müssen sie schon selbst.

Stephanie Cordelia Butler
- *heute 36, USA, Pianistin und Gitarristin*
- *fünfmonatige Reise duch Honduras und El Salvador*

Angekommen auf dem Bauernhof
Die Geschichte von Berit Hüttinger

Schon richtig, auf Reisen, wenn du kein fließendes Wasser hast, oder wenn der Lkw zum hundertsten Mal stehen bleibt, wirst du definitiv gelassener – und bist es auch noch danach.

Trotzdem. Damals kamen mir die Tränen. Es war der Juni 2020. Das Coronajahr. Wir saßen am Kai im Hamburger Hafen, die Sonne schien, bestes Reisewetter, doch ich war traurig. Getroffen hatte es Frau Scherer, unseren Wohn-Lkw. Sie war in Quarantäne. Da waren wir so weit gekommen, waren selbst im März aus Afrika ausgereist, hatten wegen der Pandemie unseren Trip abgebrochen, wegen dieser Unsicherheit, wollten die Eltern nicht allein lassen, die daheim saßen, schon in die Jahre gekommen. Wir hatten auch keine Lust mehr gehabt auf die Anfeindungen an der Elfenbeinküste uns Europäern gegenüber, als den vermeintlichen Überbringern von Corona.

Wie auch immer. Aus der Heimfahrt wurde ein Heimflug, auf dem Landweg zurück nach Deutschland wollten wir wegen des Virus nicht. Frau Scherer brachten wir ins Kloster, da machte sie wenigstens keine Dummheiten. Nein, im Ernst: Die katholische Mission von Abidjan erlaubte es uns, unseren Mercedes Benz LA 710 bei ihr im Hof abzustellen. Zurück in Bayern war trotzdem klar: Auch Frau Scherer muss irgendwie zurück. Sie überhaupt zu bewegen, war nicht immer einfach gewesen. Sie war alt, fast 60, und benahm sich entsprechend. Man musste geschickt mit ihr sein. Dann sprang sie an, manchmal. Nun musste sie sogar ferngesteuert werden. Das wurde mehr und mehr zu meiner Aufgabe.

Und die lautete wie folgt: Bring Frau Scherer von ihrem Stellplatz an den Hafen und verschiffe sie von dort aus über eine Agentur. Ich telefonierte und telefonierte. Versucht das mal mit der Elfenbeinküste. Das größte Problem war die Telefonie. Immer wieder riss die Verbindung ab, oder es rauschte so sehr in der Leitung, als wäre sie in den Golf von Guinea gefallen. Ich habe schon immer wahnsinnig ungern telefoniert, aber unter diesen Umständen war es doppelt nervenaufreibend, mit den Beamten bei den Behörden und am Hafen zu sprechen. Ein Mantra musste her: »Entspann dich. Das ist jetzt die Aufgabe, die du lösen musst. Du hast schon Schlimmeres gemeistert, denk an deine Reisen durch Zentralasien und Afrika. Arbeite das jetzt Punkt für Punkt ab. Reg dich nicht auf.«

»Entspann dich. Das ist jetzt die Aufgabe, die du lösen musst. Du hast schon Schlimmeres gemeistert. Reg dich nicht auf.«

Es funktionierte. Letzten Endes dank einer Freundin, die in Abidjan ein Hostel führt und auf der afrikanischen Seite den Papierkram erledigte. Unter anderem sorgte sie dafür, dass der Wagen zum Zoll kam, wo er inspiziert und freigegeben wurde. Jason, ein englischer Radreisender, spielt in dem Drama ebenfalls eine wichtige Rolle. Wir hatten ihn vor dem Abflug im Hostel kennengelernt, und nun verfolgte er die Telefonate, die Chloe an der Rezeption mit mir führte. Irgendwann rückte er mit der Sprache raus: »Du, ich hab übrigens einen Lkw-Führerschein.« Echt? Das war unser Mann!

Wir bewegten ihn dazu, Frau Scherer zu bewegen: »Okay man, I can do it«, sagte er schließlich und würde uns nicht enttäuschen. Im Juni, drei Monate nach unserer Abreise, stand der Lkw auf dem Schiff nach Hamburg; fest verzurrt mit armstarken, rostbraunen Eisenketten. Der Rest war einfach. Wir würden hoch nach Hamburg fahren und mit dem Mercedes wieder runter.

»Ja, hat Ihnen denn niemand gesagt, dass sie eine Versicherung abschließen müssen?« Der Mann von der Agentur am Hamburger Hafen schaut uns an, mich und meinen Mann Heppo. Wir schauen zurück. Sehr viele Menschen haben mir in den vergangenen Monaten sehr viel gesagt, zu sehr vielem und in sehr vielen unterschiedlichen Sprachen und Dialekten. Aber nicht das. Ich wäre im Traum nicht darauf gekommen. Die Grundzüge des Gesetzes reichen bis zurück in die Antike, und es lautet in etwa so: Wenn du etwas verschiffst, wirst du automatisch Teil der sogenannten Gefahrengemeinschaft des Frachters. Du bist auf einmal mit haftbar. Wenn er untergeht, zum Beispiel, oder wenn er, wie in unserem Fall, in Quarantäne geht. Dann bist auch du für die entstehenden Mehrkosten zuständig. Welche Kosten? Nun, ein Schiff von dieser Größe in einem Hafen wie Hamburg? Festgesetzt für Tage und Wochen? Da fallen Tausende Euro allein für den Liegeplatz an. Um unsere Fracht auszulösen, hätten wir a) warten müssen, bis die Quarantäne aufgehoben wird, und uns b) an allen anfallenden Kosten beteiligen müssen. Oder unser Eigentum aufgeben und auf alle Ansprüche verzichten.

So weit war Frau Scherer gekommen, sie war sogar schon auf deutschem Grund und Boden, na gut – in deutschen Gewässern. Doch jetzt steckte sie in der Quarantäne fest und war unerreichbar – so unerreichbar wie noch nie, weniger noch als damals mitten in Kasachstan, als sie in einem Salzsee versank und kein Dorf, kein Haus, keine Menschenseele weit und breit in Sicht war. Wieder einmal bewegte sie sich keinen Zentimeter, und diesmal sollte es richtig teuer werden.

Vesteht mich nicht falsch, wir lieben Frau Scherer, sie hat einen hohen emotionalen Wert für uns und auch einen gewissen materiellen. Doch dafür viele Tausend Euro hinlegen? Noch mal warten? Noch mal zurück nach Bayern? Noch mal rauf? Später? Im Juli? Bei mir lagen die Nerven blank, ich weinte zwei Stunden lang. Ich dachte, ich hätte auf Reisen schon so einiges erlebt, aber das hier stand dem in nichts nach.

Das Drama nahm seinen Lauf, ich saß am Kai, die Tränen flossen, da klingelte das Telefon. Es war noch mal der Agent: »Ihr habt verdammt Glück. Der Wagen ist so ziemlich das Einzige, was sie schon ausgeladen hatten, bevor die Quarantäne verhängt wurde.«

Da sage noch mal jemand, man könne in Deutschland keine Abenteuer erleben. Danach waren wir doppelt froh, wieder zu Hause zu sein, das war das beste Heimkommen ever, zumal uns die letzten Reisewochen im tropisch heißen Westafrika geschlaucht hatten, auch Sidi, unseren Hund. Vor Jahren hatten wir ihn in der Westsahara aus einer Tonne gerettet, da war er winzig. Mittlerweile ist er in Hundejahren mindestens so alt wie Frau Scherer. Ihm machte die schwüle Hitze besonders zu schaffen. Nun also, Mitte Juni, nagte er an einem Knochen, mit diesem Ausdruck im Hundegesicht, den ein Hund eben hat, wenn er an einem Knochen nagt. Wir saßen bei ihm im Garten, hörten die Vögel zwitschern, waren ebenfalls mit der Welt im Einklang und wussten, dass Frau Scherer draußen im Hof steht, während hinter uns in den Beeten sattgrüne Blätter die Hoffnung zuließen, dass wir im kommenden Herbst und Winter satt würden, trotz Corona, trotz leer gekaufter Supermärkte. Neben den Pflanzen steckten Schilder: »Bamberger Hörnchen« stand zum Beispiel darauf, das ist eine urig gewachsene, würzige Kartoffelsorte. Auch die Tomaten sahen vielversprechend aus, wobei eingemachte grüne nicht sonderlich gut schmecken, das wissen wir jetzt. Und dennoch – die Ernte hat dafür gesorgt, dass wir ein Dreivierteljahr lang kein Gemüse kaufen mussten.

Doch ich schweife ab. Zurück in den Sommer 2020: So wie unsere künftigen Mahlzeiten auf den 1.000 Quadratmetern unseres Grundstücks heranwuchsen, wuchsen wir zusammen, vereint durch die Gartenarbeit und den Lockdown. Wir, das sind Heppo, ich und unsere drei Mitbewohner. Bevor wir nämlich im Herbst 2019 nach Afrika aufgebrochen waren, hatten wir 2016 den Pachtvertrag für einen alten Bauernhof unterschrieben. Auf Lebenszeit. Hier wollten wir alt werden und wollen es immer noch. Zuvor hatten wir in einem selbst gezimmerten Zirkuswagen auf einem Wagenplatz gelebt, und genau das hatte mir meine erste Heimkehr, nach einem Jahr Zentralasien, extrem schwer

Hier wollten wir alt werden und wollen es immer noch.

Berit Hüttinger

Dass ihr Mann Heppo immer im Hier und Jetzt lebt, bewundert Berit manchmal. Nach der ersten Rückkehr war es ihr schwergefallen, sich wieder in Deutschland einzuleben.

gemacht. Also – nicht das Leben im Zirkuswagen, der war recht gemütlich. Aber das Wohnen auf dem Stellplatz ...

2015. Es ist ein milder Abend im Herbst. Hinten über den Horizont ziehen sich letzte Lichtstreifen, als wir nach unserem zwölfmonatigen Roadtrip auf den Platz der Wagenkolonie rollen. Das Bier ist schon kalt gestellt, großes Hallo. Alle umarmen uns, jemand hat gekocht, wir sitzen zusammen, essen, trinken, feiern. Doch schon in den Tagen und Wochen danach stellt sich heraus: Nicht nur wir haben uns verändert, sondern auch die Daheimgebliebenen.

Das ist, glaube ich, ein Grund, warum viele Heimkehrer fremdeln: Wir denken, wir haben uns viel mehr verändert, wir sind es ja, die

die tollen Sachen erlebt haben, nicht die zu Hause. Die können sich gar nicht verändert haben. Unser Zuhause kann sich nicht verändert haben. Also erwarten wir, dass wir bei der Rückkehr die Heimat gut konserviert vorfinden; eingefroren. Doch wir sind hier ja nicht bei »Wünsch dir was«, sondern bei »So isses«. Die Heimat ist eben nur in unseren Erinnerungen eingefroren. Deswegen haben Heppo und ich mittlerweile eines gelernt: Nicht frustriert sein, akzeptieren, dass das Leben auch bei den Freunden, der Familie, am Arbeitsplatz weitergeht, sich die Dinge eben ändern. So ist es, das Leben, es ist alles im Flow, und das ist ja auch gut so. Leiden entsteht immer dann, wenn man lange unterwegs ist und erwartet, dass danach alles so weitergeht wie zuvor.

So war es aber nicht. Kaum waren wir angekommen, die letzten Reste vom Willkommensfest aufgegessen, erkannten wir, dass unser Wagenplatz nicht mehr die harmonische Gruppe war, die wir kannten, sondern dass sie sich in zwei Lager geteilt hatte, in zwei völlig miteinander zerstrittene Parteien. Und wir dazwischen. Das war schlimm. Wir kamen mit allen aus und wollten uns nicht auf eine Seite schlagen. Wir drohten, zerrieben zu werden, zwischen den Mühlsteinen des Zorns und der Emotionen.

Wir kamen mit allen aus und wollten uns nicht auf eine Seite schlagen. Wir drohten, zerrieben zu werden, zwischen den Mühlsteinen des Zorns und der Emotionen.

Im Job lief es konstanter ab. Ich hatte zwar zuvor gekündigt, aber mein Chef stellte mich wieder in seinem Sprachreise-Unternehmen an. Einen Monat nach der Rückkehr war ich wieder für das Webdesign zuständig. Es war gut, wenigstens diese Konstante zu haben. Weiterer Bonus: Ich hatte beruflich noch mit dem Thema Reisen zu tun, stand in Kontakt mit Sprachschulen in aller Welt, war auch mal unterwegs, zum Beispiel in Frankreich. Doch auch im Büro gab es Veränderungen: Alte Kollegen waren gegangen, neue gekommen. Tja, was soll man machen?

Berit Hüttinger

Die Situation war nicht einfach und auch nicht, dass es kaum jemanden zu interessieren schien, was wir alles erlebt hatten, all diese tollen Dinge, die sie selber – Freunde, Kollegen, Familie – niemals erleben würden. Es fehlte der Anknüpfungspunkt. Sollten sie uns nicht dankbar sein, dass wir es ihnen erzählen? Sollten sie uns nicht löchern mit Fragen? Die Schwiegermutter sagte nur: »Schee, dass ihr wieda do seid. Jetzt setzt eich hina und esst eure Knedln.« Im Nachhinein muss ich sagen und kann nur jedem den Rat geben: Lasst euch davon nicht frustrieren, verzeiht es eurem Umfeld, drückt eure tollen Erlebnisse keinem gewaltsam aufs Auge. Ehrlich mal: Habt ihr im Detail nachgefragt, was bei euren Leuten in den letzten Monaten los war?

Was mir in dieser Situation sicher half, war das Schreiben. Klingt blöd, aber es war nahezu therapeutisch. Den Blog hatte ich schon »on the road« verfasst, nun ermutigte mich eine Kollegin, das auszuweiten: »Ich hasse Reiseberichte, aber deine Texte habe ich immer gern gelesen«, sagte sie. »Du musst das mal jemandem schicken, ich glaube, das hat Potenzial.« Das war ein totaler Egobooster. Ich fasste Mut, überarbeitete die Blogeinträge. Abends am Laptop durfte ich aus meiner zerstrittenen Bauwagenwelt zurück in die Steppe flüchten, auf

Was mir in dieser Situation sicher half, war das Schreiben. Klingt blöd, aber es war nahezu therapeutisch.

den Balkan, in die Wälder Rumäniens, hin zum Ural, an die Seidenstraße, in die Wüste Kasachstans. Heppo machte sich schon über mich lustig: »Die Berit beschäftigt sich noch Jahre später mit der Reise.« Manchmal bewundere ich ihn: Er lebt immer im Moment. Wenn er unterwegs ist, ist er unterwegs, wenn er wieder da ist, ist er wieder da. Er schaut sich auch keine Fotos an.

Doch irgendwann musste auch ich mich der Realität stellen: Alles war aufgeschrieben, zigmal überarbeitet. Aber für wen? Keiner würde es lesen, wenn niemand davon wusste. Ich ließ es erst mal für ein paar Monate liegen, kämpfte in der Zwischenzeit mit dem Alltag, dem Frust über die Veränderungen. Es war klar: Wir müssen weg, raus aus der Wagengemeinschaft. Das hat mich wahnsinnig belastet. Wir fingen an, alte Häuser abzuklappern. Es sollte etwas Eigenes sein, etwas, wo man sich aussuchen konnte, mit wem man zusammenlebt, eine Basis, ein Ankerplatz – gern auf dem Land, gern ein Hof. Denn wir wollten uns darauf verlassen können, dass alles noch so ist, wie wir es verlassen haben, wenn wir mal wieder von einer Reise zurückkämen.

Sowohl die Wohnhaus- als auch die Verlagshaussuche gestalteten sich jedoch schwierig. Was die Höfe anging: Kein Vermieter wollte uns, oder wir wollten nicht, nichts klappte jedenfalls. Was die Verlage anging: Lange Zeit schob ich es vor mir her, dort anzurufen. Was sollte ich denn sagen? »Hallo, ich habe ein Buch geschrieben?« Ach was! Das hatten ja weiß Gott schon andere vor mir getan. Habe ich schon erwähnt, dass es mir unheimlich schwerfällt, jemanden anzurufen? Vor allem, wenn ich etwas will?

Es sollte mir das Mantra helfen, das mir später bei der Rückholaktion von Frau Scherer half: »Stück für Stück, arbeite das jetzt Punkt für Punkt ab.« Und irgendwann war es Zeit für den großen Schritt. Der Tag war gekommen, der Tag, an dem ich den ersten Verlag anrufen sollte – und es fast doch nicht getan hätte. »Wie bescheuert bist du denn, die lachen dich doch aus!«, schoss es mir durch den Kopf, da hatte ich schon die Vorwahl getippt. Ich starrte das Display an, drückte die Taste mit dem roten Hörer, starrte noch immer das Display an, das nun wieder blank war. Ich schaute aus dem Fenster. Die Tomaten wurden langsam rot. Ich stand auf, machte mir einen Tee, lehnte mich gegen die Arbeitsplatte, starrte ins Nichts. Irgendwann war die Tasse leer. Seufzend ging ich zurück zum Telefon. Diesmal wählte ich die Nummer zu Ende und drückte den grünen Knopf.

Pro Tag nahm ich mir zwei bis drei Verlage vor, insgesamt 15, um sie innerhalb von drei Wochen abzutelefonieren, auch mal mit Pausen dazwischen. Es war frustrierend, Dinge zu hören wie: »Brauchen Sie gar nicht erst schicken«, »Schauen wir uns eh nicht an«, oder »Steht alles auf unserer Website.«

Berit Hüttinger

Ungefähr in dieser Zeit fiel mir die Visitenkarte eines Hofeigentümers aus dem Umkreis in die Hände. Das Anwesen war schon lange verlassen, wir kannten es und hätten es gern wieder mit Leben gefüllt. Doch der Mann hatte uns abgespeist wie mich die Verlage am Telefon, wollte partout nicht vermieten. Die Karte steckte aus irgendwelchen Gründen im Zentralasien-Reiseführer, den ich eines Tages aufschlug, und ich sagte zu Heppo: »Du, das ist ein Zeichen! Komm, wir schreiben ihm noch mal, erzählen ihm alles – dass uns das Haus total gefällt, dass du Zimmerermeister bist und ich Grafikdesignerin. Wir sagen ihm, dass wir Gemüse anbauen wollen, einfach, was wir mit seinem Hof vorhaben. Wir legen die Karten auf den Tisch.« Insgesamt schickten wir ihm vier oder fünf Briefe, bombardierten ihn regelrecht damit – Briefbomben quasi.

Darauf ist er angesprungen. Eines Tages meldete er sich: »Super, das gefällt mir voll gut, was ihr da vorhabt. Endlich mal was anderes.« Er wollte sich mit uns treffen. Wir erfuhren, dass er ständig Post von irgendwelchen Interessenten bekam und eigentlich keine Lust darauf hatte, zu vermieten. Er hatte es auch nicht nötig – zwölf Jahre hatte das Anwesen leer gestanden.

So klappte es auf wundersame Weise doch noch, mit unserem Wunschhof. Und dann kam die Zusage von Delius Klasing. Es war einer der wenigen Verlage gewesen, bei denen mir ein sehr netter Lektor schon am Telefon Mut gemacht hatte: »Ach, das ist ja mal eine coole Idee, schicken Sie mir doch mal ein Exposé.«

Mit einem Mal war ich gut beschäftigt, hatte für Post-Reise-Blues gar keine Zeit mehr. Erst mal zogen wir den Zirkuswagen auf den Hof um. Sofort im Haus zu wohnen, war utopisch – es hatte schließlich zwölf Jahre lang leer gestanden. Wie gut, dass Heppo Zimmermann ist und auch ich handwerklich geschickt. Gemeinsam sanierten wir die eingefallene Scheune, sie brauchte ein neues Dach. Wenn wir nicht hämmerten,

Mit einem Mal war ich gut beschäftigt, hatte für Post-Reise-Blues gar keine Zeit mehr.

Abenteuer mit Frau Scherer. In dem Wohn-Lkw, einem Mercedes Benz LA 710, ziehen Berit und Heppo durch die Welt.

schnitten wir Gebüsch oder fällten Bäume. Die Gebäude waren komplett zugewuchert, ein richtiges Dornröschenschloss.

Der Gegenpol war die Schreibarbeit: Der Verlag hatte mir 2016 zugesagt, Ende 2018 sollte das Buch erscheinen, bis dahin musste ich es überarbeiten. Nachdem es auf dem Markt war, startete ich eine Vortragsreihe. Von Berlin bis bei mir um die Ecke hielt ich zwölf Lesungen – auf Messen, in Kneipen, Kulturbetrieben, in einem Museum beziehungsweise Künstlerhaus, vor bis zu 400 Leuten.

Durch das Buch ergab sich bald ein neues Projekt: Zu Werbezwecken hatte ich das Offroad- und Reisemagazin *Matsch & Piste* kontaktiert. Es entstand die Idee zu einer gemeinsamen Fachartikelserie. Langfristig nämlich wollten Heppo und ich wieder eine lange Reise antreten, und diesmal sollte es nach Afrika gehen. Bereits in

Berit Hüttinger

Zentralasien hatten wir entschieden, einige Jahre in Deutschland zu bleiben, um zu arbeiten und Geld anzusparen. Die Redaktion von *Matsch & Piste* war Feuer und Flamme von unseren neuen Reiseplänen und heuerte mich als Gastautorin an.

Es machte Spaß, die neue Tour zu planen, zum Beispiel die Strecken zu recherchieren, die Kosten, die Ausrüstung. Es war mir auch Motivation, zu wissen, dass ich wieder aus dem Alltag herauskommen würde. Zugleich galt es, aufzupassen, im Hier und Jetzt zu leben.

Als es so weit war, ließ mich mein Chef wieder ziehen, und Heppos Arbeitsvertrag endete sowieso. Meine Schreibarbeit unterwegs half dabei, die Reise zu finanzieren.

***

War unsere Heimkehr 2015 für mich sehr schwer gewesen, war es diesmal leicht. Ich stürzte mich in die Gartenarbeit, Gemüse hatte ich schon seit fünf Jahren anbauen wollen, und ich stellte fest, es ist die tollste Ablenkung von möglichem Reiseschmerz. Generell geht unser Konzept auf: Das Haus als zweites Lebensprojekt neben dem Reisen und krasser Gegensatz dazu ist die perfekte Basis. Hier finden wir Halt und fühlen uns aufgehoben, wenn wir heimkommen. Dabei lässt uns der Hof viel Raum zur Selbstverwirklichung, sodass selbst im Alltag kaum Alltag aufkommt, es nie langweilig wird.

Generell geht unser Konzept auf: Das Haus als zweites Lebensprojekt neben dem Reisen und krasser Gegensatz dazu ist die perfekte Basis.

Eines war jedoch anders bei der Heimkehr 2020: Ich konnte nicht wie beim letzten Mal in meinen alten Job zurück. Corona hatte der Tourismusbranche arg zugesetzt. Derzeit nehme ich deswegen an einer sechsmonatigen Fortbildung in Betriebswirtschaftslehre und Managementtechniken teil. Das ist recht intensiv, während der Woche sitze ich täglich von 8 bis 16 Uhr am Computer; Schüler und Lehrer kommen online zusammen. Die Themen sind spannend, bringen mich auf jeden Fall weiter, sowohl für meine Arbeit als freiberufliche Grafikerin und Autorin als auch für eine Zukunft als Angestellte. Bald werde ich Bewerbungen verschicken. Ich könnte mir vorstellen, neben Grafikdesign nun auch andere Dinge zu machen, wie Büroorganisation oder Assistenzjobs. Ich plane gern und entwickle gern Konzepte. Zum Beispiel habe ich mich kürzlich bei einer Firma beworben, die jemanden für die Regionalentwicklung sucht. Da geht es etwa um den Ausbau von Wanderwegen oder die Regionalvermarktung des Bauernverbandes.

Derzeit schreibe ich an einem zweiten Buch und freue mich außerdem, wenn sich Besuch ankündigt. Nicht, dass ich mich über die Ablenkung freue, na ja, vielleicht auch. Aber in erster Linie freue ich mich einfach über Besuch. Zu uns kann man immer kommen. Letztens stand eine Gruppe junger Leute vor der Tür, angezogen von den Bauwagen vorm Haus. Wir haben gleich Kaffee gekocht.

Ein andermal gabelte Heppo ein paar gestrandete Russen an der Autobahn auf. Sie wohnten bei uns, bis ihre Motorräder repariert waren. Das war toll. Nicht nur, weil wir Besuch mögen, uns das bereichert und ich mein Russisch wieder auffrischen konnte. Nein, wir konnten auch endlich mal etwas zurückgeben; diese unendliche Gastfreundschaft, die wir überall erlebt hatten, dass aus allen Ecken unerwartet Leute herbeieilen, alles stehen und liegen lassen, weil du Hilfe brauchst.

Genügend Platz für Besuch ist ein schöner Grund, ein Haus zu haben. Und auch sonst hält es uns auf Trab.

Genügend Platz für Besuch ist ein schöner Grund, ein Haus zu haben. Und auch sonst hält es uns auf Trab. Noch ist nichts fertig, unser Hof ist ein wahrer Abenteuerspielplatz, zumal die Gebäude nicht an das öffentliche Stromnetz angeschlossen sind. Wir haben jetzt erst mal die Räume im Haupthaus verkabelt, doch von November bis Januar ist es bei uns nicht nur draußen dunkel. Dann ist die Gabelstaplerbatterie im Technikraum meist leer, weil Solarzellen und Windrad auf

Berit Hüttinger

dem Dach zu wenig Strom erzeugen. Für das Nötigste werfen wir den Generator an, der Kühlschrank steht im Garten, auf dem Tisch stehen Kerzen, und die Wäsche türmt sich. Dank des Nachbarn, der im Wäldchen nebenan Holz für uns schlägt, knistert immer ein Feuer im Ofen, dennoch ist es manchmal hart. Es nervt schon, dass das Licht ausfällt, die ARTE-Mediathek am seltensten erreichbar ist, wenn man sie am meisten braucht – nämlich an langen Winterabenden –, und man nicht waschen kann, wenn die Sonne nicht scheint. Dann merkt man, was man wirklich braucht und was nicht. Wie auf Reisen eben.

Berit Hüttinger

- *heute 45, Deutschland, Grafikdesignerin*
- *immer wieder auf längeren und kürzeren Reisen unterwegs, gemeinsam mit Ehemann Heppo und Hund Sidi in einem Mercedes Benz LA 710 (Frau Scherer):*
- *2011–2012: Marokko*
- *2014–2015: Turkmenistan, Iran, Oman, Kirgisistan*
- *2017: Slowenien, Ungarn (Schreibstipendium)*
- *2018: Tschechien*
- *2019–2020: Westafrika*
- *Bücher:*
  - *Roadtrip mit Frau Scherer, Delius Klasing Verlag*
  - *Mit dem Oldtimer durch Westafrika – Wüste, Voodoo, Viren, Federbruch; Pietsch Verlag*
- *www.la710.de/wordpress*

Angekommen auf dem Bauernhof

Ich will Deutschland noch eine Chance geben

Die Geschichte von Sofia Thalbach

Immer auf dem Sprung. Ich bin immer auf dem Sprung. Seit über einem Jahr. Seit meiner Rückkehr. Und manchmal kommt mir der Gedanke: *Hätte ich doch diese Reise nie angetreten!* Wieder hier anzukommen, ist irrsinnig schwer. Auch wenn ich physisch wieder in Deutschland bin – ich bin gar nicht da. Immer noch nicht. Nicht mit meinem Herzen, nicht in meinem Kopf. Mein Chef will mit mir den Tag besprechen? Ich streife in Gedanken durch Phnom Penh und höre die Marktfrauen schreien. Ich sitze mit meinem Liebsten beim Frühstück in der Küche? Die verwandelt sich im nächsten Moment zu einer lau durchwehten Bar in Kolumbien. Der Kaffeepott wird zur Cappuccinotasse, in der sich

Auch wenn ich physisch wieder in Deutschland bin – ich bin gar nicht da. Immer noch nicht. Nicht mit meinem Herzen, nicht in meinem Kopf.

eine duftige Schaumhaube über den weißen Rand wölbt. Ich muss nur die Augen schließen. Und wenn ich durch Hamburgs Straßen laufe, sehe ich wieder das Lächeln der Kanadier vor mir, die mir auf den Gehsteigen Vancouvers entgegengekommen sind.

Mein Geist ist immer noch irgendwo in fernen Welten, die ich tatsächlich erfahren habe, als wäre das Leben ein begehbarer Kinofilm. Nur mein Körper steckt hier zwischen der Elbe und Speicherhäusern fest. Ich habe einen neuen Job und einen neuen Freund, alles ist eigentlich perfekt. Aber mit jeder Kiste, die ich damals aus dem Keller meiner Eltern trug und in der nach Farbe riechenden Wohnung auspackte, mit jedem Ding, das ich an seinen Platz stellte, ging mir durch den Kopf: *Jetzt bist du noch ein Stück mehr gebunden, musst noch mehr für immer dableiben.* Und das nach einem Jahr des Aus-dem-Rucksack-Lebens, des fast täglichen Ortswechsels. *Goodbye world, hello again, German Alltagsmief!*

Viele Reisende werden ja irgendwann müde. Das geht mir anders. Ich hätte immer so weitermachen können, wie eine Nomadin durch die Welt streifen. Ich kann mir auch nicht vorstellen, es nie wieder zu tun. Es ist nicht so, dass mein jetziges Leben nicht gut wäre. Es ist nur so, dass das andere einfach besser war.

Ich bin Sofia, ich bin 33 Jahre alt und war ein Jahr lang in Asien und Amerika unterwegs. Was sich seitdem verändert hat? Ich arbeite nicht mehr in Vollzeit, denn dafür ist mir meine Lebenszeit zu kostbar. Mein Konsum beschränkt sich mittlerweile auf das Wesentliche: Möbel, Essen, Reisen, essenzielle Kleidungsstücke. Beim Betrachten der Menschenmassen, die sich wie eine Schlammlawine durch die Fußgängerzonen schieben, kann ich nur den Kopf schütteln. »Leute, braucht ihr wirklich noch das 41. T-Shirt?«, will ich ihnen zurufen. »Ihr habt Lebenszeit darauf verschwendet, Geld zu verdienen für ein T-Shirt, das ihr nicht braucht!« In meinem Rucksack steckten auf meiner Reise vier!

Anstatt also zu shoppen, helfe ich nun in Vereinen. Ich bin engagierter geworden. Ich trage dazu bei, kranken Kindern Herzenswünsche zu erfüllen. Dazu kommt meine ehrenamtliche Tätigkeit in einem Ronald-McDonald-Haus, einem Gästehaus für Familien mit schwer kranken Kindern.

Ich bin emotionaler geworden. Ich sehe einen Elefanten in Ketten und fange fast an zu heulen bei dem Gedanken: *Gäbe es uns scheiß Menschen nicht, müsste der nicht in Gefangenschaft leben.*

Ich bin bewusster geworden. Beim Einkaufen spare ich so viel Müll wie möglich. Zum Beispiel gibt es da diese Schokokekse, meine früheren Lieblingskekse. Was für ein Schock, als die anfingen, jedes Plätzchen in der Packung einzeln einzuwickeln. Die werden nicht mehr gekauft! Außerdem trage ich alle Einkäufe in mitgebrachten

Tüten nach Hause, selbst Klamotten – wenn ich eben doch mal welche brauche. Und meine Antibabypillenfirma hat neulich einen Brief von mir gekriegt: »Sehr geehrte Damen und Herren, früher haben Sie sechs Blister in einer Packung untergebracht, jetzt verteilen Sie sie auf zwei. Unnötige Materialverschwendung. Bitte machen Sie das rückgängig!«

Obwohl ich die Pille nehme, beschäftigen mich derzeit Gedanken zum Kinderkriegen: Soll ich wirklich welche bekommen? Ich habe weltweit gesehen, was für einen Einfluss wir Menschen auf den Planeten haben. Meist keinen guten. In Kanada hat mir ein Paar von seinem Konzept der Familienplanung erzählt: Die beiden ziehen bewusst nur ein Kind groß – als ihren Beitrag zum Erhalt der Erde. Wie ich mich selbst entscheiden werde? Keine Ahnung.

Mein Job. Eigentlich wollte ich nach meiner Rückkehr einen sinnvollen Beruf ergreifen, eine Tätigkeit, bei

Ich habe weltweit gesehen, was für einen Einfluss wir Menschen auf den Planeten haben. Meist keinen guten.

der ich Menschen helfe oder die Umwelt rette. Ein schöner Plan, der leider ein schöner Plan geblieben ist. Doch ein Teil meines Gehalts geht nun zumindest in Form von Spenden monatlich an verschiedene NGOs. Zum Beispiel habe ich ausgerechnet, wie viel CO_2 meine Reisen verursacht haben. Das will ich kompensieren und unterstütze deswegen auch Klimaschutzprojekte.

Warum ich mir keinen gescheiten Beruf gesucht habe? Nun, für meine Position, ich habe in einem anderen Leben Wirtschaftsingenieurwesen studiert, gab es nichts. Jedenfalls nicht in Hamburg, und ich wollte zu meinem Freund ziehen, den ich zwar schon vor meiner Reise kennengelernt, aber nur ein paarmal gesehen hatte. Er hat auf mich gewartet, und jetzt leben wir zusammen. Aber abgesehen davon war es sehr einfach, wieder Arbeit zu finden. Ich bin jetzt Teamentwicklerin in einem internationalen Konzern.

»Dann hast du ja eine Lücke im Lebenslauf«, hatten viele gesagt, als sie von meinen Reiseplänen gehört hatten. Das war in Stuttgart gewesen. Hier oben hat das keinen interessiert. Ich habe sechs Bewerbungen verschickt, drei Gespräche gehabt, zum Schluss konnte ich es mir aussuchen.

Tja, da bin ich nun. Was hat sich verändert? Das Fernweh plagt mich wie nie zuvor und Fragen, Fragen, Fragen: Wie soll es weitergehen? Wo soll das enden? Kann man in Deutschland überhaupt glücklich werden? Kann ich in Deutschland glücklich werden?

Was mich an meinem Land stört? Zu eng, zu voll, zu laut. Auf Reisen saß ich manchmal völlig allein in der Natur, nur mit mir und meinen Gedanken. Hier dröhnt überall der Straßenlärm, und selbst die countryside, die Natur draußen vor den Städten, gleicht einem pockennarbigen Gesicht, übersät mit den Spuren des Menschen – entweder sieht man ein Haus, eine Hochspannungsleitung oder eine Straße. Davon abgesehen, leben hier die engstirnigsten, unflexibelsten Menschen, die dieser Planet je hervorgebracht hat. Wenn du zum Beispiel erzählst, du kündigst deinen Job und verkaufst alles, stößt du auf völliges Unverständnis. Wie kann man nur dieses Leben voller Sicherheit aufgeben? Das ist ja dann voller … voller … Unsicherheit. Und überhaupt, in meinem Alter sollte man doch lieber langsam mal heiraten, ein Haus bauen und Kinder kriegen, nicht wahr?

Wir Deutschen sind so festgefahren, haben ganz genaue Vorstellungen davon, wie das Leben abzulaufen hat – Schule, Ausbildung, Job, Heirat, Kinder, Haus. Die erste Reaktion eines Bekannten, als ich ihm von meiner anstehenden Weltreise erzählte: »Dann zahlst du ja ein Jahr lang nicht in die Rentenkasse ein.«

Die Leute können auch nicht verstehen, dass man einfach so aufhört, zu arbeiten. Dabei stressen wir uns hier noch zu Tode. Muss das sein, dass wir uns so kaputt machen? Warum gehen wir schon Sonntagabend auf Dienstreise? Warum nehmen wir den Laptop mit in den Urlaub? Andere Länder kriegen es viel besser hin, das Leben in den Mittelpunkt zu stellen und nicht die Arbeit. Wenn man hier von Vollzeit auf Teilzeit herunterstufen will, dann muss man ja mindestens schon schwanger sein oder pflegebedürftige Eltern haben. Einfach nur

Sofia Thalbach

mehr Freizeit haben wollen? Geht gar nicht! Ich dagegen frage: Wie können Unternehmen nur so unflexibel sein? Warum machen sie nicht einfach aus einer Vollzeit- zwei Teilzeitstellen? Da kann man sie dann nur zu ihrem Glück zwingen: Sich einstellen lassen und nach einer Weile Teilzeit beantragen. In den größeren Firmen müssen die das genehmigen, und einige meiner Freunde denken auch schon darüber nach, diesen Schritt zu gehen. Sie sind neidisch auf meinen Freitag, an dem für mich schon Wochenende ist.

Ich versuche, mir meine Weltoffenheit zu bewahren und mit Menschen in Kontakt zu kommen, die anders denken – so wie ich. Deswegen organisiere ich Stammtische, bei denen die Teilnehmer über ihre Lebensträume sprechen, und wir planen Workshops und Seminare, die sich mit Fragen beschäftigen, wie: »Was hält mich davon ab, das zu tun, wovor ich am meisten Angst habe?« Dabei arbeite ich mit zwei ehemaligen Unternehmensberatern aus England zusammen. Auch sie geben Seminare zu dem Thema und haben eine Online-Jobbörse gestartet, auf der man nur Berufe mit Sinn findet – nachhaltige Berufe, soziale Berufe oder solche mit Abenteuerappeal, so etwas wie: *Manager einer Öko-Lodge in Nicaragua*. Die Jungs wurden mal auf *Spiegel Online* vorgestellt, in einer Reihe über Aussteiger und wie sie ihr Leben völlig umgekrempelt haben. Das hat mich inspiriert.

Ich versuche, mir meine Weltoffenheit zu bewahren und mit Menschen in Kontakt zu kommen, die anders denken – so wie ich.

Ich kann mir gut vorstellen, auch zur Aussteigerin zu werden, auch auszuwandern. Das wäre vor ein paar Jahren noch undenkbar gewesen. Dazu kommt: Als ich in der Welt unterwegs war, hätte ich nicht einfach so beschließen können, von jetzt an für immer dortzubleiben und meine Eltern mit einem Anruf zu überraschen, wie: »Hallo, geht's euch gut? Schön. Hört mal, schickt mir bitte meine Kisten nach Ecuador, ich bleibe für immer hier.«

Und jetzt, zurück in Deutschland, soll es sich nicht wie eine

Flucht anfühlen, wenn ich wieder gehe. Ich will Deutschland noch eine Chance geben. Es gab ja auch mindestens einen Grund, heimzukehren: meinen Freund. Na ja, so richtig ist er das erst seit meiner Rückkehr. Also, seitdem sind wir wirklich zusammen, mit Alltag und allem Drum und Dran. Er kann meine Gedanken und Gefühle nur schwer verstehen. Er ist eingefleischter Hamburger, hat nie woanders gewohnt, immer denselben Job gehabt. Bevor er mich kennenlernte, dachte er gar nicht darüber nach, vielleicht mal wegzugehen.

Ich wiederum kann mir nicht vorstellen, für immer dazubleiben. Oft geht es mir schlecht, dann plagen mich Depressionen, weil die Reise zu Ende, die Tür zur großen weiten Welt da draußen zugefallen ist. »Das kann doch nicht wahr sein!«, geht es mir in solchen Phasen durch den Kopf. »Jeder verdammte Tag ist wie der andere. Und nach der Arbeit versucht man dann, in die paar verbleibenden Stunden ein bisschen Leben hineinzuquetschen.«

Für meinen Freund kommen meine Depri-Phasen so urplötzlich aus dem Nichts wie ein Känguru im Outback auf die Straße gesprungen. Er weiß dann gar nicht, was er sagen, wie er sich verhalten soll. Ausweichen? Vollbremsung? Es sind die schwierigsten Momente in unserer Beziehung. Ich kann ihm dann nur immer wieder versichern, dass es nicht an ihm liegt. Dass ich mich in einem Leben gefangen fühle, das ich nicht will, das mich dauerhaft nicht glücklich machen wird.

Dennoch haben meine Anwandlungen und überhaupt meine ganze Reiseerfahrung auch positiven Einfluss auf meinen Partner: Er hält nun ständig Augen und Ohren offen und kommt mit neuen Ideen, wie wir uns das Leben schön machen können, neben der Arbeit. Früher hat er recht viel Zeit im Büro verbracht, jetzt setzt er den Fokus mehr auf die Lebensseite der Work-Life-Balance. Er sagt immer, dass ich ihn zum Nachdenken anrege. Er fragt sich jetzt oft, ob er macht, was er macht, weil er es will oder weil andere es von ihm erwarten.

Ja, manchmal kommt mir der Gedanke: *Hätte ich doch diese Reise nie gemacht.* Doch dem folgt ein zweiter: *Wäre ich doch nie wieder*

Sofia Thalbach

zurückgekommen. Mir ist aber auch klar, dass das nicht richtig gewesen wäre. Wäre ich weitergereist, wäre ein Aussteigerleben irgendwann die einzige Möglichkeit gewesen, wieder sesshaft zu werden – kein Leben mehr in der ersten Welt, mit Job, Wohnung und geregeltem Alltag. Eher die Farm in Argentinien.

Mittlerweile hat mein Partner bei seinem Chef ein Sabbatical beantragt. Nächsten Sommer wollen wir für ein Jahr gemeinsam losziehen. Es gibt aber Orte, die ich ihm nicht zeigen werde, obwohl sie wunderschön waren. Die Galapagosinseln zum Beispiel. An manchen Stellen auf der Erde haben wir Menschen einfach nichts zu suchen. Doch wo wir das Gefühl haben, nicht zu stören, da werden wir uns umschauen – und wer weiß, vielleicht eines Tages auch niederlassen? Die Zeit wird es zeigen.

Nachtrag: Sofia Thalbach hat ihren Freund mittlerweile geheiratet, war mit ihm auf Weltreise und lebt nun wieder in Deutschland, wo sie eine Stelle »mit mehr Sinn« angenommen hat: Als Planerin entwirft sie die Zukunft ihrer Stadt – mit mehr Radwegen, weniger Straßen und naturnahen, ausgedehnten Parks. Dabei helfen ihr die Eindrücke, die sie in unzähligen Metropolen – von Medellín in Kolumbien bis hin zu Phnom Penh in Kambodscha – gesammelt hat.

Sofia Thalbach

- *heute 38, Deutschland, studierte Wirtschaftsingenieurin, Städteplanerin*
- *einjährige Reise durch Nepal, Thailand, Laos, Vietnam, Kambodscha, Singapur, Neuseeland, Tahiti, Osterinseln, Patagonien (chilenische und argentinische Seite), Nordchile, Bolivien, Peru, Ecuador (inkl. zehn Tage Galapagosinseln), Kolumbien, USA (New York und Florida), Kanada (Westen)*

Heimkehr nach einem Highschool-Jahr

Die Geschichte von Joachim Meyerhoff, aus:
Alle Toten fliegen hoch, Teil 1: Amerika, KiWi Verlag,

Ein Gastbeitrag

Hätte mir jemand am Flughafen in Denver gesagt, dass ich nicht zurück nach Deutschland fliegen könne, denn es gäbe einen Streik, einen unabsehbaren, vielleicht einjährigen Streik, dann wäre ich glücklich zu [meinen Gasteltern] Stan und Hazel ins Auto gestiegen und zurück nach Laramie gefahren. War das wirklich so? Oder war es nur deshalb ein verlockender Gedanke, weil ich mir sicher war, dass es nicht so kommen würde? Ich wollte dableiben und wollte weg. Ich dachte: *Why do I have to go right now? […] I like the view from my room over the Rocky Mountains. I have my own horse. I like Stan and Hazel. I found friends. How shall I live without basketball? God damned, why do I have to leave right now?*

Als ich nach Deutschland zurückkam, wog ich zehn Kilo mehr, war durchtrainiert, und diesmal war die Heimkehr so, wie ich sie mir vorgestellt hatte. Meine Eltern und mein Bruder holten mich ab. Ich rannte, als ich sie sah, einfach los. Mein Vater war, das spürte ich sofort, als ich ihn an mich drückte, wieder genauso dick, wenn nicht noch dicker als früher. Meine Mutter war eindeutig geschrumpft. Mein Bruder umarmte mich, griff an meine Oberarme, drückte sie, sagte »Bitte, bitte tu mir nichts!« und umarmte mich wieder.

Auf dem Rückweg vom Hamburger Flughafen fuhr mein Bruder. Ich saß bequem auf dem Beifahrersitz. Mein Vater hatte sich neben meine Mutter nach hinten gezwängt. Wir kamen auf die Autobahn.

Plötzlich roch es köstlich. Ich drehte mich um. Da saß mein Vater und schmierte mir ein frisches Schwarzbrot mit meiner Lieblingsleberwurst von Schmale, dem besten Schlachter unserer Stadt. In mehreren Briefen hatte ich von meinem Heißhunger auf Schwarzbrot mit Leberwurst geschrieben. Eigentlich hatte ich diesen Heißhunger gar nicht, aber ich wollte meinen Eltern eine Freude machen. Andauernd hatte ich von Dingen geschrieben, die ich vermissen würde, aber eigentlich gar nicht vermisste, über Entbehrungen, die keine waren.

Mein Vater reichte mir das dick abgeschnittene Leberwurstschwarzbrot nach vorn. Ich biss hinein, machte »Mmmmmhhh! Ohhhh!« und schwärmte: »Ist das lecker!«. Dabei taten mir die Zähne weh vom Kauen der ungemahlenen Körner, und auch der Geschmack war mir zu intensiv. Die letzten zwölf Monate hatte ich mehr oder weniger alle Speisen gelutscht oder maximal ein wenig mit den Backenzähnen zerquetscht. So richtig gekaut hatte ich schon lange nicht mehr. Mein Gott, war das mühsam! Als ich dieses feuchte, verdichtete Schwarzbrot kaute, ahnte ich bereits, wie steinig der Weg werden würde, mich in mein altes Vollkornleben zurückzubeißen.

Nach zwei Stunden fuhren wir in die Stadt ein. Kreuzten den verschlafenen Gottorf-Knoten. Alles unverändert. Die Leuchtschrift des Dani Grills war repariert. Ein neues G. Aber sonst? Mein Vater sagte: »Nach Hamburg hin und zurück an einem Tag, das ist wirklich eine Weltreise!« Ich antwortete: »I was … Ich bin mal mit Hazel 146 miles, das sind about 230 Kilometers, nach Denver gefahren und wieder zurück, to get, ihre Brille vom Optiker zu holen.«

Meine Freunde erwarteten mich auf dem Parkplatz vor unserem Haus mit bemalten »Welcome Home«-Bettlaken, und, ich hatte nicht mehr damit gerechnet, meine Freundin war auch da. Ich ging auf sie zu. Sie kam mir ein wenig ungepflegt vor, so ungeschminkt und unfrisiert, wie sie da vor mir stand. Wir umarmten uns, und alle machten: »Ohhhhh!« Unser Hund rannte um mich herum, freute sich aber eindeutig mehr, meine Mutter und meinen Vater wiederzusehen, was mich sehr enttäuschte. Zwei Stunden später legte ich mich zu ihm auf den braunen Teppichboden, kraulte ihn hinter den Ohren und flüsterte: »He, sag mal, warum freust du dich denn eigentlich gar nicht, du stupid dog? Schau mal, wer da ist!« Er sah mich an, mit seinen vom Alter schon leicht trüb gewordenen Augen, und plötzlich sprang er auf, stürzte sich auf mich und wedelte und bellte. Meine Mutter kam: »Was ist denn mit Aika los?« Der Hund war außer sich vor Freude. Rannte jaulend durch das ganze Haus, sprang an mir hoch und rammte mich mit seinem bulligen Kopf. »I think, äh … ich glaube«, sagte ich, »die hat erst jetzt geschnallt, dass ich bin back!«

Am Abendbrottisch erzählte ich von meiner luxuriösen Heimreise. Direktflug Denver–Frankfurt. Und wie Hazel beim Abschied geweint hatte und Stans Stimme ganz wackelig geworden war, als er sagte: »Was so good to have you here with us. I will miss you. Oh boy, I surely will!« Hazel hatte mich lange umarmt. Ihr Kreuz verhakte sich mit meinem Brustbeutelband. Wir standen eng beieinander, und Stan musste uns trennen. Lächelnd flüsterte er: »Little sign from above.« Meine Mutter klatschte entschieden in die Hände, so als müsste sie ihre eigene kleine Eifersucht verscheuchen, und rief: »Aber hier zu sein, das ist doch jetzt auch schön!«

Mein Vater, meine Mutter, mein Bruder, alle bombardierten mich mit Fragen, und mir schwirrte der Kopf. Ich wusste nicht, was ich sagen, wo ich anfangen sollte. Ich dachte auf Englisch und sprach gebrochen Deutsch. Meine Eltern strahlten mich an. Meine Mutter sah so glücklich aus, und doch lag über ihrem Gesicht ein hauchdünner Schleier unendlichen Kummers.

Mein Vater schwitzte, seine Glatze glänzte. Seine Wohlgenährtheit hatte etwas Todtrauriges. Aus dem Gesicht meines übrig gebliebenen Bruders war ein Erwachsenengesicht geworden. Sie sahen mich an. Sie hatten so auf mich gewartet. Ich musste etwas erzählen. Ich holte meine Geschenke. Für jeden einen Kaffeebecher mit einem Rodeoreiter darauf und jede Menge amerikanische Lebens-

> *Mein Vater, meine Mutter, mein Bruder, alle bombardierten mich mit Fragen, und mir schwirrte der Kopf.*

mittel. Maccaroni and Cheese, meine Toastscheiben mit Fruchtfüllung, eine Backmischung für Pancakes, dazu Ahornsirup, und sogar zwei Dosen Mountain Dew. Aber was sollte ich erzählen. Womit sollte ich anfangen? Ich sagte: »In der Highschool, da hab ich Sachen erlebt. Incredible! Da laufen lauter schwangere Mädchen rum. Here I never … hab ich noch nie ein schwangeres Mädchen in school gesehen. Da ist das ganz normal – nor-mal. In dem year da ich da on the Highschool war, da haben sogar welche geheiratet. Die heiraten mit seventeen. She was pregnant, und er musste maybe sie auch heiraten. Und ich habe gesehen, wie zwei Mädchen miteinander gekämpft haben. Sich richtig geprügelt haben. Jesus Christ! So und so and so. Voll in die Fresse haben die sich gehauen. Sich gegen die Locker – Locker na … gegen diese Schränke sind die geknallt. Die eine pulled a knife. Haben beide geblutet und geflucht!«

In der ersten heimatlichen Nacht schlief ich, obwohl ich sterbensmüde war, schrecklich. Diese deutsche Matratze ließ keinen Zweifel mehr daran, dass ich wieder zu Hause war. Kein Schwanken, keine Wellen, kein: Leinen los. Fest vertäut lag ich da. Mehrmals wurde ich in dieser Nacht wach, wurde wach mit dem eigenartigen Gefühl, an Händen und Füßen auf den Boden gedrückt zu werden, und nebenan meinte ich, Don im Bad zu hören.

Als ich am nächsten Morgen aufwachte, war es still im Haus. Neben meinem Frühstücksteller ein Zettel meiner Mutter: »Ich bin so glücklich, dass du wieder da bist! Ruh dich aus. Ich komme so um eins, und dann gibt es Hühnerfrikassee!« Ich ging durchs Haus. Die Kerze vor dem Bild meines Bruders brannte. Aus seinem Zimmer war ein Gästezimmer geworden. Ich legte mich auf sein Bett und dachte an ihn. Und mir fiel etwas ein, das wir zusammen erlebt hatten. Ein richtiges Abenteuer. Ich hatte lange nicht mehr daran gedacht. Wie ich überhaupt während des gan-

Ich hatte lange nicht mehr daran gedacht. Wie ich überhaupt während des ganzen Jahres in Amerika selten zurückgeblickt hatte.

Joachim Meyerhoff

zen Jahres in Amerika selten zurückgeblickt hatte. Meine Gedanken waren monatelang nur nach vorn gepresscht. Dankbar hatte ich mich diesem Sog hingegeben, mich aus meiner eigenen Vergangenheit, und letztlich auch aus der Trauer, fortreißen lassen.

[…]

Mit meiner deutschen Freundin war plötzlich alles ganz einfach und aufregend. Kein »Eins nach dem anderen!« mehr. Hatte sie so wie ich während meiner Abwesenheit Erfahrungen gesammelt? Wir sprachen nicht darüber. Einmal sagte ich, während wir miteinander schliefen, »Move!« und behauptete später auf ihr Nachfragen hin steif und fest, ich wüsste nicht, wovon sie spräche.

»Ich hab es doch gehört. Ich bin doch nicht bescheuert. Du hast ›Move!‹ gerufen.«

»So ein Quatsch. Warum soll ich denn bitte schön ›Move!‹ rufen?«

»Woher soll ich denn das wissen? Aber gehört habe ich es!«

»Vielleicht habe ich Huuove gemacht oder Ahhhhve! Irgendwie gestöhnt halt.«

»Na ja, ich weiß nicht. Also für mich klang es wie ›Move!‹.«

[…]

Gleich nach Beginn des Schuljahres hatte ich an mehreren gut sichtbaren Punkten und am sogenannten Schwarzen Brett Zettel aufgehängt. Zettel, die bekannt gaben, dass von nun an zweimal die Woche am Nachmittag ein Basketballtraining in der Turnhalle stattfinden würde. Unter meiner Leitung. Ich hätte gern wesentlich mehr Einheiten absolviert, doch die anderweitige Nutzung der Turnhalle ließ dies nicht zu. Auf meinen Vorschlag, dreimal die Woche vor der Schule, ganz früh am Morgen, von 6 Uhr bis 7:45 Uhr zu trainieren, wurde mit Unverständnis und Ablehnung reagiert. Der Hausmeister, den ich aufsuchte, um ihn zu bitten, die Halle so früh aufzuschließen, sagte nur trocken: »Um halb sechs? Ich bin doch kein Milchmann!« Ich hätte gern die Spieler knallhart auf ihre Fähigkeiten hin geprüft und anschließend ausgesiebt. Doch zum ersten Training erschienen nur acht Interessierte. Acht! Das war bitter für mich, da ich mir in vielen Stunden ausgemalt hatte, wie ich dem Basketballsport in meiner abgelegenen Heimat auf die Sprünge helfen würde. Doch das, was sich da in der Turnhalle versammelt hatte, war ernüchternd. Mich selbst sah ich in einer Doppelfunktion. Nicht nur als Trainer, sondern auch als Führungsspieler wollte ich meiner Mannschaft dienen. Ich hatte in Laramie alle Trainingspläne gesammelt und fein säuberlich abgeheftet. Gegenüber den acht Schülern, die immerhin gekommen waren, vergriff ich mich vom ersten Moment an fatal im Ton. Ich schimpfte, fluchte auf Englisch und brüllte rum. Ungeduldig und besserwisserisch korrigierte ich Fehler beim Wurf und passte einem schmächtigen Jungen den Ball so scharf zu, dass er ihn nicht fangen konnte und voll auf die Brust bekam. Er rang nach Luft, krümmte sich auf dem Boden, und ich stand neben ihm und sagte, ohne mich hinunterzubeugen: »Next time I would catch it!«

Jedes Mal, wenn jemand nur eine einzige Minute zu spät zum Training erschien, bekam ich unglaublich schlechte Laune und strafte den Schuldigen mit Nichtachtung oder ein paar Extraeinheiten Linienlauf. Nach vier Wochen waren noch drei Schüler übrig. Drei! Zwei von ihnen waren unter eins siebzig und so ungeschickt, dass ich es als persönliche Beleidigung empfand, wie sie zu dribbeln und zu werfen versuchten. So viel Unvermögen konnte es nicht geben, so blöd konnte sich kein Mensch freiwillig anstellen! Sie waren gekommen, um mich zu quälen, mich mit ihrem Antitalent zu strafen. Mir ist bis heute nicht ganz klar, wie ich in der Lage war, diesen Schwund so rigoros zu ignorieren. Mit mir waren wir nur noch vier. Wir waren nicht einmal mehr genug für eine vollständige Mannschaft. Doch ich trainierte eisern weiter und schwang pathe-

Ich hatte mir ausgemalt, wie ich dem Basketballsport in meiner Heimat auf die Sprünge helfen würde.

Joachim Meyerhoff

tische Reden über den Zusammenhang von Ballbeherrschung und Sprungkraft: »Das ist so super«, schwärmte ich, »wenn du abspringst und in der Luft den Ball zugepasst bekommst. Du fängst den Ball. Um dich herum der Lärm der Zuschauer, die Musik, das Geschrei der Cheerleader. Du hast den Ball! Du bist immer noch in der Luft. Siehst den Korb. Und du steigst und steigst. Setzt zum Wurf an, und du weißt hundertprozentig, dass du triffst. Das ist so super, wenn du todsicher bist, dass du den Ball ohne den Ring zu berühren im Netz versenken wirst. Wisst ihr, ihr müsst jetzt endlich mal damit aufhören, euch darüber zu wundern, dass ihr TREFFT! Wundert euch, wenn ihr NICHT trefft!«

Zum Abschluss jeden Trainings beorderte ich meine völlig geräderte Rumpfmannschaft an die Freiwurflinie. Jeder hatte zehn Würfe. Am Ende der Saison hatte meine Quote in Laramie bei fast neunzig Prozent gelegen. Auch jetzt traf ich von zehn Würfen sieben oder acht. Aber etwas hatte sich in meinen Bewegungsablauf eingeschlichen, das mich irritierte. Was war los? Etwas hakte. Die fein abgestimmte Koordination war aus unerfindlichen Gründen dahin. Auch ertappte ich mich dabei, wie ich beim Werfen hin und wieder auf den Ball sah und nicht, wie ich es schon zur Gänze verinnerlicht hatte, immer nur auf das Ziel, »the target«, den Korb. Von den drei Schülern traf einer keinmal, einer einmal und einer zweimal. Ich rief: »That's ridiculous! Was sind das für Gurkenwürfe? Ihr macht alles falsch, was man nur falsch machen kann! Konzentriert euch doch mal. I can't believe it. What a crap!« Da sagte der Jüngste von den dreien – er war im Grunde der Einzige gewesen, der ganz gut war und der immer sein Bestes gegeben hatte – ohne mich anzusehen: »Oh Mann, jetzt hör mal auf, dich so aufzuspielen. Wir haben darauf echt keinen Bock mehr. Wir wollen einfach nur ein bisschen auf den Korb werfen und Spaß haben. Ich mein, du bist echt gut und so, und wir können 'ne Menge von dir lernen, aber du führst dich hier auf wie der komplette Vollarsch!« Die beiden Kleinwüchsigen nickten, und einer von ihnen fügte hinzu: »Und dass du andauernd auf Englisch rumlaberst, ey, das nervt total!«

Ich nahm den Ball, meinen echten, von Jerry überreichten, vielfach signierten Lederball, ging zum Ausgang, drehte mich um und rief, nein brüllte: »Für euch scheiß Luschen ist mir meine Zeit echt zu schade!« Während ich mich umzog, hörte ich in der Halle vereinzelte Lacher, Zurufe und wie die Bälle gegen den Basketballring schepperten. »Oh Mann«, dachte ich, »what the fuck! Diese Versager treffen immer nur den Ring! Kein einziger sauberer Korb! Immer knallen diese Arschlöcher den Ball voll gegen den Ring!«

Zum nächsten Training kam niemand mehr. Null! Ich war allein. Allein in der großen Halle und warf auf den Korb. Zwei Stunden lang umspielte ich imaginäre Gegner, ließ keine Übung aus und ging erst duschen, nachdem ich es geschafft hatte, von zehn Freiwürfen alle zehn im Korb zu versenken: hundert Prozent.

Ein paar Tage nach dem Ende meiner kurzen Trainerkarriere machte ich einen Waldlauf. Ich zog mir meine amerikanischen Basketballschuhe an. Ich liebte diese Schuhe. Es waren gepolsterte Schnürstiefel, die so gut passten, sich so perfekt an den Fuß anschmiegten, als wären sie maßgeschneidert, eigens für mich gemacht. Nur während des Trainings und natürlich bei den Spielen band man sie, um die Knöchel zu schützen, bis ganz oben. Trug man seine Basketballstiefel, und das taten eigentlich alle Auswahlspieler, auch abseits des Feldes, war es cooler Allgemeinbrauch, die Schuhe locker, weit unten zu binden oder gar keine Schleife zu machen und die Bänder ungeknotet seitlich neben die Laschen hineinzustopfen. Diese Laschen waren breit, wulstig und auf der Unterseite rot. Wie große Zungen quollen sie aus den klobigen Schuhen.

Ich lief den kurzen Weg von unserem Haus über das Gelände der Psychiatrie bis zur Straße und dann in den Wald hinein. Es war warm, und aus den tief hängenden Wolken nieselte es leicht. Nach ein paar Hundert Metern spürte ich ein wohlvertrautes Kratzen im Rachen, ein Jucken am Gaumen, ein Kribbeln in der Nase, ein Brennen in den Augen. Erst in diesem Augenblick, als ich durch den heimatlichen Wald joggte, begriff ich, dass ich in der klaren Hochplateauluft Laramies ein ganzes Jahr lang keinen einzigen Tag Heuschnupfen gehabt hatte. Doch hier in diesem feuchten Nieselregengehölz schwoll meine Nase zu, und ich musste durch den Mund atmen. Ich lief eine große Runde und kam zur Straße zurück. Früher, vor meinem einjährigen Höhentraining, war ich am Ende dieser knapp fünf Kilometer langen Strecke immer ausgepumpt und zufrieden gewesen. Doch jetzt war ich nicht im Geringsten angestrengt und beschloss, noch eine Runde zu laufen. Die Wolken hingen so tief, dass es mir vorkam, als würden sie nur deshalb nicht auf die Erde knallen, weil sie von den Wipfeln der Bäume gestützt wurden. Ein waberndes Gewölbe auf hölzernen Pfeilern. Der vollgesogene Waldboden federte und schmatzte unter meinen Stiefeln, und ich lief schneller. Es half nichts. Auch die zweite Runde hatte mich nicht im Geringsten erschöpft. Mein mit roten Blutkörperchen gesättigtes Blut floss dickflüssig durch die Adern, die Luft strömte gelassen in meine Sechsliterlunge und wieder hinaus, und mein Puls verharrte stoisch bei knapp unter fünfzig. Also noch eine Runde!

Früher, vor meinem einjährigen Höhentraining, war ich am Ende dieser knapp fünf Kilometer langen Strecke immer ausgepumpt und zufrieden gewesen.

Jetzt lief ich richtig schnell. Die roten Laschen der zum Joggen eigentlich völlig ungeeigneten, da zu schweren Basketballstiefel klappten bei jedem Schritt auf und zu. Der Himmel wurde immer dunkler. Graue, prall gefüllte Regeneuter, aus denen es aber weiterhin nur kümmerlich nieselte. Die Luft war erfüllt von einer unangenehm fieseligen Feuchtigkeit. Nach meiner Nase, durch die ich längst keine Luft mehr bekam, schwollen nun auch meine Augen mehr und mehr zu. Das Kratzen im Rachen versuchte ich durch Schlucken und Schaben mit dem Zungengrund zu vertreiben. »Wann«, dachte ich, »regnet das denn endlich los? Ich brauche eine Abkühlung. Was sind denn das für drückende Wolken?« Kalter Schweiß rann mir über die Stirn und den Rücken hinab. Juckende, die Haut reizende Bächlein. Ich nieste mehrmals, wischte mir mit der Armbeuge über die Nase, die Augen, gab einen Moment nicht acht und trat in eine Pfütze, über die ich während der beiden Runden zuvor stets locker hinweggesetzt hatte. Mein Schuh versank samt Lasche im Matsch. Als ich ihn hinauszog, gab es ein saugendes Schlürfgeräusch, und mein über alles geliebter Basketballschnürstiefel war schwarz verschlammt und doppelt so schwer. »Nicht stehen bleiben«, dachte ich nur, »bloß nicht stehen bleiben! Stehen bleiben ist verboten!« Beim Weiterlaufen versuchte ich, die Matschmenge am Klumpfuß durch ruckartige Schüttelbewegungen zu reduzieren. Doch die dunkle Pampe saß fest wie ein Gehgips. Die vollgesogene Schuhlasche schlappte gegen meinen Spann, und nun klang es wirklich so, als würde eine große Zunge an mir herumschlecken.

Als ich zum dritten Mal die Straße erreichte, die dritte Runde zu Ende ging, ich also 15 Kilometer gelaufen war, war ich immer noch nicht erschöpft. Nase und Augen waren zwar zugeschwollen, alles juckte, aber ich fühlte keinerlei Ermüdung. Und da rannte ich weiter. Diesmal so schnell ich konnte. Hügel auf, Hügel ab, die lange Gerade entlang und an der Matschpfütze vorbei. Meine Lunge, mein Herz, meine Beine pumpten und stampften und liefen unverdrossen, unermüdlich, ja unerbittlich vor sich hin. Schneller, schneller, schneller! Der Sprühregen, die feuchte Waldluft, die nassen Farnspitzen an den Schienbeinen. »Lauf«, dachte ich, »renn so schnell du kannst! Lauf so schnell, als ginge es um dein Leben.« Das Jucken in meiner Luftröhre wurde so stark, dass ich mir am liebsten einen Zweig abgebrochen hätte, um mir damit in der Kehle herumzustochern. Ja, ich stellte mir vor, wie ich mich, während ich mit meinem Klumpfuß aus Matsch durch den Wald hetzte, nicht nur überall von außen, sondern auch von innen kratzte. Ich bräuchte irgendeine Bürste, eine Bürste mit einem langen Stiel, so wie eine Klobürste, doch noch länger, mit der ich mich tief, tief drinnen kratzen könnte. Sogar mein Gehirn juckte. Ich rannte und rannte, doch müde wurde ich nicht. Gegen meine Kondition war ich chancenlos. Ich kam ins sogenannte Wickeltal. In den abgestorbenen Zweigen der Tannen hatten sich einzelne Dunstschwaden verfangen. Je weiter ich in das Tal hineinlief – ein wirkliches Tal war das ja gar nicht, nur ein eingezwängter Weg samt Rinnsal –, desto dichter wurde der Nebel. Plötzlich sah ich nichts mehr. Hörte nur noch meine feuchte Schuhzunge wie einen Bluthund um meine Füße herum schmatzen. Nach nur wenigen orientierungslosen Schritten löste sich der Nebel wieder auf, und ich erkannte den Weg und wo ich hintrat. Wie von Sinnen raste ich noch ein paar Meter weiter. Und dann? Dann blieb ich plötzlich stehen! Einfach so. Ohne dass ich darüber nachgedacht hatte, ohne dass ich mich dafür entschieden hatte. Ich blieb stehen. Mitten im klammen Wald, hinter mir der Nebel, über mir diese gestaute, graue Wolkendecke. Lange stand ich so da und wusste nicht, ob ich gelangweilt, zornig oder todunglücklich war.

Joachim Meyerhoff

- *heute 54, Deutschland, Schauspieler/Regisseur/ Schriftsteller*
- *1985: einjähriger USA-Highschool-Aufenthalt in Laramie, Wyoming*
- *Autor, Erzähler und Regisseur des fünfteiligen autobiografischen Zyklus »Alle Toten fliegen hoch«*
- *14 Jahre lang Ensemblemitglied des Wiener Burgtheaters*
- *2007: Schauspieler des Jahres*
- *Erhalt mehrerer (Literatur-)Preise*
- *seit 2019 Ensemblemitglied der Berliner Schaubühne*

Ich habe einen Traum

Die Geschichte von Dariane Aguiar

»Zwei schöne Jahre in Deutschland. Nur noch 29 Tage bis zum Abflug. Ich will nicht zurück!« – Das habe ich auf Facebook geschrieben, einen Monat, bevor ich Deutschland verlassen musste – denn mein Praktikum endete.

Nein, ich war keiner der vielen Flüchtlinge, die damals in Abschiebehaft saßen. Ich war als Mechatronikstudentin gekommen. Auf dem Programm standen zunächst Deutschkurse in Marburg, organisiert vom Deutschen Akademischen Austauschdienst. Ein Studium in Ilmenau folgte, dann ein Praktikum bei Daimler in Mannheim. Der Umzug dorthin war schwer gewesen. Ich hatte noch keine Wohnung, kannte niemanden, alle meine Studienfreunde waren nach der Zeit in Ilmenau in ihre Heimatländer zurückgegangen.

Doch eines Abends saß ich auf einer Wiese am Rheinufer, traurig und müde nach einem anstrengenden Arbeitstag. Ich hatte Kopfhörer auf, die Augen zu, wollte nichts sehen und mit niemandem reden. Auf einmal sprach mich ein Junge an: »Haste mal Feuer?« Ich dachte: *Man, warum sprichst du ausgerechnet mich an?*, zwang mich zu einem Lächeln und gab ihm Feuer. Heute sind wir gute Freunde. Er könnte mich mitten in der Nacht anrufen, es würde mir nichts ausmachen.

Spätestens jetzt, wo ich wieder in Brasilien bin, ist das gut so, denn die Zeitverschiebung beträgt fünf Stunden. Da muss man sich schon abstimmen, wenn man telefonieren will. Es ist mir sehr wichtig, den Kontakt zu Deutschland zu halten, denn ich habe einen Traum. Ich will zurück. Deswegen muss ich jetzt die Uni schaffen.

Ob ich noch traurig bin? Nein, denn dazu habe ich im Moment gar keine Zeit. An vielen Tagen stehe ich um 5 Uhr auf, verlasse kurz darauf die Wohnung, die ich mir mit meiner Schwester, ihrem Freund, einem Hund und drei Katzen teile. Ich steige in die U-Bahn und fahre anderthalb Stunden lang zur Uni hier in Manaus. Nach der Vorlesung fahre ich zurück und gebe Englischunterricht in einer Sprachschule. Es kommt vor, dass ich abends die gleiche Strecke noch mal zurücklegen muss, weil noch eine Vorlesung auf dem Plan steht.

Mit jedem Kilometer, den ich in dieser Bahn zurücklege, mit jeder Klausur, die ich bestehe, mit jedem Cent, den ich verdiene, komme ich meinem Traum ein Stück weit näher. Als ich wieder in Brasilien landete, hatte ich den Kopf voller Ideen, was ich aus meinem Leben machen könnte – und ich hatte Angst, dass sie mir alle entgleiten würden. Plötzlich hatte ich das Gefühl, dass jetzt alles vorbei ist. Kurz vor Manaus, noch im Flugzeug, fuhr mir diese Liedzeile von Pink Floyd durch den Kopf – »The child is grown and the dream has gone«.

Es ist wahr, ich bin kein Kind mehr, ich bin erwachsen geworden – gerade durch meine Zeit in Deutschland. Aber der Traum ist nicht weg. Es ist mein Traum, und ich werde alles daran setzen, ihn zu verwirklichen. Ich weiß ja auch, dass es möglich ist und wie es sich anfühlt, einen Traum zu leben. Mit meinem Auslandssemester und dem Praktikum in Deutschland habe ich das bereits getan.

Doch gerade am Anfang, wieder hier in Brasilien, war es schwer, nicht den Mut zu verlieren. Ich habe mich vergeblich bei Firmen wie Procter and Gamble oder Honda um einen Studentenjob beworben. Die Uni hatte auch noch nicht wieder angefangen. Kurzum – ich hatte zu viel Zeit zum Nachdenken.

Ich habe mir die Fotos meiner Zeit in Marburg, Ilmenau und Mannheim angesehen. Auf einem ist ein Zweig abgebildet, der mit Eis überzogen ist und in der Sonne glitzert. Verrückt, ihn hier in der Heimat zu betrachten, bei 35 °C im Schatten. Diese Hitze macht mich fertig, und ich frage mich, wie ich sie früher ausgehalten habe.

So war ich also ganz am Anfang mit meinem Herzen noch in Deutschland, und während von außen die Sonne brannte, quälte mich von innen der Jetlag. Wenn ich mit meinen Freunden unterwegs war, hatte ich oft das Gefühl, dass sie nichts von meiner Zeit in Deutschland wissen wollten. Wie oft fielen mir Anekdoten aus den letzten zwei Jahren ein, doch ich behielt sie für mich. Ich hatte auch Angst, mit meinen Erzählungen arrogant zu wirken. Viele Menschen hier wissen kaum etwas über das Leben in Europa, für brasilianische Verhältnisse war mein Lebensstil dort gehoben, dabei lebte ich in einer Studenten-Butze, in einem 18-Quadratmeter-Zimmer, ausgestattet mit Matratze, Schreibtisch, Schrank. Hier reicht das Geld oft nicht zum Leben. Meinen Eltern habe ich ein wenig von Deutschland erzählt, und sie wünschen sich sogar, dass ich eines Tages dorthin ziehe. Sie wollten auch gar nicht, dass ich nach Brasilien zurückkomme und die Uni hier abschließe.

Ehrlich gesagt, ich hätte niemanden in Brasilien vermisst, wäre ich weggeblieben. Und ich habe das Gefühl, fast meine ganze Familie hatte sich schon so daran gewöhnt, dass ich weg bin, dass es ihnen ganz egal war, ob ich zurückkomme. Der einzige mir wichtige Mensch war meine Schwester, mit der ich ja auch wieder zusammenlebe. Doch durch die lange Zeit der Distanz hat sich unser Verhältnis verändert: Früher war sie meine beste Freundin, das fühlt sich jetzt nicht mehr so an.

Meine Mutter hat ein bisschen geweint bei unserem ersten Wiedersehen, sonst war es nicht weiter aufregend. Aber mit meinem Vater verstehe ich mich nun besser. Ich merke, dass ich an meiner Zeit im Ausland gewachsen bin, und so langsam wendet sich das Blatt: Manchmal bin ich die Erwachsene, während meine Eltern die Kinder sind. Ich höre ihnen zu, gebe Tipps und berate. Ich hoffe, dass sie noch für eine ganze Weile allein zurechtkommen und ich mich nicht um sie kümmern muss. Denn wenn ich das nächste Mal gehe, wird es für sehr lange sein.

> # *Dariane Aguiar*
> - *heute 27, Manaus, Brasilien, Mechatronikstudentin*
> - *2014–2016: Studium und Praktikum in Deutschland*

Gepackt von Australien, packen für Australien

Die Geschichte von Stefanie Mayer

Aus der Hitze Australiens kam ich an einem Tag im Februar in die Kälte Deutschlands zurück. Landung am Münchner Flughafen, weiter mit dem Zug. Und schon war da auch wieder diese andere Kälte zu spüren, diese soziale Eisigkeit, dieses zwischenmenschliche Frösteln: Das Erste, was ich in einem Bäcker am Bahnhof hörte, bei dem ich eine Butterbrezel kaufen wollte, war: »Hamma net, gibt's net. Woar's des?« Dabei war ich nur fünf Wochen in Down Under gewesen, für einen Sprachkurs, und schon diese kurze Zeit hatte mich so entwöhnt, dass ich jetzt wie vor den Kopf gestoßen war. Ich erkannte, was mir eigentlich in Deutschland und Österreich fehlte. Die Australier sind so entspannt, so super nett. Sie nehmen sich Zeit, um miteinander zu reden und zu rufen: »Hey mate, how are you?« Die Menschen hier sind immer gestresst, gehetzt, unfreundlich. Irgendwie ja klar bei unserem Lebensstil.

Ein halbes Jahr hat es gedauert, bis ich auch im Kopf wieder zu Hause angekommen bin. Im Geist war ich so oft noch in Australien. Es war ein Auf und Ab. Wenn sich auf meinem Weg von der Bibliothek nach Hause die Salzburger Alpen vor mir auftaten – der Mönchsberg, der Rainberg, der Kapuzinerberg und der Bürglstein –, erschienen vor meinem inneren Auge auch immer zugleich noch die Berge, die Cairns umgeben hatten. Ich hielt Kontakt zu den alten Freunden aus der Sprachschule. Einige von ihnen waren noch in Australien. Wir vermissten einander und schwelgten gemeinsam in Erinnerungen, sahen alte Fotos an. Immer wieder drifteten meine Gedanken ab und über den Ozean.

Das zerriss mich, und diese Zerrissenheit machte das Zurückkommen noch schwerer. So konnte es nicht weitergehen. Nach einem halben Jahr hatte ich zwei Entschlüsse gefasst: A) Ich werde mich jetzt vollkommen auf mein Leben hier konzentrieren und B) Ich gehe wieder nach Australien.

Damals befand ich mich gerade in einer Bildungsauszeit, pausierte ein Jahr lang in meinem Beruf als Krankenschwester. Neben Sprachkursen belegte ich unter anderem einen Lehrgang für Energetiker. Hier lernten wir, wie man sich die Energie, die man jeden Tag im Alltag benötigt, wieder zurückholt. Und hier war es, wo ich erkannte: Wenn ein Teil von mir noch immer in Australien ist, hängt auch ein Teil meiner Energie dort fest.

Diesmal würde ich länger wegbleiben wollen, plante mein Jahr Work and Travel in Down Under.

Nach dem Bildungsjahr stieg ich erst mal wieder in meinen alten Beruf als Krankenschwester ein, um Geld für meine Abreise zu verdienen. Diesmal würde ich länger wegbleiben wollen, plante mein Jahr Work and Travel in Down Under. Dank meiner Chefin im Krankenhaus habe ich es dann doch nur noch sieben Monate daheim ausgehalten.

Aber solange ich in Deutschland war, hat mir das Erlernte auf der Sprachreise auch im Alltag und im Umgang mit anderen Menschen geholfen. Ich bin offener und toleranter anderen Kulturen gegenüber geworden, habe erkannt, dass ich nicht alles verstehen muss und trotzdem respektieren kann. Davon haben zum Beispiel die Flüchtlinge profitiert, die bei uns behandelt wurden. Wenn einer von ihnen zum Beispiel operiert werden musste und ich das OP-Hemd wechseln sollte, habe ich darauf geachtet, ob ihm oder ihr das unangenehm ist, ob Berührungen sind.

Natürlich habe ich auch versucht, den wunderbar relaxten Lebensstil der Aussies auf meinen heimischen Alltag zu übertragen und auch meine Freunde daran teilhaben lassen. »Warum rennst du denn so?«, fragte ich sie immer, wenn wir zusammen unterwegs waren. »Ent-

Zurück in der Heimat erinnerte sich Stefanie voller Wehmut an Abenteuer wie dieses: Tauchen mit Walhaien vor der australischen Küste.

spann dich doch mal.« Oder ich habe, wo ich konnte, den Druck von anderen genommen. Einmal musste mein Auto in die Werkstatt. Wider Erwarten dauerte es länger als geplant. Der Mechaniker rief an, entschuldigte sich und fragte, ob ich das Auto am nächsten Tag bräuchte, dann würde er jetzt weitermachen und noch alles spät abends reparieren. Ich antwortete: »No worries, kein Stress, alles ist gut, machen Sie sich einen schönen Abend.« Er war so dankbar. Als ich den Wagen schließlich abholte, lag auf dem Fahrersitz eine Tafel Schokolade.

Tja, und nun bin ich wieder dort, wo Nettigkeit normal ist, in Australien. In ein paar Tagen beginnt mein neuer Job auf einer Apfelfarm, denn wenn man hier drei Monate lang in der Landwirtschaft arbeitet, kann man das Visum um ein Jahr verlängern. Ob ich das mache, weiß ich noch nicht. Hier ist das nicht so wie in Deutschland, wo alles schon weit im Voraus geplant wird. Das hier ist Australien. Pläne ändern sich. Zum Beispiel im Moment: Eigentlich wollte ich das ganze erste Jahr ausschließlich an der Ostküste verbringen. Jetzt fliege ich wegen des Farmjobs an die Westküste. Im Moment will ich noch in einem Jahr weiter nach Bali, Hawaii und einen Trip durch die USA machen. Aber schauen wir mal.

Vielleicht komme ich auch zurück nach Deutschland. Aber eines weiß ich sicher: Ich will nicht mehr im Krankenhaus arbeiten. Das hat noch nie richtig gepasst. Das geht übrigens vielen so, die ich hier kennenlerne: Sie haben sich in ihrem Beruf in Deutschland nicht wohlgefühlt, und weil sie nicht wussten, was die Alternative sein könnte, sind sie erst mal hierher gekommen.

Sie haben sich in ihrem Beruf in Deutschland nicht wohlgefühlt, und weil sie nicht wussten, was die Alternative sein könnte, sind sie erst mal hierher gekommen.

Ich für meinen Teil sehe nun klar: Ich werde etwas mit Kindern machen, das liegt mir. Eine Ausbildung zur Sozialpädagogin würde mich interessieren. Ja, ich weiß, dass sie Krankenschwestern in Australien mit Kusshand nehmen. Im Moment kann ich mir das aber nicht vorstellen. Da müsste ich erst mal sehen, ob mir australische Krankenhäuser besser gefallen. In Deutschland und Österreich jedenfalls arbeiten sie meiner Meinung nach viel zu sehr mit der Pharmaindustrie zusammen. Ärzte werden dafür bezahlt, dass sie Patienten unnötige Chemotherapien, OPs und Medikamente aufschwatzen. Kein Arzt dieser Welt würde sich selbst jemals einer Chemo unterziehen. Es ist schon erschreckend, wie gutgläubig die Patienten sind. Es ist, als würden sie ihren Verstand an der Pforte abgeben.

Aber ich schweife ab. Witzig, jetzt schweifen meine Gedanken zurück in mein Geburtsland, jetzt, wo ich endlich wieder in Australien bin. Ich hätte nie gedacht, dass mich eine Nation einmal so packen würde. Als ich damals Australien verlassen musste, habe ich fast geheult. Und dann bin ich nach über einem Jahr wieder in Sydney gelandet. Das war wie zu Hause ankommen.

Nachtrag: Stefanie lebt mittlerweile in Neuseeland, wo sie in Taupo als Pflegekraft arbeitet. Unter anderem pflegt und hilft sie dort Menschen zu Hause, kocht für sie oder geht mit ihnen zum Schwimmen und zur Gymnastik. Der Antrag auf eine permanente Arbeitserlaubnis als qualifizierte Fachkraft läuft. Mit der Einbürgerung in Australien klappte es aufgrund der aktuellen Corona-Situation jedoch nicht.

Stefanie Mayer

- *heute 29, Österreich, gelernte Gesundheits- und Krankenpflegerin*
- *fünfwöchiger Sprachkurs in Australien*
- *Working Holiday in Australien*
- *mittlerweile Pflegekraft in Taupo, Neuseeland*

"Come to the edge" I said.

"No, we're afraid."

"Come to the edge."

"No, we're afraid we'll fall."

"Come to the edge" I said again.

And they came.

And I pushed them.

And they flew.

Morgen könnte es zu spät sein

Die Geschichte von Alice Mason

40 Tage Reise – und auf einmal sind zwölf Jahre Beziehung vorbei. Keiner warnt dich davor, dass der härteste Teil erst dann beginnt, wenn du wieder zu Hause bist. Es sind nicht die Momente währenddessen, wenn das Geld knapp wird oder die Duschen eklig sind. Es sind nicht die Momente, wenn du mitten in Asien in den falschen Bus gestiegen bist oder du das Gefühl hast, dass der Taxifahrer nun schon das dritte Mal die gleichen Straßen entlangfährt und dich am Ende gnadenlos abkassieren wird. Es ist der Moment, in dem du gelandet bist, sich die Aufregung gelegt hat, du deine Familie und Freunde wiedergesehen hast, Ruhe eintritt und die Frage im Raum steht: Wie geht es weiter?

Bei mir stellte sich schnell heraus: Gar nicht. So nicht jedenfalls. Acht Monate kämpften mein Freund und ich noch um uns. Dann merkten wir, dass wir einander nicht mehr glücklich machen. Es hatte keinen Sinn. Ich sah ihn an, sah uns wieder, wie wir mit 17 vor dem Pub standen, in dem sich freitagabends alle Cliquen der Schule versammelten. Er war damals der Neue in der Klasse gewesen, und ich total verknallt in ihn, vom ersten Augenblick an, in dem er mit seinen Kumpels über das Pflaster geschlendert kam. Es dauerte nur ein paar Wochen, bis wir in einer der engen Seitengassen verschwanden und uns knutschend an eine Backsteinmauer drückten. Damals war mir durch den Kopf geschossen: *Den heirate ich mal, das wird der Vater meiner Kinder.* Jetzt, über ein Jahrzehnt später, fand ich Jason stinklangweilig. Seine Welt, in der er mittlerweile lebte, war so eng wie die Gasse damals.

Warum er nicht mit mir auf die Reise gekommen war? Genau darin lag das Problem. Ich war – und bin es bis heute – abenteuerlustiger als er. Mir war es wichtig, mal rauszukommen. Er wollte zu Hause bleiben, während mein Jahresurlaub für eine Gruppenreise nach Thailand draufging.

Nach meiner Wiederkehr konnte ich meinen und seinen Alltag nicht mehr akzeptieren. Dabei hatte ich mich bereit gefühlt, hatte mich darauf gefreut, nach Hause zu kommen. Tagsüber wartete das Büro auf mich, doch Jason am Abend schien nicht auf mich zu warten. Er lag auf der Couch und schaute fern. Das war vor Thailand nicht anders gewesen, aber jetzt störte es mich.

> *Nach meiner Wiederkehr konnte ich meinen und seinen Alltag nicht mehr akzeptieren. Dabei hatte ich mich bereit gefühlt, hatte mich darauf gefreut, nach Hause zu kommen.*

Ich pirschte an ihn heran, umarmte ihn und sagte: »Lass uns doch heute mal wieder was trinken gehen, so wie damals.« Er wendete den Kopf noch nicht mal vom Fernseher ab, als er brummte: »Wir waren doch erst letzte Woche in diesem Fish-'n'-Chips-Restaurant.« Die Szene wiederholte sich ein paarmal. Stets siegte der Fernseher über unseren Feierabend, wobei Jason mit seinem Verhalten nicht allein war. Nein! ER war der Normalo und ICH der Sonderling! Wenn ich zum Beispiel meine Freunde fragte, was sie am Vorabend gemacht hatten, gaben sie Antworten wie: »Oh, wir haben *X-Faktor* geschaut.« Doch das war nicht das einzige Problem. Meine Arbeit machte mir auf einmal so viel Spaß wie der Gang zum Zahnarzt. Da saß ich am Bildschirm, schrieb langweilige Mails an langweilige Menschen und stritt mit meiner Kollegin darüber, ob das Fenster nun offen oder zu bleiben sollte. »Es ist saukalt hier!«, rief sie genervt. »Ich kann nicht atmen!«, rief ich zurück. Früher hatte sie mir nichts ausgemacht, diese miefige, vom Feinstaub des Druckers geschwängerte Luft – aber jetzt, nachdem mich wochenlang eine frische Meeresbrise umweht hatte und ich durch die sauerstoffgesättigte Luft des Regenwaldes

Alice Mason

gelaufen war, erstickte ich fast. ICH hatte mich verändert, nicht mein Umfeld.

Dennoch kann man nicht die Reise für das Ende meiner Beziehung verantwortlich machen. Sie hat nur beschleunigt, was ohnehin passiert wäre. Vermutlich habe ich das Reise-Gen im Blut. Mein Vater und meine Tante waren schon viel unterwegs gewesen. Und gerade weil mein Vater sehr jung gestorben ist – ich war gerade 14 –, weiß ich, dass man die Dinge im Hier und Jetzt tun muss, denn morgen könnte es zu spät sein.

Tja, und dann stand ich nach zwölf Jahren fester Beziehung vor der Haustür meiner Mutter. Auf meinem Rücken das Backpack, das mich schon durch Thailand begleitet hatte und mich in Zukunft noch öfter begleiten würde. Meine Mutter sagte nichts, schaute mich an und trat zur Seite. Ich stieß die Tür zu meinem alten Kinderzimmer und damit zu einer längst vergessenen Welt auf: An der Wand hingen Poster von Bands, die ich mal mit 16 gehört hatte. Das war mittlerweile fast ein halbes Leben her, ich ging mit großen Schritten auf die 30 zu … und von Tag zu Tag immer widerstrebender ins Büro. Diese engen grauen Gänge, diese sich die Nägel lackierenden Kolleginnen, die sich den ganzen Tag über ihre Männer aufregten. Diese Vorgesetzten mit ihren arroganten, viel zu wichtigen Mienen! Eines Tages stand mein Chef in unserem Zimmer. »Kommen Sie doch mal bitte mit«, sagte er zu mir. Ich fragte nicht, schaute ihn nur an und stand auf.

Als ich ihm in sein Büro folgte, zog sich mir der Magen zusammen, ich hatte ein sehr schlechtes Gefühl. »Setzen Sie sich«, wies der Boss mit einer knappen Geste auf den schwarzen Stuhl vor seinem Glasschreibtisch. Er setzte sich mir gegenüber, es vergingen einige Sekunden – sehr lange Sekunden –, ehe er begann. »Wie Sie wissen, Frau Mason, sind wir vor ein paar Monaten von einem anderen Unternehmen gekauft worden und gerade dabei, uns … ein wenig zu verschlanken.« *Aha,* dachte ich. *Sag es doch einfach! Ich bin gefeuert. Schöne Ausrede. Ich passe nicht mehr zu euch, und das habt ihr auch gemerkt.* Was mein Chef dann sagte, bestätigte meine Vorahnung, auch wenn er etwas nettere Worte für den Umstand fand, dass ich nur noch einen Monat lang für ihn arbeiten würde.

»Und?« Zum ersten Mal seit langer Zeit war meine Kollegin so nett zu mir, als hätte ich ihr erlaubt ... *verdammt noch mal, das Fenster war schon wieder zu!* Sie schaute mich besorgt an. Ich stellte mich vor sie, streckte Kopf und Hände gen Decke und rief: »Er hat mir gekündigt!« Ihr ohnehin schon besorgtes Gesicht verfinsterte sich noch mehr. Sie verstand nicht, woher diese überbordende Freude kam. »Und das Beste ist, sie zahlen eine fette Abfindung, das perfekte Startkapital für eine laaaaange Reise!« Ich breitete die Arme aus wie eine Opernsängerin, die tosenden Applaus entgegennimmt. Meine Stimme war mittlerweile so laut geworden, dass es auch die Leute in den Nachbarbüros hören konnten, doch das war mir egal!

* * *

Vor meinem Trip nach Thailand war mir gar nicht klar gewesen, wie abenteuerlustig ich bin. Woher auch? Erst hatte ich mit meiner Familie zusammengelebt, dann mit meinem Freund. Zum ersten Mal galt es nicht mehr, Rücksicht auf irgendjemanden zu nehmen. Ich war frei wie es nur Vögel, der Wind und Backpacker sind – und zog wieder los.

Ich war frei wie es nur Vögel, der Wind und Backpacker sind – und zog wieder los.

Knapp acht Monate dauerte diese Reise, auf der es durch Südostasien und Teile Europas ging. Als ich dann zum zweiten Mal nach Hause komme, bin ich nicht bereit dazu, doch mir ist das Geld ausgegangen. Schon zehn Tage Heimaturlaub fühlen sich an wie lebenslänglich. Ich will wieder weg, sehe auf Facebook die Bilder von anderen Travellern an tollen Orten, denke: »Warum bin ich nicht da draußen?« Reisen ist die süchtig machendste Droge der Welt. Und die geilste. Wenn du unterwegs bist, wachst du morgens auf und weißt nicht, was der Tag dir bringen wird – Abenteuer, absurde Erlebnisse, verrückte Geschich-

Alice Mason

Alice in den philippinischen Bergen. Im Hintergrund pflanzen
Bauern seit Generationen Reis an.

ten. Ich kann ohne all das nicht mehr leben. Und ich will es auch nicht mehr.

Nach Weihnachten werde ich wieder losziehen. Ich habe meiner Mutter versprochen, dass ich Heiligabend zu Hause sein werde, aber danach ... Sie kommt damit klar, sagt, sie sei glücklich, solange ich es bin. Außerdem kennt sie diese Reiselust ja schon von meinem Vater und hat versprochen, uns zu besuchen, wenn meine Schwester im nächsten Jahr in Australien sein wird und ich dazukomme.

Aber eigentlich zieht es mich vor allem dorthin, wo Menschen völlig anderer Kulturen leben. Deswegen ist Indien mein nächstes Ziel. Im Moment versuche ich, einen Job dort zu finden – vielleicht an der Rezeption eines Hotels, als Kellnerin oder in einem Callcenter für die telefonische Kundenbetreuung von Firmen in England. Die verlagern die Telefonabteilungen oft ins Ausland, um Kosten zu sparen, aber was sie zahlen, ist immer noch gutes Geld, um in Asien leben zu können.

Ich finde, jeder sollte reisen. Man sieht unterschiedliche Kulturen, und man erkennt, dass wir zwar irgendwie alle anders, aber auch alle gleich sind. Wir essen, freuen uns, lachen, haben Familie, Ängste, Sorgen ... Ich habe gelernt, dass es sich lohnt, nett zueinander zu sein und sich zu helfen. Manchmal sind es Kleinigkeiten, die wir tun können, die aber den Unterschied machen. Da war einmal dieses Mädchen in dem venezianischen Hostel, in dem ich arbeitete. Sie hatte eine Nacht bei uns gewohnt und wollte nach Hause reisen, weil ihr – genau wie mir irgendwann – das Geld ausgegangen war. Sie verabschiedete sich also, doch als ich ein paar Stunden später von meinem Posten an der Rezeption zur Eingangstür blickte,

Manchmal sind es Kleinigkeiten, die wir tun können, die aber den Unterschied machen.

weil ich wissen wollte, wer kurz nach Mitternacht noch hereinkam, eigentlich waren wir voll belegt, stand sie in der Tür – den Tränen nah. Sie hatte den Zug verpasst. Mit den Worten »Wir sind leider komplett ausgebucht«, brachte ich sie endgültig zum Weinen. Mir fiel auf, wie jung sie war – kaum älter als ich damals, als ich Jason kennenlernte. Alle Versuche, sie zu beruhigen waren vergebens, während sich der Zeiger der Wanduhr in der Lobby auf die Eins zubewegte. Also sagte ich: »Okay, komm mit!« und lotste sie immer weiter durch die Gänge des Hostels, bis hin zu dem Schlafsaal, in dem die Crew pennt. Ich knipste das Licht an, kickte ein paar T-Shirts auf dem Boden beiseite, zeigte auf das Bett rechts hinten in der Ecke.»Das wirst du dir heute Nacht wohl mit mir teilen müssen.« Ich grinste. Dann drückte ich ihr erst mal ein Glas in die Hand und angelte die Wodkaflasche von der Fensterbank, die dort für Notfälle bereitstand. Kurz darauf hatte sie ebenfalls ein Grinsen im Gesicht, wenn auch noch ein wenig schief, auf jeden Fall aber keine Angst mehr davor, dass mein Chef uns erwischen könnte – dem sagten wir von der ganzen Sache nämlich nichts –, und natürlich musste sie auch nichts zahlen.

Alice Mason

Was ist schon Geld? Es sind diese Momente, die uns wirklich reich machen. Wenn wir immer nur Dollars, Euros, Rubeln hinterherjagen, immer härter arbeiten, verlieren wir aus den Augen, was wirklich wichtig ist. Ich habe auch keine Angst vor Armut. Im Moment bin ich jung genug, um verschiedene Jobs anzunehmen. Langfristig ist es mein Traum, ein Hostel zu besitzen – aber nicht hier in London, sondern irgendwo, wo es warm ist. Das wäre dann meine Altersvorsorge. Ich kann mir ohnehin nicht vorstellen, irgendwann mal nicht mehr zu arbeiten, in Plüschpantoffeln zu schlüpfen, herumzusitzen und Bingo zu spielen. Nein, ich will auch noch im Alter reisen, das hält Geist und Körper fit. Ich wäre dann immer eine Weile vor Ort, um zu schauen, dass im Hostel alles in Ordnung ist, und eine Weile unterwegs. Wer weiß? Vielleicht können sich ja meine Kinder die Arbeit mit mir teilen? Denn Kinder will ich auf jeden Fall einmal haben und ihnen die Welt zeigen.

Alice Mason

- *heute 34, England, gelernte Verwaltungsassistentin*
- *40 Tage Thailand*
- *vier Monate Asien – Thailand, Philippinen, Indonesien*
- *dreieinhalb Monate Europa – Venedig, Kroatien, Ungarn, Polen, Deutschland, Niederlande, Frankreich*
- *Reisen und Leben in Indien geplant*

Beim ersten Mal Rückkehr, beim zweiten Mal Heimkehr

Die Geschichte von Uta-Caecilia Nabert

Nach meiner Rückkehr 2016 war ich mit vielem unzufrieden. Das war allen klar, die sich in meiner Umlaufbahn aufhielten, mir natürlich am meisten, ich befand mich ja im Auge des Zyklons. Doch einen der Gründe für diese Unzufriedenheit hatte ich immer übersehen. Ab und zu war er während der Reise schon aufgeblitzt. Aber all die Eindrücke und Menschen um mich herum in den verschiedenen Ländern hatten nur für Sekunden zugelassen, dass ich diesen Grund bemerkte. Dabei war es so offensichtlich gewesen, dass es mir die Sibirischen Tiger zugebrüllt hatten, die Affen auf Bali hatten schon gekichert, die Tuis in Neuseeland es von den Dächern gepfiffen: »Ey, Uta, warum schreibst du nicht über uns? Über all das hier? Warum verkaufst du keine Berichte an Zeitungen? Du bist Journalistin, und die Welt liefert dir gerade Topthemen! Was für eine Journalistin bist du denn, verdammt noch mal?«

Meine Untätigkeit lässt sich begründen: Erstens hätte ich nicht die Zeit gehabt. Durch manche Länder rasten wir regelrecht hindurch, mein damaliger Freund Milan und ich. An keinem Ort hielten wir uns länger als zwei Tage auf. Ich hatte keine Ruhe zum Schreiben gehabt, geschweige denn zum Recherchieren – und außerdem null Vertrauen; weder in mich noch in die Branche. Obwohl ich vor der Reise mehrere Praktika und ein Volontariat in Zeitungshäusern absolviert hatte, hatte ich immer gedacht: »Die wollen deine Reisegeschichten nicht. Schon gar nicht kaufen. Du bist zu schlecht.« Ich fühlte mich ein bisschen wie eine Fünfjährige, die vor den Stäben eines Tores steht, hinter dem die großen Kinder spielen, und denkt: »Lasst mich mitspielen, hört ihr?« Ganz laut dachte ich das. Damit sie mich hören.

Es funktionierte: »Du warst in Neuseeland und hast nichts für uns geschrieben?«, fragte mich nach meiner Rückkehr ein ehemaliger Kollege, als wir uns auf der Straße begegneten. »Hättest doch bei der Wochenendredaktion fragen können, die hätten sich sicher gefreut.« So öffnete damals Georg das Tor für mich. Und ich würde eines Tages hindurchschlüpfen und mich endlich trauen, zu fragen, ob ich mitspielen dürfe. Doch dazu später mehr.

***

Berlin. 01. Januar 2018. Ich wache auf. Die kotzgelbe Wand eines 12-Bett-Hostelzimmers erhebt sich vor mir, eine trostlose Clubtour flacht hinter mir ab. Es riecht käsig. Der Verkehrslärm am Kottbuser Tor schlägt sich eine Schneise durch die Luft im Zimmer. »Du würst jetzt dafüa sorgen, dit dieses neue Jahr nich so beschissen würd wie Zweitausendsechzn und siebzn«, meldet sich meine innere Stimme – und berlinert zu allem Überfluss auch noch. In den ersten Stunden dieses Jahres, das noch so jung ist, dass die Kanadier selbst noch gar nicht dazu gekommen sind, einen guten Vorsatz zu formulieren, bastele ich bereits an meinem: Ich beantrage ein Working-Holiday-Visum, denn ich will nach Kanada.

Drei Monate später, ungefähr zu der Zeit, in der ich diesen Thriller im ZDF sehe und mein Hostelzimmer mit der kotzgelben Wand wiedererkenne, kommt die Bestätigung für das Visum. Ich habe furchtbare Angst. Nicht wegen des Thrillers, ich bin ja keine minderjährige Prostituierte, die von einem Killer durch Berlin gejagt wird. **Nein, es ist die Angst davor, wieder aufzubrechen. Noch mal los?** Mich noch mal entwurzeln wie ein Sturm die Eiche? Noch mal meinen Eltern das antun? Was, wenn ich sie nie wiedersehen werde? Sie sind nicht mehr die Jüngsten. Die Stimme von der gelben Wand meldet sich wieder, ist schon ganz genervt: »Wenn de dit vamasselst, würste dit füa ümma bereun. Unt dieset ma schreibste, hörste?«

Die Sache mit dem Schreiben. Zu jener Zeit arbeitete ich bei Karlsruhe als Redakteurin für ein Lebensmittelmagazin. Eines Tages stand ich auf einer Foodmesse und unterhielt ich mich mit dem Händler eines Ahornsirup-Labels. Er erzählte davon, wie er durch tiefen Schnee im Wald gestapft war, links und rechts von ihm die riesigen Ahornbäume. »Ja, ich bin da gewesen«, sagt er, »ich habe mir die Siruperte angesehen.« Und ich dachte: »Wow, der war wirklich in Kanada!« – als wäre er zum Mars geflogen. Die Visitenkarte des Händlers steckte ich nicht zu den anderen, die ich gesammelt hatte, sondern in ein Sonderfach meiner Handtasche.

Fünf Monate später holte ich sie wieder heraus; auf Prince Edward Island, gut 5.000 Kilometer weiter westlich, wo ich vor einem Holzofen in einem Wohnzimmer mit Blick auf den Atlantik saß, draußen auf der See schoben sich die Eisschollen übereinander. Ich schrieb ihn an, den Importeur von der Messe, und er stellte den Kontakt für mich her. Die Schollen waren noch nicht geschmlozen, da raste ich auf einem Schneemobil durch jenen Wald, von dem er mir erzählt hatte – über Amerikas größte Bio-Ahornsirupfarm.

Vor einer Woche, an dem Tag, als ich mein kanadisches Abenteuer nach zwei Jahren beendete, habe ich am Flughafen von Vancouver genau diesen Sirup, von genau dieser Farm, für meine Eltern gekauft. Als ich ihn an der Kasse der Verkäuferin reichte, sagte ich: »Über den habe ich mal einen Artikel für ein deutsches Food-Magazin geschrieben.« »Amazing«, antwortete sie, dabei hatte ich noch nicht mal erwähnt, dass sich der Text danach noch fünf Mal verkauft hatte. »Amazing« war auch, dass ich noch vor dieser Geschichte eine andere sieben Mal verkauft hatte – bis nach Österreich und in die Schweiz hinein. Jene über meine Fahrt auf dem Containerschiff ATLANTIC SEA von Hamburg nach Halifax. Ich weiß nicht, was mir damals mehr

Uta-Caecilia Nabert

Mut abverlangt hatte: das Ticket für die Seereise nach Kanada zu buchen oder bei den ersten Zeitungen anzufragen, ob eine Reportage darüber etwas fürs »Wochenende« wäre.

Von Nordamerika aus habe ich zeitweise mit bis zu acht Zeitungen und Magazinen zusammengearbeitet. Das Fundament dazu hatte ich mit einem Verteiler gelegt, den ich über mehrere Tage hinweg in der Küche eines Hostels am Laptop recherchiert hatte. 300 E-Mail-Adressen kamen damals zusammen. Coronabedingt sollte sich die Zahl meiner Abnehmer später reduzieren, leben konnte ich nie von den Einnahmen, aber es war ein solides Taschengeld, abgesehen davon, dass mein narzisstisches »Ich« jedes Mal Discofox tanzt, wenn es einen Text von sich in der Zeitung liest.

Und noch etwas habe ich mir in Kanada bewiesen: Dass ich es allein kann, dass ich keinen Mann brauche, der – wie beim ersten Mal – die Reise plant und dem ich hinterherlaufe auf dem Weg durch die große weite Welt, einem »Beschützer«, »Papa«, »Organisator«. Das kann ich allein, und das macht mich stolz, macht mich groß.

Und noch etwas habe ich mir in Kanada bewiesen: Dass ich es allein kann, dass ich keinen Mann brauche.

Überhaupt ist es paradox: Diese Welt, in die wir Reisenden aufbrechen, ist so groß und weit, dass sie uns überwältigen müsste, uns zu viel werden, uns kleinmachen. Doch gerade sie ist es, die uns groß werden lässt. Sie gibt uns Raum, uns zu entfalten, und lässt uns spüren, was möglich ist. Das ist auf Menschen übertragbar: Es sind die Großen, die uns großmachen, an uns glauben, uns ermutigen. Wir sollten uns fernhalten von jenen, die winzig sind, im Geist und im Herzen.

* * *

Nun bin ich gerade frisch aus Kanada zurückgekommen und höre die Meisen in der Forsythie singen. Das taten sie sicher auch 2016, nur hörte ich es damals nicht. Jetzt haben sie eine Chance. Nicht, weil sie fünf Jahre Zeit zum Proben hatten und besser geworden sind oder lauter. Nein, einfach weil ich fünf Jahre lang Zeit hatte, mein Leben neu aufzustellen und aus meiner Depression zu klettern. Während ich nach meiner ersten Reise das Gefühl hatte, gewaltsam zurück auf Los gezwungen worden zu sein, ziehe ich diesmal geschmeidig ein Feld weiter, in diesem Glücksspiel, das sich »Leben« nennt.

Auf diesem Feld gibt es einen Briefkasten und darin liegt ein Verlagsvertrag, der fast zeitgleich mit mir zu Hause in Deutschland ankommt: »… wir freuen uns über das tolle Buchprojekt.« – Tolles Buchprojekt. Wow. Finden die das wirklich? Ja klar, sonst würden sie es nicht verlegen wollen! Ich werde also ein Buch veröffentlichen. Davon habe ich immer geträumt.

Wie heißt es so schön: Das Glück begünstigt diejenigen, die gut vorbereitet sind. Dass meine Rückkehr jetzt besser verläuft, kommt nicht von ungefähr, der Brief vom Verlag ist nicht aus dem Nichts aufgetaucht. Im Grunde hat alles vor fünf Jahren angefangen. Damals, nach der ersten Rückkehr, habe ich das erste Kapitel geschrieben. Immer wieder lag das Projekt brach.

Das Glück begünstigt diejenigen, die gut vorbereitet sind. Dass meine Rückkehr jetzt besser verläuft, kommt nicht von ungefähr.

Einmal schleppte ich das »Kind« zu einem Wochenendseminar mit dem Titel: »So kauft man's Ihnen ab. Wie man ein Buch in die Welt setzt und was dabei zu beachten ist«. »Nicht szenisch genug!«, lautete die Diagnose. War das Frühchen noch zu retten? An einem Freitagabend setzte ich mich in eine Pizzeria. Margherita mampfend, kaute ich an der Aufgabe, dem Wesen mehr Leben einzuhauchen.

Meinen Laptop und das Manuskript nahm ich mit nach Kanada. Auf einmal hatte ich so viel Zeit wie noch nie. Zeit, die mir immer gefehlt hatte, auch auf meiner Reise durch Russland, Asien und Neuseeland. Als wäre das nicht genug, legte sich zu meiner Working-Holiday-Phase auch noch die Pandemie ins Bett, und zusammen schnarchten sie mein Leben in den Tiefschlaf. Tage, Wochen, Monate zum Schleuderpreis! Die gewonnene Zeit schlug ich täglich in der Textschmiede tot, feilte, bohrte, hämmerte, bis die Funken auf und davon stoben, völlig entnervt und entkräftet. Die Stunde war gekommen: Das Manuskript musste raus! Gespür für perfektes Timing bewies auch wieder die fiese Stimme aus dem Berliner 12-Bett-Zimmer. Erneut meldete sie sich, zischte irgendetwas von wegen: »… für immer bereun … reun … reun …« Also, jetzt nur nicht feige sein! Das Manuskript musste raus …

Mit der Zusage des Verlags war das Fundament für ein besseres Ankommen in der Heimat gelegt. Nun war ich beschäftigt, arbeitete auf ein Ziel hin, hörte auf einmal die Meisen singen. Und was sangen sie? »Uta, Deutschland ist nicht unbedingt gut oder schlecht. Es ist immer auch die Frage, was du hier machst, aus deinem Leben, im Job … Wie es in dir aussieht … Geht es dir schlecht, hörst du, hörst du uns nicht mehr.«

Wenn uns nun aber etwas in unserem Leben fehlt, oder in unserem Land – wer, wenn nicht wir könnte das ändern? Dr. Mark Weinert setzt sich seit seiner Rückkehr für Patientensicherheit und die Arzt-Patienten-Kommunikation in Deutschland ein. Sabine Wackenroder berät Auslandsheimkehrer, Ivan Kitson pflanzt Bäume, Sofia Thalbach hilft kranken

Wenn uns nun aber etwas in unserem Leben fehlt, oder in unserem Land – wer wenn nicht wir könnte das ändern?

Kindern, unzählige haben ein Buch geschrieben und berichten von ihren Erfahrungen.

Und allen Eltern, die klammern wie die Mutter in *Hänschen klein* (übernächstes Kapitel), kann ich nur sagen: Hört auf damit, mit eurem elterlichen Narzissmus. Wir erwarten, dass ihr keine Erwartungen an uns habt. Wir sind eure Kinder, ja, aber wir sind immer noch wir – Individuen, Persönlichkeiten mit eigenen Wünschen und Wertevorstellungen. Und deswegen könnte es sein, dass wir in Neuseeland enden, obwohl wir in Deutschland angefangen haben, dass wir Koch werden, obwohl wir Physik studiert haben, dass uns eine Katze erzieht und nicht wir fünf Kinder, dass wir mit einem Mann glücklich werden, obwohl wir selbst einer sind.

Eines weiß ich jetzt: Ich musste noch einmal aufbrechen, um zurückzukommen. Man kann das mit einem Computer vergleichen, der herumspinnt. Dann schaltet man ihn aus und wieder an. Ich brauchte einen Reset. Ob ich diesmal für immer bleibe, weiß ich noch nicht, aber ich bin mir selbst ein großes Stück nähergekommen, und das war nur möglich durch diese zweite Reise. Ich werde es mir diesmal erlauben, auch ganz neue Lebensentwürfe zu denken. Das Gute daran: Wenn man sich alles erlaubt und dann auch macht, hat man alles vor Lebensende erledigt, was man erledigen wollte, und dann muss man auch keine Angst mehr vor dem Tod haben. Und wovor sonst sollten wir Angst haben?

Uta-Caecilia Nabert

Heute hier, morgen dort

Heute hier, morgen dort, bin kaum da, muss ich fort
Hab mich niemals deswegen beklagt
Hab es selbst so gewählt, nie die Jahre gezählt
Nie nach Gestern und Morgen gefragt
Manchmal träume ich schwer und dann denk ich es wär
Zeit zu bleiben und nun was ganz andres zu tun
So vergeht Jahr um Jahr und es ist mir längst klar
Dass nichts bleibt, dass nichts bleibt, wie es war
Dass man mich kaum vermisst, schon nach Tagen vergisst
Wenn ich längst wieder anderswo bin
Stört und kümmert mich nicht, vielleicht bleibt mein Gesicht
Doch dem Ein' oder Andern im Sinn
Manchmal träume ich schwer, und dann denk ich es wär
Zeit zu bleiben und nun was ganz andres zu tun
So vergeht Jahr um Jahr und es ist mir längst klar
Dass nichts bleibt, dass nichts bleibt, wie es war
Fragt mich einer, warum ich so bin, bleib ich stumm
Denn die Antwort darauf fällt mir schwer
Denn was neu ist, wird alt, und was gestern noch galt
Stimmt schon heut oder morgen nicht mehr
Manchmal träume ich schwer und dann denk ich es wär
Zeit zu bleiben und nun was ganz andres zu tun
So vergeht Jahr um Jahr und es ist mir längst klar
Dass nichts bleibt, dass nichts bleibt, wie es war

Text: Hannes Wader
Musik: Garry Bolstad
mit freundlicher Genehmigung von
Westpark Music & Publishing Köln

Zwischen Emanzipation und Abhängigkeit – Die Geschichte vom kastrierten *Hänschen klein*

E s ist das erste Lied, das deutschen Kindern beigebracht wird: *Hänschen klein.* Diese Zeilen, die Generationen von Kindergartengruppen des 20. und 21. Jahrhunderts im Stuhlkreis sangen, unterscheiden sich jedoch massiv von der originalen Version des 19. Jahrhunderts. Die Variante, die wir heute kennen, ist eine kastrierte Fassung der ursprünglichen. Aus dem einstigen Hans wurde ein Hänschen. Verantwortlich hierfür ist Otto Frömmel, der das Original stark veränderte und 1900 in der Version auf den Markt brachte, die wir kennen:

> *Hänschen klein ging allein in die weite Welt hinein.*
> *Stock und Hut stehn ihm gut, ist gar wohlgemut.*
> *Aber Mutter weinet sehr, hat ja nun kein Hänschen mehr.*
> *Da besinnt sich das Kind, eilt nach Haus' geschwind.*

Singst du schon mit?

Kennst du dann auch die zweite Strophe, mit der Frömmel dem Soziologen Dirk Kaesler zufolge die Szene noch in »wechselseitiges Festklammern« steigerte?

Lieb Mama, ich bin da, ich dein Hänschen hoppsassa.
Glaube mir, ich bleib hier. Geh nicht fort von dir.
Da freut sich die Mutter sehr und das Hänschen noch viel mehr.
Denn es ist, wie ihr wißt, gar so schön bei ihr.

Die Originalversion – älter und doch viel moderner – ermuntert Kinder dagegen, sich zu lösen und fortzugehen:

Hänschen klein ging allein in die weite Welt hinein.
Stock und Hut stehn ihm gut, ist gar wohlgemut.
Aber Mutter weinet sehr, hat ja nun kein Hänschen mehr,
»Wünsch' dir Glück« sagt ihr Blick, »Kehre bald zurück«.
Sieben Jahr' trüb und klar, Hänschen in der Fremde war,
Da besinnt sich das Kind, eilt nach Haus' geschwind.
Doch nun ist's kein Hänschen mehr, nein ein großer Hans ist er,
Braun gebrannt, Stirn und Hand, wird er wohl erkannt?
Eins, zwei, drei, gehn vorbei, wissen nicht wer das wohl sei.
Schwester spricht: »Welch' Gesicht«, kennt den Bruder nicht.
Doch da kommt sein Mütterlein, schaut ihm kaum ins Aug' hinein.
Ruft sie schon: »Hans, mein Sohn, grüß dich Gott, mein Sohn«.

Diese Ursprungsverse von 1860 kennt heute kaum noch jemand, dabei werden sie als erzieherisches Stück gehandelt, das Kindern menschliche Nähe, Abschied, Trennungsschmerz und Wiederfinden vermitteln sollte. Getextet hatte es der Dresdner Lehrer Franz Wiedemann, und er hatte nie die Absicht gehabt, den Kindern mit seinem Gedicht das Schuldbewusstsein aufzubürden, die Mutter verlassen zu haben.

Doch Frömmels Umdichtung später setzte sich durch. Der Berliner Buchhändler traf offenbar den Zeitgeist, der Text verbreitete sich rasend schnell, machte das Lied auch bei Erwachsenen und vor allem bei Müttern beliebt: Sie schien ihnen zu gefallen, diese Geschichte eines Kindes, das sich vom Elternhaus entfernt, ein schlechtes Gewissen bekommt und in die wohlbehütete, sichere Heimat zurückkehrt.

Ein Thema, bei dem kein Auge trocken bleibt. Doch frag dich selbst: Bist du Hänschen? Oder Hans?

Zwischen Emanzipation und Abhängigkeit

Heimkehr leicht(er) gemacht – Die wichtigsten Tipps für die Zeit »danach«

Was will ich? Was *will* ich? Was will *ich*?

D ie Heimkehr ist nichts für Weicheier, und deswegen findest
du hier ein paar Tipps, die dich darauf vorbereiten und dir
bei der Bewältigung helfen sollen.

Was du schon vor der Heimkehr tun kannst

• Setze dich in den letzten Monaten deiner Reise mit der bevorste-
henden Heimkehr auseinander. **Versuche, in Gedanken die Ankunft
durchzuspielen.** Welche Gefühle löst das bei dir aus? Freude? Angst?
Jetzt schon Wehmut und Fernweh? Lass die Gefühle bewusst zu und
stelle dich auf sie ein. Mach dir klar, dass die Heimkehr emotional
sehr hart sein kann und eventuell Tränen fließen werden. Mach dir
klar, dass Freundschaften und Beziehungen zu Bruch gehen und Kon-
flikte mit Eltern und Freunden unumgänglich sein können. Frage
dich wahrlich und wahrhaftig, ob du nicht lieber noch ein paar Jahre
oder für immer im Gastland bleiben würdest. Wenn ja: **JETZT** ist die
Zeit, das vorzubereiten. Jetzt bist du dort, kannst Kontakte knüpfen,
Behördengänge erledigen, einen Arbeitsplatz finden, ein Visum beantragen und alles in die Wege leiten, was du dafür brauchst (z. B. den
Nachweis einer Arbeitsstelle bzw. eines Ausbildungsplatzes in dem
betreffenden Land).

- **Baue Brücken** zwischen deiner Reisezeit und deiner Zukunft in der Heimat. Der Trip wird etwas mit dir gemacht haben und die Weichen für deine Zukunft stellen. Vielleicht hast du irgendwo auf dem Highway oder während der Farmarbeit kapiert, dass du Meeresbiologe*in oder Gärtner*in werden willst. Mach dir schon auf der Reise darüber Gedanken, wie du dieses Ziel erreichst (Studium/Ausbildung/Stellenangebote/Fördermöglichkeiten). Tu alles Weitere zur **Verwirklichung deiner Idee:**
  - Nutze z. B. das Working-Holiday-Visum zur Mitarbeit in einer Gärtnerei oder auf einer Farm, für ein Praktikum in einem Betrieb oder bei einer NGO
  - **Recherchiere** zu deiner Wunschtätigkeit
  - Finde Gleichgesinnte/knüpfe Kontakte
  - Schicke schon aus der Ferne Bewerbungen ab (auch Initiativbewerbungen, wenn dein Traumarbeitgeber gerade nichts ausgeschrieben hat)
  - Suche dir eine*n **Mentor*in** (siehe hierzu auch das Buch *Was ich meinem 18-jährigen Ich raten würde*, Dirk Kreuter, S. 28)
  - Frage dich: Wo muss ich für meine künftige Tätigkeit sein? In der Heimat? Im derzeitigen Aufenthaltsland? In einem anderen Land?
  - Falls du eine **Leidenschaft** hast, von der du dir insgeheim wünschst, damit einmal Geld zu verdienen, lebe sie intensiv aus. JETZT bist du unterwegs und flexibel:

1. Beispiel: Du interessierst dich mehr und mehr für Kaffee, bist aber gerade in Neuseeland? Mach einen Barista-Lehrkurs, arbeite in einem Café, und nach Ablauf des Visums fliegst du nach Südamerika, bevor du heimkommst. Dort versuchst du, in den Anbaugebieten alles über die braune Bohne zu lernen, sprichst mit den Leuten vor Ort, vielleicht darfst du bei der Ernte mithelfen (Farmer suchen immer Helfer), und wenn dich das Thema nicht mehr loslässt, planst du die nächsten Schritte – bevor oder nach deiner Rückkehr in die Heimat.

Heimkehr leicht(er) gemacht

2. Beispiel: Du hast ein bestimmtes Hobby? Lebe es während der Reise zu 100 Prozent aus. Tendenziell hat man in solchen Phasen Zeit und Freiheiten wie nie zuvor. JETZT ist der Moment, an einem Herzensprojekt zu basteln, es eventuell fertig für den Markt zu machen, während man sich ohne den gesellschaftlichen Druck, Karriere zu machen, mit einem Kellnerjob über Wasser hält und in der Freizeit noch genügend Energie übrig ist für das Eigentliche – die Fotgrafie, das Buch, die Bleistiftzeichnungen. Denn mal ehrlich: Zurück in der Heimat erwartet die Familie doch oft, dass man wieder im 40-Stunden-Hochleistungs-Hamsterrad läuft. Wenn man dann z. B. schon ein zu 70 Prozent fertiges Buch vorzeigen kann und einen Verlag hat, tritt man dieser Erwartungshaltung anders gegenüber.

➤ Wichtig: Mach dir bewusst, dass du selbst bei erfolgreicher Verwirklichung eines Projektes vermutlich nicht von ihm allein leben kannst. Es kann das Tor zu etwas sein, zu neuen Projekten, aber ein Autor etwa kann von einem Buch in der Regel nicht leben.
Dennoch ist es wichtig, dass du das, was du begonnen hast, zu Ende bringst. Das ist nicht zu unterschätzen. Es stärkt dein Selbstwertgefühl: Wenn du es nicht zu Ende bringst, wird es dich im schlimmsten Fall unterbewusst unzufrieden machen und Selbstzweifel nähren. Das entzieht dir Energie und bremst dich aus. Keine gute Basis für einen Neustart in der Heimat.
– Sei ehrlich zu dir selbst, frage dich, wie du dein Leben wirklich gestalten willst und wo, nimm keine falschen Rücksichten auf Eltern oder den*die Partner*in *(nach dem Motto: Ich habe es aber versprochen ...)*
– Triff deine Entscheidung bewusst. Erkläre dir selbst, warum du bleiben/gehen willst (echte Liebe zum*zur Partner*in, bessere Karrierechancen etc.). Schreibe es auf, zum Beispiel in Tabellenform: Was spricht für/gegen das Gastland, was spricht für/gegen die Heimat? Es schwarz auf weiß zu sehen, verschafft Klarheit und damit das Fundament für eine Entscheidung. Außerdem kannst du dir die

Tabelle Jahre später noch ansehen, falls du einmal an dieser Entscheidung zweifeln solltest.

– Spricht mehr für dein derzeitiges Land, bereite deine Familie darauf vor, dass du nicht dauerhaft zurückkehren willst. Auch sie braucht Zeit, sich darauf einzustellen.

Nach der Rückkehr

Und auch wenn du keinen Geistesblitz auf dem Highway hattest: Setze dich mit der Frage auseinander, wie es für dich zu Hause weitergehen soll.

• **Kläre das Finanzielle:** Wovon wirst du nach der Ankunft leben? Von Erspartem, Arbeitslosengeld, mit Unterstützung der Eltern? Was sind deine künftigen Einkommensquellen?

• Erstelle eine **To-do-Liste** für die Wochen und Monate des »Danach«, zum Beispiel:

Montag: Ankunft, ausschlafen, Jetlag verarbeiten, mit der Familie zusammensein

Dienstag: wichtige Telefonate und Behördengänge (was in welcher Lebensphase / Altersgruppe nötig ist, erfährst du ab S. 226). Manche Pflichten lassen sich nicht aufschieben, weil sie eventuell darüber entscheiden, ob du krankenversichert bist etc.

Mittwoch: weiterhin Jetlag verarbeiten, Freund*innen und Familie treffen

Donnerstag: Freund*innen und Familie

Freitag: Freund*innen und Familie

WOCHENENDE

Montag: Stellenanzeigen/Wohnungsinserate/Studienplätze/Ausbildungsplätze sondieren/Kurse für Selbstständigkeit recherchieren oder Ähnliches

alternativ: nächste Reise vorbereiten

alternativ: Job finden und Roman beginnen

alternativ: Und hier kommst du: Schreibe auf, was für dich jetzt ansteht.

Heimkehr leicht(er) gemacht

WICHTIG: Verharre nicht zu lange im »Ankomm-Modus«, erlaube es dir nicht, noch wochenlang gedanklich ausschließlich in die Ferne zu schweifen. Das verbraucht unnötig Energie. Konzentriere dich auf das Hier und Jetzt und gestalte es, selbst wenn du keine Lust auf die Heimat hast. Du kannst ja wieder weg, aber jetzt bist du eben erst mal hier. Wenn du erkennst, dass du im Hier und Jetzt nicht bleiben möchtest, frage dich, was du tun musst, um da wieder herauszukommen.

Es gilt: **Generell braucht jeder Mensch eine Aufgabe, ein Ziel, auf das sie*er hinarbeiten kann, also fang an.** Mach dir bewusst, dass du wie ein Auto funktionierst: Die meiste Energie verbrauchst du beim Start. Wenn du dich erst mal überwunden, dich auf den Weg gemacht hast, ist alles schon viel einfacher.

Die Sache mit dem Mut

> *»Eines Tages klopfte die Angst an die Tür.*
> *Der Mut stand auf und öffnete, aber es war niemand draußen.«*
> Goethe

Mut ist der Schlüssel zum Erfolg.

Wie es der Reiseschriftsteller und Journalist Helge Timmerberg einmal beschrieb:

»Ich hab' festgestellt, dass die besten Geschichten immer hinter der Angst lagen. Wenn ich Angst vor Aids in Afrika Mitte der 80er-Jahre oder vor der Pest in Indien Mitte der 90er-Jahre verspürte, solche Themen meinetwegen. Dann hatte ich vorher unheimlich viel Angst, dahin zu fahren. Wenn ich Angst spüre, dann weiß ich: Hey, geh durch, dahinter wird's geil.«

Angst begegnest du nur mit dem **Mut**. Ihn brauchst du für das Antreten einer Weltreise, für das Bestehen des Abiturs, für die Gründung einer Familie, für die Gründung eines Unternehmens, für jede wichtige Entscheidung in deinem Leben. Ohne den Mut gäbe es keine Spitzenjournalist*innen, keine Spitzensportler*innen, keine Ärzt*innen usw. Ohne den Mut wäre die Menschheit vermutlich schon ausgestorben. Ohne den Mut kannst du auch in der Heimat nur schwer bestehen. Also ...

Habe Mut. Das Schöne am Reisen ist, dass es dich **wachsen** lässt. Die Welt ist so groß, dass sie dir erlaubt haben wird, dich auszudehnen – in deiner Persönlichkeit, in deinen Träumen. Von deinen Eltern hast du immer gehört: »Das geht nicht, damit verdient man kein Geld«, aber in Neuseeland hast du zum Beispiel eine*n Künstler*in getroffen, der*die durchaus von seiner*ihrer Kunst lebt. Also erwägst du nun vielleicht ein kreatives Studium. Mach es! Mach zumindest alles, was du tun musst, um dein Ziel zu erreichen. **Lass dir dabei nicht die Ängste deines Umfelds aufdrücken.**

Und jetzt kommt der Tipp, der allein den Preis dieses Buches wert ist. (Ich hätte ihn auch für sich ausdrucken und verkaufen können – das hätte mir viel Zeit erspart. Aber es hat so viel Spaß gemacht, dieses Buch zu schreiben, und mich selbst als Heimkehrerin so sehr bereichert, dass ich froh bin, es geschrieben zu haben, jede einzelne Seite. Jetzt liegt es auf meinem Nachttisch neben Goethe, Shakespeare, Lessing ...)

Ach genau, **DER** Tipp: Mir ist es erst sehr spät wie Schuppen von den Augen gefallen, erst mit knapp 30: Es ist immer dann viel einfacher, etwas zu wagen, wenn man mehrgleisig fährt – mit einer **Mischung sehr verrückter und eher vernünftiger Projekte.**

In meinem Fall (Zeitraum: zwei Jahre):

Nach Kanada gehen • am Buch weiterarbeiten • für eine Zeitung, die mir zuvor schon die Veröffentlichung zugesagt hatte, Artikel schreiben • Kontakte aller Zeitungen im deutschsprachigen Raum heraussuchen und ihnen ebenfalls meine Texte anbieten • in einem Supermarkt jobben • meine Reportagen ins Englische übersetzen lassen und amerikanischen Zeitungen anbieten • reisen • auf einer Farm arbeiten • Verlage heraussuchen • nebenbei daten • das irgendwann

Heimkehr leicht(er) gemacht

fertige Manuskript verschicken • die Autoren Helge Timmerberg, Joachim Meyerhoff, Dr. Mark Weinert anschreiben und fragen, ob ich ihre Texte in meinem Buch veröffentlichen darf ...

In deinem Fall könnte das so aussehen: Du bereitest deine Mappe für die Bewerbung an verschiedenen Kunstunis vor, während du dich parallel für Studiengänge der zweiten Wahl bewirbst, das Working-Holiday-Visum für Kanada beantragst, ganz viel datest und Freunden dabei hilfst, ihr Café zu eröffnen, wobei du sie davon überzeugst, zur Feier der Eröffnung deine Werke auszustellen.

Okay, zugegeben, dieses Beispiel ist übertrieben, der Tag hat nur 24 Stunden, nicht jeder mag Tinder, und nicht jeder kennt jemanden, der gerade ein Café eröffnet. Aber die Prinzipien sind universell.

Prinzip A: Wenn mehrere Kissen am Boden liegen, fällst du weicher. So könnte dich etwa die Absage von einer Kunstuni in dem Moment erreichen, in dem du eine*n tollen Mann*Frau datest und merkst, dass das etwas werden könnte. Dann trifft dich die schlechte Nachricht nicht so hart, weil dir das Leben zugleich eine andere Tür geöffnet hat. Außerdem kennt dieser neue Mensch in deinem Leben vielleicht jemanden, der jemanden kennt, der jemanden kennt ...

Prinzip B: Du bist so abgelenkt, dass du nicht die ganze Zeit auf eine Antwort wartest und nervös und mutlos in der Gegend herumläufst.

Prinzip C: Wenn du ganz oft in den Wald hineinrufst, dann schallt es auch irgendwann wieder heraus. Bezogen auf das Beispiel, könnte das so aussehen: Zehn Kunstunis sagen ab, eine sagt zu. Oder: Alle Kunstunis sagen ab, aber der Bescheid kommt, dass dir die kanadische Regierung das Working-Holiday-Visum bewilligt hat. Oder: Die Unis melden sich nicht, aber dein*e Freund*innen bietet*n dir an, Manager*in ihres*seines Cafés zu werden. Wer weiß, vielleicht hast du drei Jahre später so viel Erfahrung, dass du einen ähnlichen Job in London, auf Bali oder in Sri Lanka bekommst.

Go with the flow! Das hast du doch auf Reisen auch getan. Weil sie zum Beispiel keine Helfer*innen mehr für die Kiwiernte brauchten, hast du in einer Bäckerei angefangen und erst viel später gemerkt, dass du damit das große Los gezogen hast, weil du gar nicht wusstest, wie sehr du in dieser Arbeit aufgehst (wie der Teig, aus dem du nach dem Rezept deiner Oma Zimtschnecken backst, weswegen dir dein Arbeitgeber beim Antrag der dauerhaften Aufenthaltsgenehmigung helfen will.)

Und genau in dem Moment kommt auch noch eine Kundin vorbei und erzählt, wie superhart die Kiwiernte war und dass sie das nie wieder machen wird – Jackpot!

Manchmal ist nicht, was wir ursprünglich wollten, das Richtige für uns, sondern das, was wir letzten Endes bekommen. Deswegen: Locker bleiben, Mut haben und auf mehreren Hochzeiten gleichzeitig tanzen.

Mach dir eines bewusst: Wenn du dir nicht erlaubst, eine vermeintlich verrückte Idee, die du auf Reisen zugelassen hast, in der Heimat zu verwirklichen, oder es zumindest versuchst, kann dich das sehr viel Kraft kosten – so viel, dass du in allem, was du alternativ anpackst, nicht überzeugen wirst. Im schlimmsten Fall macht es dich sogar krank oder so miesepetrig, dass du für dein Umfeld unerträglich bist. Stellt sich also die Frage: Wer profitiert davon, dass du keinen Mut aufgebracht hast …

Dazu fällt mir eine Geschichte ein: Immer wenn ich geflogen bin und die Stewardessen die Sicherheitsanweisungen vortanzten, habe ich nicht verstanden, warum Mütter im Notfall erst SICH und DANN ihrem Kind die Sauerstoffmaske überstreifen sollen. Das kollidierte mit meinen Wertvorstellungen, dem, was ich für moralisch hielt. Was war das für eine Rabenmutter, die zuerst an sich dachte? Wie **egoistisch** war die? Doch dann ging mir ein Licht auf: Was, wenn die Mutter nun ihrem Kind halb die Maske übergestreift hat und plötzlich ohnmächtig wird? Wer macht es dann, im Chaos der Katastrophe? Beide werden ersticken. Und die Moral von der Geschicht':

Du kannst anderen nur helfen, du kannst andere nur glücklich machen, wenn du dir selbst geholfen hast, wenn es DIR gut geht und DU glücklich bist. Das ist KEIN Egoismus, sondern ein Dienst an deinem Umfeld, weil du nur auf diese Weise belastbar bleibst und funktionieren kannst.

Ein Tipp, den mir einmal ein **Coach** gab und der ausschlaggebend war bei meiner Entscheidung, für ein Jahr nach Kanada zu gehen, obwohl ich dadurch Gefahr lief, das vielleicht letzte Lebensjahr meiner Eltern zu verpassen: »Eltern wollen vor allem eines: dass ihr Kind glücklich ist.«

Erste Hilfe vor Ort

- Mach dir bewusst, dass es ein bis zwei Jahre dauern wird, bis du dich wieder in der Heimat eingelebt hast.
- Lass dich nicht von Ängsten leiten, nicht den eigenen und nicht von denen anderer (deiner Eltern zum Beispiel).
- Ziehe bei der Entscheidungsfindung Menschen zurate, die **objektiv** sind und wissen, wovon sie sprechen: Digital Nomads, Berufsberater*innen, Studienberater*innen, Coach*innen – Expert*innen auf dem Gebiet, für das du dich interessierst.
- Falls du es dir leisten kannst: Ziehe eine*n **Coach*in** zurate, das hat mir geholfen.
- **Frage dich, was du einmal bereuen könntest,** wenn du es im Leben nicht gemacht hast – ein sehr guter Indikator bei der Entscheidungsfindung (siehe hierzu auch *5 Dinge, die Sterbende am meisten bereuen* von Bronnie Ware).
- Frage dich, wo du dich **in fünf beziehungsweise zehn Jahren** siehst (typische Coachfrage).
- **Vernetze** dich mit Gleichgesinnten.
- Lies das erzählende Sachbuch *Wieder da und doch nicht hier* und empfiehl es weiter!

- Wenn du gern **mehr Freizeit** hättest und in **Teilzeit** arbeiten möchtest, jedoch kein entsprechendes Angebot findest: Lass dich in Vollzeit einstellen und stufe später die Arbeitszeit herunter. Du hast ein Recht darauf. Voraussetzungen: Das Arbeitsverhältnis besteht länger als sechs Monate und der*die Arbeitgeber*in beschäftigt mehr als 15 Mitarbeiter*innen.

- Wenn du die Sicherheit einer festen Stelle nicht aufgeben, aber noch mal für längere Zeit reisen willst, kannst du deine*n Chef*in um ein **Sabbatical** bitten. Das heißt, du wirst in der Zeit freigestellt, ohne deinen Job zu verlieren. In Vorbereitung darauf kannst du in **Vollzeit arbeiten, während du Teilzeit verdienst.** Ein Teil des Geldes kommt auf ein Arbeitszeitkonto und wird dir während der Reise ausgezahlt. Achtung! Arbeitgeber sind nicht dazu verpflichtet, dir ein Sabbatical zu gewähren, und wenn sie es bewilligen, kann es sein, dass sie dich keine zwölf Monate ziehen lassen.

- Erwarte nicht, dass sich die Dinge schon morgen ändern. Das kann Jahre dauern – zum Beispiel, weil du erst eine Ausbildung machen musst, um zum Ziel zu kommen, oder weil du erst arbeiten musst, um Geld für den nächsten Worldtrip anzusparen. Aber **JETZT** stellst du die Weichen.

Wichtige Behördengänge/Telefonate, die nach der Ankunft eventuell auf dich warten

Kindergeld

Während deiner Reise haben deine Eltern keinen Anspruch auf Kindergeld. Danach können sie es je nach Umständen bis zu deinem **26. Geburtstag** wieder in Anspruch nehmen (sie, nicht du, müssen es beantragen).

Gezahlt wird es, wenn du nach der Reise (innerhalb der nächsten vier Monate) eine Ausbildung oder ein Studium beginnst. Weitere Auskunft hierzu gibt es bei der www.familienkasse.de

Abiturient*innen:

Agentur für Arbeit

Wenn seit dem Ende deiner Schulzeit mehr als vier Monate vergangen sind und du kein Studium/keine Ausbildung begonnen hast, hast du die Pflicht, dich beim Jobcenter arbeitslos zu melden. So können spätere leistungsrechtliche Nachteile vermieden werden. Welche genau das sind, hast du am besten vor der Abreise in einem persönlichen Gespräch geklärt.

Extratipp: Falls du dich jetzt für Ausbildungs-/Studienplätze oder Jobs bewerben solltest, hebe alle entsprechenden Unterlagen und Mails auf, damit du deine Bewerbungsversuche dokumentieren kannst. Das könnte wichtig werden, solltest du später doch auf die Hilfe der Agentur für Arbeit angewiesen sein.

Versicherung

Eventuell musst du dich mit ihr befassen: Nach Angaben der Barmer sind Schüler*innen, deren Eltern gesetzlich krankenversichert sind, bis zum Abitur meistens über einen Elternteil familienversichert. Daran ändert ein vorübergehender Auslandsaufenthalt nichts. Nur wenn jemand älter als 22 Jahre ist, würde die Familienversicherung enden. In der Zeit vom 23. bis zum 25. Lebensjahr hängt die Möglichkeit der Weiterversicherung in der Familienversicherung davon ab, ob man sich in einer Schul- oder Berufsausbildung befindet. Die Familienversicherung bietet Versicherungsschutz in der Kranken- und Pflegeversicherung.

Student*innen:

Versicherung

Wenn du nicht im Ausland 25 geworden bist und dich deswegen jetzt nicht nach einer eigenen Versicherung umschauen musst, läuft alles weiter wie bisher.

Das schreibt die Barmer: »An einer deutschen Hochschule eingeschriebene Studierende sind versicherungspflichtig in der Kranken- und Pflegeversicherung, wenn sie nicht (mehr) familienversichert sind. Die Familienversicherung von Studierenden ist bis zum 25. Lebensjahr möglich. Ein vorübergehender Auslandsaufenthalt wirkt sich weder auf die Familienversicherung noch auf die Pflichtversicherung von Studierenden aus. Das bedeutet auch, dass pflichtversicherte Studierende während des Auslandsaufenthalts weiterhin Kranken- und Pflegeversicherungsbeiträge zahlen müssen.«

Uni
Laut Studierendenwerk müssen sich Studierende für eine Weltreise beurlauben lassen. Also gilt danach:

• Einschreibfristen für die Rückmeldung beachten (diese variieren, je nachdem, ob es sich um ein NC-Fach oder Nicht-NC-Fach handelt). Hier unbedingt die Fristen der Hochschule online checken.

• Die Semesterzeiten der Unis und Fachhochschulen weichen voneinander ab → die genauen Zeiten online checken!

• BAföG kann frühestens ab dem Monat der Antragstellung gezahlt werden, also möglichst früh beantragen.

• Dito für einen Platz im Wohnheim: unbedingt die Websiten der Studierendenwerke checken.

Berufstätige:

Agentur für Arbeit
Die Meldung ist freiwillig und kann auch noch Wochen nach der Rückkehr erfolgen. (Dann müsstest du dich am Anfang selbst krankenversichern.) Beim Arbeitsamt melden macht Sinn, wenn du Anspruch auf Arbeitslosengeld hast.

Was du vor der Reise getan haben musst, damit du danach Arbeitslosengeld (ALG) bekommst:
– Du musst mindestens zwölf Monate lang in die Sozialversicherung eingezahlt haben (=eine feste, normal bezahlte Arbeit gehabt haben).

Heimkehr leicht(er) gemacht

– Du musst dich vor Antritt der Reise arbeitslos melden (auch wenn
du nur noch eine Woche im Land bist) und dann wieder abmelden.
Du kannst bis zu vier Jahre abwesend sein, erst danach verfällt dein
Anspruch auf ALG.

Extratipp: Auch, wenn du keinen Anspruch auf ALG hast, zahlt dir
das Amt kostbare Weiterbildungen, wenn du arbeitslos gemeldet bist.
Ich selbst habe einen dreimonatigen Kurs im Wert von 6.000 € belegt,
der sehr gut war. Insgesamt zahlt das Amt Weiterbildungen bis zu
sechs Monate.

Versicherung

Eine Kranken- und Pflegeversicherung brauchst du in Deutschland
immer. Wer zahlt das?
A) Beziehst du staatliche Leistungen, z. B. ALG I oder II, bist du über
den Staat versichert.
B) Hast du keinen Anspruch auf Beihilfe, musst du die sogenannte
Auffangversicherung aus eigener Tasche zahlen. Bei mir (keine Ein-
künfte, kein Vermögen) waren das 200 € monatlich.

Tipp: Falls du in den ersten Wochen den Anruf bei der Krankenkasse vor
dir herschiebst, gibt es keine Strafgebühr für eine verspätete Anmeldung,
du musst lediglich für die ersten Wochen nachzahlen. Die Beitragshöhe
wird ab Tag 1 deiner Heimkehr berechnet (Flugticket aufheben).

Rentenversicherung (RV)

Vermutlich hattest du dich dazu entschieden, während deiner Zeit im
Ausland in die Deutsche Rentenversicherung einzuzahlen. Falls du es
dir leisten kannst und es nicht gerade das Amt übernimmt, empfiehlt
es sich, in Hinblick auf die ferne Zukunft auch weiterhin freiwillig
einzuzahlen, bis du wieder fest angestellt bist oder sich deine Lebens-
situation anderweitig verändert hat und du schauen musst, wie es mit
der RV weitergeht.

Falls jede Hilfe zu spät kommt (und du wieder auf Reisen gehen musst ...)

Durchatmen. Manche Menschen müssen noch ein- bis zweimal in die Ferne, bevor sie sich zu Hause niederlassen können, ohne Angst zu haben, draußen etwas zu verpassen. Und wenn du in der Ferne bleibst? Dann bleibst du in der Ferne. Es ist dein Leben.

Die Vorzeichen für eine zweite Zeit im Ausland können ganz andere sein als für die erste, je nachdem, was man beim ersten Mal gemacht oder eben nicht gemacht hat. Falls du im ersten Auslandsjahr gereist bist, gearbeitet hast und gefeiert und zum Beispiel nie in einem Kinderheim in Hinterinidien volontiert hast, obwohl das dein Plan war, aber dann hat es sich irgendwie nicht ergeben und nun bereust du es ... Dann ist ja klar, dass nun nicht nur die pure Reisevorbereitung inklusive Visa-Organisation und Ticketbuchung ansteht, sondern so lange recherchiert wird, bis du ein Kinderheim gefunden hast, das sich auf dich freut.

Orga-Basics vor der Abreise
Bevor ich dir verrate, was du alles im Ausland machen könntest und welche Möglichkeiten du hast, noch ein paar Basics, die vor der Reise relevant sein könnten und dabei gar nicht so kompliziert sind:

1) Nur wenn du dich **vor** Reiseantritt **arbeitslos meldest** (und dann natürlich vor der Ausreise abmeldest), erhältst du **nach** deiner Heimkehr Arbeitslosengeld (ALG).

Wichtig: Nicht nach dem letzten Arbeitstag mal beim Amt vorbeischlappen. Du musst dich mindestens drei Monate vor Beginn der Arbeitslosigkeit melden (geht auch telefonisch: Sozialversicherungsnummer bereithalten). Das Prozedere bei mir war recht unkompliziert und freundlich, sie erwarten auch nicht, dass du Bewerbungen schreibst, wenn du nur noch ein paar Wochen im Land bist. Wenn du erst mal an- und wieder abgemeldet bist, hast du vier Jahre Zeit, auf Reisen zu gehen. Danach verfällt dein Anspruch auf ALG.

Extratipp: War dein Arbeitsvertrag ausgelaufen/wurde (von dir unverschuldet) gekündigt, hast du von Anfang an ALG-Anspruch. Hast du gekündigt und keinen guten Grund dafür (Weltreise gilt nicht), wird dir eine Sperrfrist aufgebrummt (bis zu zwölf Wochen). Die startet immer am ersten Tag der Arbeitslosigkeit. Hast du dich also vor der Reise arbeitslos gemeldet, fängt die Sperrfrist an, du gehst dir die Welt anschauen, und bis du zurückkommst, ist sie vorbei.

2) Du hast die Möglichkeit, freiwillig monatlich in die **Deutsche Rentenversicherung** (DRV) einzuzahlen. Der Satz liegt bei mindestens 83,70 € und höchstens rund 1.320,60 € pro Monat (Stand: 2021; die Zahlen ändern sich jährlich). Der Mindestsatz reicht, um später generell berechtigt zu sein, eine staatliche Rente zu beziehen. Generell gilt: Man muss mindestens fünf Jahre in die Deutsche Rentenversicherung eingezahlt haben, um später aus dem Topf schöpfen zu können. Mit den **freiwilligen Beiträgen** vermeidet man sozusagen **Lücken im Versicherungslebenslauf**. Die Beitragshöhe wiederum steuert, wie hoch die Rente sein wird.

Interessant ist das vor allem für jene, die auch in der Zukunft eher im Angestelltenverhältnis arbeiten möchten. Wie es die Dame in der Pressestelle der Deutschen Rentenversicherung ausdrückte: »Wenn man es sich leisten kann, gern mehr einzahlen, denn die

(und du wieder auf Reisen gehen musst ...) 231

gesetzliche Rente ist immer noch die wichtigste Säule in der **Alters-vorsorge**« (bestehend aus **gesetzlich, betrieblich, privat** – Anmerkung der Autorin). Wer aber schon weiß, dass er sich nach der Reise etwa selbstständig machen oder Beamter oder Beamtin werden möchte, für den ist das eventuell nicht attraktiv. Um an dieser Stelle seriös weiterschreiben zu können, müsste ich mehr recherchieren, denn das Thema ist sehr komplex und vor allem: Es betrifft jeden anders. Des-wegen mein Tipp: Die Deutsche Rentenversicherung anrufen und sich beraten lassen. Wer in deiner Nähe zur DRV berät, wissen auch die Gewerkschaften. Das Thema ist zu wichtig, um es zu ignorieren.

3) Du lebst in einer Mietwohnung und willst sie eigentlich nicht auf-geben? Außerdem hast du Möbel? In Absprache mit deinem Vermieter kannst du in vielen Fällen untervermieten. So sparst du Umzugsauf-wand, musst nicht für die Einlagerung der Möbel zahlen und kannst deine Wohnung behalten.

Tipp 1: Du kannst ruhig ein wenig für die (Ab-)Nutzung deiner Möbel auf den Mietpreis aufschlagen.

Tipp 2: Füge dem Untermietvertrag eine Liste der Möbel bei, vermerke dort auch bereits existierende Schäden.

Tipp 3: Falls du persönliche Dinge wie Kleidung während deiner Abwesenheit im Keller der Mietwohnung lagern willst, stelle sicher, dass er zu 100 Prozent trocken ist. Kleidung und Schuhe schimmeln schnell.

4) Du willst, dass auch deine Post gut versorgt ist? Auf www.nach-sendeauftrag-einrichten.de kannst du bei der Deutschen Post einen Nachsendeauftrag einrichten, z. B. von deiner untervermieteten Woh-nung aus zu deinen Eltern. Maximale Laufzeit: 24 Monate, maximale Kosten: 100 €. Wenn du keine Eltern hast: www.homebase-post-dienste.de kümmert sich professionell um deine Post.

Wie du wieder ins Ausland kommst
Working-Holiday-Visa erhalten Deutsche für folgende Länder:

bis zum 25. Lebensjahr:
Singapur

bis zum 30. Lebensjahr:
Israel – Australien – Neuseeland – Argentinien – Chile – Uruguay – Hongkong – Japan – Südkorea – Taiwan

bis zum 35. Lebensjahr:
Kanada

Beyond:
- In asiatischen Ländern wie Thailand und Indonesien verdienen viele Backpacker ihr Geld als Englischlehrer*in – nicht nur Muttersprachler. Das TEFL-Zertifikat kann bei der Stellensuche helfen (direkt vor Ort an die Schulen wenden). Die Schule wiederum hilft evtl. dabei, ein Arbeitsvisum zu erhalten.
- Laut Lonely Planet sind dies die besten Jobs für Weltenbummler*innen: Flugbegleiter*in, Reiseleiter*in, Kreuzfahrtschiff-Crew, Roadie/Techniker*in, Fotograf*in, Au-Pair, Virtuelle*r Assistent*in, Schönheitstherapeut*in, Friseur*in, Ski-/Tauchlehrer*in, Yacht-Crew, Wwoofer*in, Humanitäre Arbeit, Bartender/Cocktailmixer*in
- weitere mögliche Jobs: Autor*in (im Selfpublishing), Buchhalter*in, Content Creator/Texter*in, Data Scientist, Grafikdesigner*in, Headhunter*in, Zeichner*in/Illustrator*in, Karriereberater*in, Lektor*in, Online-Marketing-Expert*in/-Berater*in, Online-Shop-Inhaber*in, PR-Berater*in, Programmierer*in, SEO-Spezialist*in, Sprachlehrer*in (nicht nur für Englisch, sondern z. B. auch für Deutsch), Trader*in (Handeln mit Aktien), Dolmetscher*in, Übersetzer*in, Unternehmensberater*in, UX Designer*in, Web-

(und du wieder auf Reisen gehen musst ...)   233

designer*in, Werbetexter*in, Videographer*in. Bei den meisten handelt es sich um Freelancer.

Egal, für was du dich entscheidest, ziehe niemals ohne Versicherung los. Die Behandlungskosten für Krankheiten, Unfälle und Schäden schießen schnell in den fünfstelligen Bereich. Das kann dich für den Rest des Lebens ruinieren, und das Reisen kannst du dann knicken.

Ein Muss:
- Krankenversicherung
- Haftpflicht (egal, ob in Deutschland oder »abroad«)
(– Drohnenhaftpflicht)
(– Hundehaftpflicht)
(– Berufshaftpflicht)

Tipps zur Krankenversicherung:
Betreibe ein Notfall-Konto, das du nur nutzt, wenn du im Krankheitsfall oder bei Unfällen einen Arzt brauchst. Meistens begleichst du die Rechnung zunächst aus eigener Tasche, reichst sie bei der Kasse ein und musst warten, bis sie zahlt.

Extratipp 1: Nicht nur die Quittungen für Medikamente aufheben, sondern auch die dazugehörigen Rezepte.

Extratipp 2: Nicht nur auf Tipps von Blogger*innen und Bekannten verlassen, sondern die Infos der Versicherungen selbst checken, Stichwort AGBs. Nur, was du schwarz auf weiß hast, kannst du geltend machen, die mündliche Zusage einer*s Versicherungsangestellten nicht.

Mittlerweile gibt es Angebote für Langzeitreisende. Manche richten sich speziell an Digital Nomads, und einige kann man noch vom Ausland aus abschließen.

Falls jede Hilfe zu spät kommt

Die WWWelt liegt dir zu Füßen – Hilfreiche Seiten im World Wide Web

(https://bit.ly/wieder-da-linkliste) 📱 Linkliste

Einführung in das Thema Versicherung:
www.secure-travel.de/auslandskrankenversicherung.php
www.t3n.de/news/wehtun-krankenversicherung-fuer-1272283/
(Hier kommt die Hanse Merkur, getestet von einer digitalen Nomadin, schlecht weg)
www.kv-fux.de/zusatzversicherung/digitale-nomaden/
www.unaufschiebbar.de/ortsunabhaengig-arbeiten/digitale-nomaden-krankenversicherung
www.digitalenomaden.net/welche-auslandskrankenversicherung-soll-ich-nehmen/
www.digitalnomaden.wiki/versicherungen-digitale-nomaden/
www.office-journey.de/haftpflichtversicherung-digitale-nomaden/
www.planetbackpack.de/7-superwichtige-praktische-tipps-fur-digitale-nomaden/
www.workandtravel-versicherung.de/auslandskrankenversicherung/
faqs-work-and-travel-versicherung/ *(Infos auch für Öster-reicher*innen)*

Links zum Thema Berufshaftpflicht für digitale Nomad*innen:
www.hiscox.de/blog/digitale-nomaden

www.exali.de/Info-Base/wer-braucht-berufshaftpflicht
www.sevdesk.de/lexikon/berufshaftpflichtversicherung
www.vzhh.de/themen/versicherungen/welche-versicherung-
brauche-ich

Vernetzungsmöglichkeiten für heimgekehrte Weltreisende:
https://iamatriangle.mn.co/
www.nomadtopia.com/naomihattaway/
www.escapethecity.org
www.goingglobal.de *(Onlineberatung für Expatriates)*

Vernetzungsmöglichkeiten zu verschiedenen Themen in deiner Stadt
www.meetup.com
www.couchsurfing.com ➤ *Hier findet man, ähnlich wie auf Facebook, verschiedene Gruppen. Zum Beispiel in Städte aufgegliedert
(weltweit). Hierzu unter der Rubrik »Gruppen« einen Städte-
namen eingeben.*

Vernetzungsmöglichkeiten für digitale Nomad*innen
www.dnxfestival.de
economadia.org
www.copass.org
www.unaufschiebbar.de
www.worlddominationsummit.com
www.nomadcruise.com

Orientierungshilfen für Job-, Lebensstil- und Perspektivwechsel
www.escapethecity.org/
www.dhamma.org/de/schedules/schdvara ➤ Meditationskurse /
   Schweigewochen im Vogtland auf Spendenbasis
www.deutsche-im-ausland.org/
www.youtube.com/watch?v=ESljm-7sYgY

Infos zum Antrag auf Teilzeit:
www.finanztip.de/teilzeitarbeit/
www.kurzelinks.de/7tipps
www.kurzelinks.de/tagesspiegel
www.staufenbiel.de/magazin/arbeitsrecht/arbeitsvertrag/arbeitszeit/
teilzeit.html

Infos zum Sabbatical:
www.staufenbiel.de/magazin/arbeitsrecht/sabbatical.html

In die Selbstständigkeit (Auswahl):
www.rescuetime.com/
www.kurzelinks.de/handwerkszeitung
www.youtube.com/watch?v=PPYJ-AP-jDY&feature=emb_logo
www.fuer-gruender.de/kapital/foerdermittel/zuschuss/gruendungszu-
schuss/
www.makingitanywhere.com/digital-nomad-tax/
www.planetbackpack.de/7-superwichtige-praktische-tipps-fur-
digitale-nomaden/
www.gruender.de/
www.wirelesslife.de/faq/
www.arbeiten-mit-fidan.de/virtuelle-assistenz-werden
www.kurzelinks.de/nebenbeionline
www.freie-berufe.de/gruendung/foerderprogramme/
www.she-works.de/beraten-lassen/foerderprogramme/
www.meinstartup.com/bootstrapping-15-top-tools/

Links zum Thema Auswandern:
www.auswandern-info.com
www.career-contact.net

Visa für digitale Nomad*innen:
Thailändisches Smartvisa: www.kurzelinks.de/liselotte
Thailand, Panama: www.wherecani.live/explore-options/freelancer-digital-nomad-visas/
Barbados: www.kurzelinks.de/barbados
Mexiko, Costa Rica, Georgien, Bermuda, Dubai, Antigua & Barbuda, Indonesien, Thailand, Buenos Aires: www.planetbackpack.de/digitale-nomaden-visum
Caymaninseln, Island, Mauritius, Norwegen, Anguilla: www.kurzelinks.de/expertvagabond
Allgemein: www.t3n.de/news/digitale-nomaden-mehr-nur-pass-1232141/
Allgemein: www.youtube.com/watch?v=DncDxVypX6c

Sprachlehrer*in (Deutsch & Englisch) im Ausland
www.tutorcompass.de/sprachlehrer-ohne-studium/
www.superprof.de/privatunterricht-geben/ *(nicht nur Sprachunterricht)*
www.transitionsabroad.com/

➤ Jobbörsen für Sprachlehrer*innen:
www.preply.com
https://teach.italki.com/application
https://www.verbling.com/de
www.transitionsabroad.com/listings/work/esl/

Virtuelle Assistenz
www.virtual-assistant-women.de/verdienst/
www.udemy.com (bietet Kurse für angehende virtuelle Assistent*innen an)
www.my-vpa.com
www.arbeiten-mit-fidan.de/virtuelle-assistenz-werden
www.vanlovegirls.de/digitaler-nomade-als-virtuelle-assistenz/

Die WWWelt liegt dir zu Füßen

Infos zur Arbeit für die United Nations:
www.kurzelinks.de/united
Auslands-Freiwilligendienst & Freiwilligenarbeit
www.auslandsfreiwillige.de

Aupair:
www.wege-ins-ausland.de/wege-ins-ausland/au-pair-im-ausland
www.aupairworld.com/de/lexikon/agenturpflicht
www.transitionsabroad.com/listings/work/shortterm/au_pair_jobs.shtml
www.karrierebibel.de/au-pair-usa

Aunanny (für Großmütter):
www.aupair.com/de/p-granny-au-pair.php
www.granny-aupair.com/de
www.grosseltern.de/expertenrat/leihoma-im-in-und-ausland/
  leihoma-im-ausland/
www.expatmamas.de/expat-leben-suchen-oma-bieten-ausland/
www.bbx.de/granny-aupair-als-leih-oma-ins-ausland/

Praktika im Ausland:
www.auslandspraktikum.de/
https://programmes.eurodesk.eu/internships
www.meinpraktikum.de/ratgeber/auslandspraktikum
www.wege-ins-ausland.de/wege-ins-ausland/auslandspraktikum
www.gls-sprachenzentrum.de/208_auslandspraktikum.html
www.globalplacement.com/
www.praktikumsanzeigen.info/
www.karriere.unicum.de/praktikum/international
www.eurobrussels.com/ *(hier kann man sowohl nach Jobs als auch*
  Praktika suchen)
www.erasmusintern.org/
www.stepstone.de *(über die Detailsuche und Stichworte wie »intern-*
  ship« suchen)

www.monster.de *(über die Detailsuche und Stichworte wie »internship«)*

www.kurzelinks.de/deutsche-im-ausland

www.daad.de/de/im-ausland-studieren-forschen-lehren/praktika-im-ausland/praktikumsvermittlung/

Jobseiten (Auswahl) für digitale Nomad*innen und Globetrotter*innen:

www.toplanguagejobs.com/ • www.escapethecity.org/ • www.dnxjobs.de/ • www.new-work-life.com/ • www.textbroker.de/ • www.content.de • www.eurobrussels.com/ • www.upwork.com/search/jobs/ • www.freelancer.com/ • www.weworkremotely.com/ • www.freelance.de/ • www.dasauge.de/ • www.worknsurf.de/ • www.new-work-life.com/ • www.fernarbeit.net/find-a-job/ • fiverr.com/ *(Achtung! Preis-Dumping-Gefahr!)* www.freelancermap.de/ • www.machdudas.de/ • www.twago.de/ • www.auslandslust.de/ • de.gigajob.com/ • www.upwork.com/ • www.nextstation.com/ • https://neuvoo.de/ • www.auslandsjob.de/jobs/ • www.jooble.org/ • www.aboutjobs.com/ • www.jobcoconut.com/ • http://globetrotter.ch/de/ • www.overseasjobs.com/ • powertofly.com/ • www.ec.europa.eu/eures/portal/jv-se/ • www.unaufschiebbar.de/ortsunabhaengig-arbeiten/digitale-nomaden-jobs/ • www.brip-africa.com/

www.career-contact.net/stellensuche-im-ausland.html/ • www.flexjobs.com/ *(kostenpflichtige Website)* • www.careerjet.no/ *(nur Norwegen)*

weitere:

www.yobbers.de *(ehemals grenzenlosarbeiten.de (für Deutsche im Ausland))*

www.jobboerse.arbeitsagentur.de *(Jobsuche für Akademiker*innen im Ausland möglich, allerdings nicht pauschal weltweit; man kann immer nur für ein Land auf einmal suchen)*

www.workwide.de *(für Deutsche im Ausland)*

Die WWWelt liegt dir zu Füßen

www.clbs.co.th/jobs/ *(die Bewertungen von Chiang Mai Lanna Business Services auf glassdoor.de sind gemischt)*
www.kurzelinks.de/experteer *(für Führungskräfte)*

Passives Einkommen
www.junge-gruender.de/geld-verdienen/passives-einkommen *(Ideen)*
www.oberlo.de/blog/passives-einkommen *(Ideen)*
www.heimarbeit.de/eigenes-auto-vermieten-fuer-geld-so-gehts-2 *(das eigene Auto vermieten)*
www.kurzelinks.de/getaround *(das eigene Auto vermieten)*
www.smarticular.net/auto-vermieten-geld-verdienen-und-ressourcenschonen/ *(das eigene Auto vermieten)*
www.snappcar.de *(das eigene Auto vermieten)*
www.whitewall.com/de/mag/bilder-verkaufen-tipps *(Fotos verkaufen)*
www.newsflare.com *(Videos verkaufen)*
www.airbnb.de/ *(Zimmer an Touristen vermieten)*

Finanzierung von ...
Gründungen
www.venvie.de/gute-idee-aber-kein-geld-5-wege-zur-finanzierung-ihres-unternehmens/
www.foerderdatenbank.de
www.meinstartup.com/
www.meinstartup.com/startup-finanzierung-ideen-tipps-gruender/
www.kurzelinks.de/arbeitsamt *(der Papierkram zahlt sich aus)*

Ideen (& Gründungen)
www.fundmate.com
www.fundmate.com/blog/10-tipps-zur-sponsorensuche
www.startnext.de
www.seedmatch.de
www.kickstarter.com

www.flyacts.com/crowdfunding-investoren-etc-wie-finanziere-ich-meine-app-idee
www.kurzelinks.de/startingup
www.selbstaendig-im-netz.de/ *(Tipps zur Monetarisierung von Websites)*

Gründerwettbewerbe & Acceleratorprogramme (auch für Kulturschaffende und Entrepreneur*innen mit »grünen« Ideen)
www.existenzgruender.de/DE/Service/Beratung-Adressen/
  Linksammlung/Gruender
wettbewerbe/inhalt.html
www.green-alley-award.com/
www.fuer-gruender.de/gruenderwettbewerb/
www.gruenderkueche.de/fachartikel/die-besten-und-wichtigsten-gruenderwettbewerbe-2021/
www.gruender.de/events/gruenderwettbewerbe/

Reisestipendien:
www.rausvonzuhaus.de/Reisestipendien/DiscoverEU

Akquise von Sponsor*innen (wie es andere Abenteurer*innen machen)
www.hochzwei.media/sponsoren/
www.expedition-sunshine.de/konzept/finanzierung-und-sponsoring/
www.bergwelten.com/a/david-lama-ueber-sponsoring
www.denis-katzer.de/de/sponsoren
www.experto.de/praxistipps/wie-sie-erfolgreich-sponsoren-finden.html
www.kurzelinks.de/3-moeglichkeiten-eine-lange-reise-zu-finanzieren

Verlage finden und ansprechen
de.wikipedia.org/wiki/Liste_deutschsprachiger_Verlage *(Handarbeit: auf die Verlagsseiten gehen, Programme checken, überlegen, ob dein Buch reinpasst)*

Die WWWelt liegt dir zu Füßen

www.ein-buch-schreiben.com/manuskript-verlag-senden-vermeide-
fehler/
www.die-schreibtrainerin.de/expose-schreiben-fuer-einen-roman/
www.leselupe.de/seite/manuskript-einreichen/
Kursempfehlung: »So kauft man's Ihnen ab. Wie man ein Buch
in die Welt setzt und was dabei zu beachten ist.« www.text-
manufaktur.de/
Über uta.nabert@gmx.de kannst du meine Mappe als Word anfor-
dern und überschreiben.

Beiträge in den Medien zum Thema:
»Zurück von der Weltreise – und jetzt?«
www.spiegel.de/reise/fernweh/weltreise-weltenbummler-beschreiben-
wie-sie-wieder-nach-hause-kamen-a-1279616.html

»Das Leben ist kurz. Kündigen Sie.«
www.spiegel.de/karriere/escape-the-city-londoner-berater-vermitteln-
konzernaussteigern-jobs-a-990673.html

»Mein Einkommen kann mit dem einer Anwältin mithalten«
www.spiegel.de/karriere/sumatra-eine-auswanderin-berichtet-vom-
leben-in-indonesien-a-1294813.html

»These digital nomads have worked remotely since way before the
pandemic – their 7 best tips«
www.cnbc.com/2021/04/28/digital-nomads-7-best-tips-for-
working-remotely-around-the-world.html

Wovon digitale Nomaden in Medellín leben
www.welt.de/reise/staedtereisen/article228123363/Kolumbien-
Wovon-digitale-Nomaden-in-Medellin-leben.html

Remote Work – ortsunabhängig arbeiten
www.kurzelinks.de/raidboxes

»Ich verdiene jetzt fast dreimal so viel wie in Deutschland«
www.kurzelinks.de/spiegel-magazin

Foreign offices: the Britons who work from home – abroad
www.theguardian.com/money/2020/sep/19/working-from-home-abroad-covid

Work is where your laptop is
www.theguardian.com/money/2021/may/30/work-is-where-your-laptop-is-meet-the-globetrotting-digital-nomads

Für den Bücherwurm in dir – Literatur, die dir jetzt weiterhilft

Deutschsprachige Literatur

David C. Pollock, Ruth E. Van Reken, Georg Pflüger: Third Culture Kids: Aufwachsen in mehreren Kulturen

Jennifer & Christian Alexander Juraschek: Goodbye 9 to 5: ortsunabhängig Geld verdienen

Jennifer & Christian Alexander Juraschek: Goodbye 9 to 5: ortsunabhängig arbeiten und leben

Kristin Haug, Verena Töpper: Mittagspause auf dem Mekong: Auswanderer über ihr neues Leben in 28 Ländern – Mit Tipps zum mobilen Arbeiten aus dem Ausland

Dirk Kreuter: Was ich meinem 18-jährigen *Ich* raten würde

Bronnie Ware: 5 Dinge, die Sterbende am meisten bereuen

Dale Carnegie: Sorge dich nicht – lebe!

John Strelecky: The Big Five for Life: Was wirklich zählt im Leben

John Strelecky: Das Café am Rande der Welt

Bodo Schäfer: Die Gesetze der Gewinner

Bodo Schäfer: Ich kann das

Tom Belz: Do what you can't

Alexandra Reinwarth: Das Leben ist zu kurz für später

Timothy Ferriss: Die 4-Stunden-Woche: Mehr Zeit, mehr Geld, mehr Leben

Robin S. Sharma: Der Mönch, der seinen Ferrari verkaufte

Tristan Jones: Treibgut – gestrandet in New York

Katja Büllmann: Mit einer Reise fing alles an: Frauen erzählen

Fabio Volo: Einfach losfahren

Englischsprachige Literatur

Robin Pascoe: Homeward Bound: A Spouse's Guide to Repatriation

Robin Pascoe: Raising Global Nomads: Parenting Abroad in an On-Demand World

Robin Pascoe: A Moveable Marriage: Relocate Your Relationship Without Breaking It

Chris Guillebeau: The $100 Startup

Chris Guillebeau: Born for This: How to Find the Work You Were Meant to Do

Für den Bücherwurm in dir

Danke

Mein Dank gilt Valeska, Helge, Nick, Ivan, Aylin und Stefan, Johannes, Sarah, Jonas, Sabine, Denis und Tanja, David, Stephanie, Berit, Sofia, Joachim, Alice, Dariane, Mihal, Mark und Stefanie. Ihr habt mir eure Geschichten geschenkt!

Danke außerdem an das Universum, dafür, dass ich sein darf und diese Welt in ihrer Größe und Herrlichkeit durchmessen darf – Tag für Tag.

Ich danke meinem Vater, der schon immer gewusst zu haben scheint, dass ich einmal ein Buch herausbringen werde – und oft den Job des Universums übernimmt: In seiner Größe und Güte gibt er mir Raum zum Atmen und vermittelt mir das Gefühl, dass ich es schaffen kann. Dass ich gut bin. So wie ich bin.

Ich danke meiner Mutter. Wie kreidebleich sie war, als mein Bruder und ich ihr innerhalb weniger Tage mitteilten, dass sich unserer beider Leben für immer verändern würden und – ach übrigens – nicht in Europa, sondern in Übersee. Mittlerweile hat sie sich einigermaßen erholt und ihre Liebe überspannt Ozeane.

Ich danke Olaf Bryan Wielk dafür, dass er mir mit seinem Knowhow zur Seite stand, als es darum ging, einen Verlag zu finden.

Bibliografische Information der Deutschen Nationalbibliothek
Die Deutsche Nationalbibliothek verzeichnet diese Publikation
in der Deutschen Nationalbibliografie; detaillierte bibliografische
Daten sind im Internet über http://dnb.dnb.de abrufbar.

1. Auflage
ISBN 978-3-667-12373-2
© Delius Klasing & Co. KG, Bielefeld

Lektorat: Johanna Schwarz
Texte: Uta Nabert, außer: S. 35–39: Helge Timmerberg; S. 132–138: Dr. Mark
Weinert; S. 177–187: Joachim Meyerhoff
Coverbild: Getty Images/Jasper James
Backcoverbild: Peter Vavrinek
Fotos: S. 12: Jan Marosi, S. 15: privat, S. 18: Jan Marosi, S.20/25/29: Valeska
von Mühldorfer, S. 34: Frank Zauritz, S. 40/45: Luca König, S. 47: Nick Martin,
S. 52/55/57: privat, S. 60/65: Aylin Krieger, S. 70: Cati Erdmann, S. 75/77: Johannes Erdmann, S. 81: Sarah Bauer/lonelyroadlover, S. 86: Philipp Hympendahl,
S. 89/93/97: Pål Laukli, S. 100/107: privat, S. 116: Tanja Katzer, S. 123: Denis
Katzer, S. 133: Mark Weinert, S. 140/145/146: privat, S. 154/159/165: Berit
Hüttinger, S. 176: Ingo Pertramer, S. 188 beide: privat, S. 192/195: privat, S. 198:
Alice Mason, S. 203: privat
Umschlaggestaltung: Felix Kempf, www.fx68.de
Satz: Axel Gerber
Druck: Friedrich Pustet, Regensburg
Printed in Germany 2022

FSC
www.fsc.org
MIX
Papier aus verantwortungsvollen Quellen
FSC® C014889

Delius Klasing Verlag, Siekerwall 21, D - 33602 Bielefeld
Tel.: 0521/559-0, Fax: 0521/559-115
E-Mail: info@delius-klasing.de
www.delius-klasing.de

256 S., Format 14,2 x 22,0 cm, kartoniert
Euro 16,90 (D)/17,40 (A), ISBN 978-3-667-12119-6
E-book: 13,99 Euro – www.delius-klasing.de

5 Michaels Mission

Aussteigen und Gutes tun: Dr. Michael Leppert und seine segelnde Zahnklinik auf zwei Rümpfen

Mit unangenehm hohen Tönen zerfetzt der pfeifende Bohrer die Harmonie am Ankerplatz. Es will nicht recht passen: glasklares Wasser, schneeweißer Sand, leichter Passatwind – und dann dieses Geräusch. Fast ebenso befremdlich, wenngleich liebenswert: die Zuschauertraube um den Behandlungsstuhl, die jedes Zucken der jungen Patientin mit Freudengejohle und Klatschen quittiert. Endlich ist die Prozedur vorbei, das Mädchen aus Vanuatu richtet sich auf und verzieht vorsichtig das Gesicht zu einem Lächeln.

Ein ganz normaler Moment an Bord der MARIPOSA von Zahnarzt Dr. Michael Leppert. Seit über zehn Jahren segelt der deutsche Mediziner um die Welt und versorgt die Menschen in seiner schwimmenden Zahnklinik dort, wo es keine ärztliche Infrastruktur gibt, mit Füllungen, Wurzelkanalbehandlungen und Zahnputzwissen. Bald 50 Länder hat er bereist, über 7000 Patienten behandelt, unzählige Zähne repariert – nicht wenige gezogen. Dabei stand, Pardon, schwamm Lepperts Behandlungsstuhl nicht immer in der Ankerbucht.

91

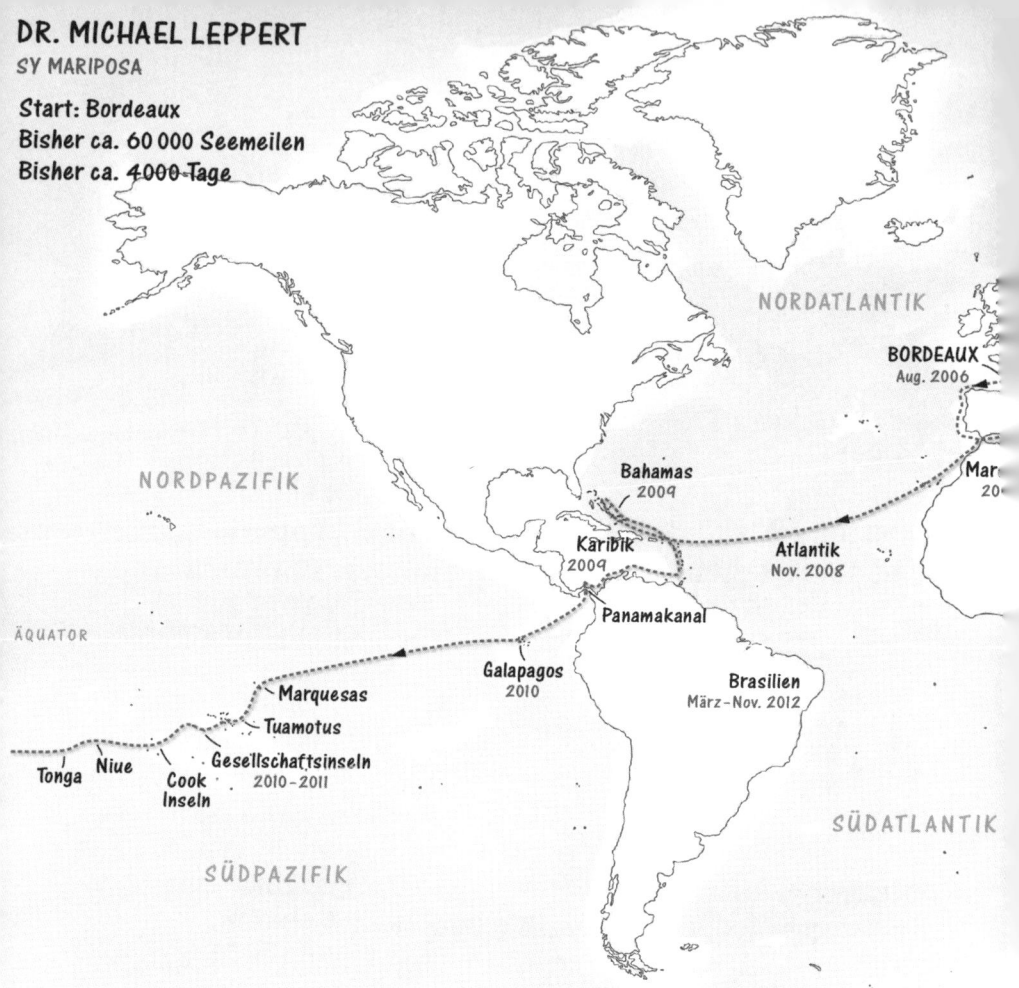

DR. MICHAEL LEPPERT
SY MARIPOSA

Start: Bordeaux
Bisher ca. 60 000 Seemeilen
Bisher ca. 4000 Tage

NORDATLANTIK

BORDEAUX
Aug. 2006

NORDPAZIFIK

Bahamas
2009

Mar
20

Karibik
2009

Atlantik
Nov. 2008

ÄQUATOR

Panamakanal

Galapagos
2010

Brasilien
März–Nov. 2012

Marquesas

Tuamotus

Gesellschaftsinseln
2010–2011

Tonga   Niue   Cook
Inseln

SÜDATLANTIK

SÜDPAZIFIK

Schiffspatent und Zahnpatient

Bevor der gebürtige Badener 2006 alles verkauft und seinen Lebensmittelpunkt auf See verlegt, hat er seine Patienten 20 Jahre lang in der eigenen Praxis behandelt. Sieben Tage die Woche, von sehr früh bis sehr spät. Michael ist das, was man – und er selbst auch – einen Workaholic nennt, ein Arbeitstier. Die Quittung folgt; zweimal bricht er am Behandlungsstuhl zusammen, zweimal lautet die Diagnose: Überarbeitung. »Da nahm ein befreundeter Arzt mich beiseite und meinte, beim dritten Mal würde ich mir die

Michael Leppert

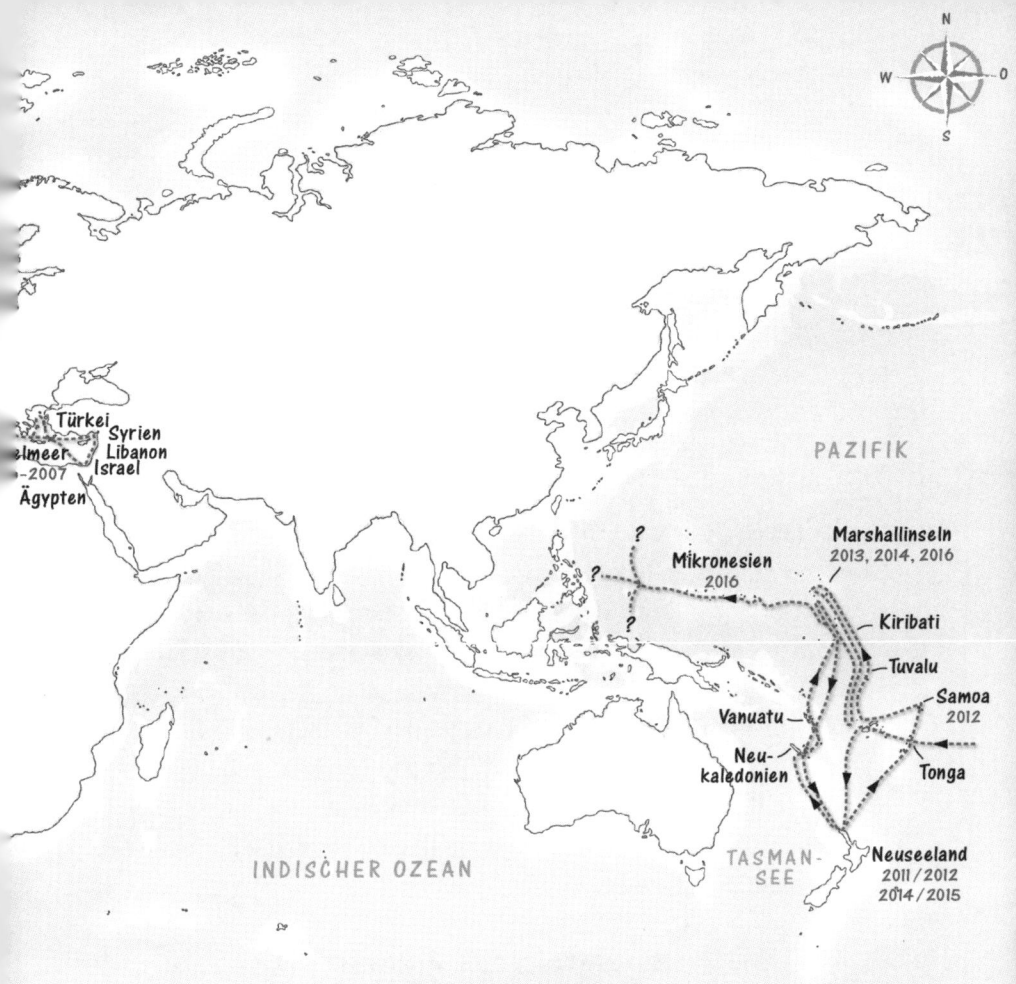

Radieschen von unten anschauen«, erinnert sich der Mann mit den freundlichen Augen und dem herzlichen Lachen. »Das hat mir zu denken gegeben.« Kurz darauf ist die florierende Praxis mit gut 40 Mitarbeitern an zwei Kollegen verkauft. Und Michael, gerade 56, frei, das zu tun, wovon er seit Jahren in den kurzen Arbeitspausen immer geträumt hat: weit weg segeln. Und dabei Gutes tun.

»Die Idee von einem Schiff mit einer Praxis für humanitäre Hilfe hatte ich schon, als ich meine damalige Praxis gründete«, erzählt der Sohn eines Zahnarztes, der selbst nie einer werden wollte. Sein Werdegang liest sich wie das Einmaleins des Ausprobierens, des Zu-sich-Findens. Ein Unruhegeist par excellence: Der gelernte Elektromechaniker holt das Abitur an der Abendschule nach, geht dann zur Seefahrtsschule. Auf dicken Pötten fährt er über Ozeane und macht schließlich sein Hobby mit einer Segelschule auf Elba zum Beruf. Kurz vor dem 30. Geburtstag segelt er allein nach Australien.

Yachtüberführungen finanzieren das Studentenleben, bis die eigene Praxis endlich Geld in die Tasche spült.

»Die Technik an der Zahnmedizin hat mich dann aber doch gereizt«, sagt der Arzt im Unruhestand heute. Damals schreibt er sich, kaum zurück von der Einhandtour, an der Uni ein. Yachtüberführungen finanzieren das Studentenleben, bis die eigene Praxis schließlich erstmals richtig Geld in die Tasche spült. Ihr Verkauf und der des Hauses reichen, um den kühnen Samariterplan in die Tat umzusetzen. Als Einhandsegler jedoch – seine Ehe zerbricht vor der Abfahrt.

Der erste weite Flügelschlag

18 Schiffe hat Michael besessen, nun braucht er ein ganz spezielles. Eine Yacht, von der er weiß, dass sie seinen Ansprüchen an Platz und Komfort genügen wird. Eine Yacht, die Raum hat für eine mobile Behandlungseinheit, die seiner bisherigen in nichts nachsteht: Mit Bohrer, Turbine, Absaugung, Röntgengerät. Michael entscheidet sich für einen Katamaran – 16 Meter lang, fast neun Meter breit. Dutzende Quadratmeter Lebens- und Arbeitsraum auf zwei Rümpfen.

»Ich glaube, in den meisten von uns steckt noch der Aberglaube, dass an Bord alles spartanisch sein muss, ohne den Komfort von zu Hause«, sagt Michael. Waschmaschine, Trockner, drei Kühl-

Michael Leppert

schränke, eine Tiefkühltruhe und eine Räucheranlage gehören bei ihm so selbstverständlich dazu wie das Zähneputzen am Abend. »Energie ist heute kein Problem mehr. Lieber etwas mehr billige Stromerzeugung mit Solar und Wind als zu wenig.« Bei allem Komfort kennt auch der Katamaransegler den aus Platzmangel erwachsenden Pragmatismus: Der Behandlungsstuhl ist ein drehbarer Autosessel, der am Navigationsplatz steht, wenn nicht gerade ein Zahnproblem in ihm liegt.

2006 wirft der Mediziner die Leinen seiner nagelneuen MARIPOSA an der französischen Atlantikküste los. Der Bootsname ist spanisch und bedeutet »Schmetterling«, in Anlehnung an die zwei Rümpfe. Auf Schlägen durch das Mittelmeer, bis weit hinein in die Levante, macht er sich mit seinem schwimmenden Haus vertraut. Wechselnde Mitsegler und Mitseglerinnen begleiten ihn. Michael genießt die Freiheiten des neuen Lebens, macht endlich Pause von der 70-Stunden-Woche.

Zwischen den Rümpfen spielen sich mitunter magische Momente ab.

Hier, vor der Haustür Europas, gibt es noch nicht viel zu behandeln – nur wenige Patienten in Syrien, Ägypten, Marokko. Dazu beschäftigen ihn die Kinderkrankheiten seines werftneuen Schiffes.

Nach zwei Jahren im Mittelmeer breitet MARIPOSA ihre Flügel für den großen Satz über den Atlantischen Ozean aus. Mit an Bord: die neuen Mitsegler Ingo und Birgit. Wie auf Schienen zieht der 23 Tonnen schwere Katamaran über die See, in seinem Autosessel am Naviplatz arbeitet der Skipper selbst bei zwei Metern Welle. Zwischen den Rümpfen spielen sich mitunter magische Momente ab: Ein Wal schwimmt eine knappe Stunde exakt zwischen ihnen, nutzt den Kat bei ruhiger See als Reiseabschnittsgefährten. Durch ein Luk schaut Michael direkt ins Auge des Meeressäugers, der schließlich langsam abtaucht, ohne die Schwimmer zu touchieren. »Das war beeindruckend«, sagt der Segler noch heute über die nicht ganz unkritische Begegnung.

Die Atlantiküberquerung wird für die beiden Mitsegler zur Anhalterfahrt mit Folgen: Birgit verliebt sich in das Leben an Bord, lässt ihres hinter sich und bleibt fortan auf MARIPOSA. Ingo stellt fest, dass Seereisen nichts für ihn sind.

Dorthin, wo kein anderer hilft

Ein Jahr lang bereist Michael die karibischen Inseln; Bahamas, Antigua und Barbuda, Dominica, schließlich Venezuela, Kolumbien und Panama. Freunde und seine Tochter kommen aus der Heimat zu Besuch, segeln ein Stück mit, reisen wieder ab.

Einmal das Unterwasserschiff säubern für fünf bis sechs Zahnfüllungen – das sind Zahlungsmodalitäten, die es wohl nur in der Klinik auf dem Katamaran gibt.

Knapp 200 Patienten finden in der Karibik ihren Weg an Bord. Zu wenig für Michaels Mission. Nicht umsonst liegen unter den Bodenbrettern der Kojen die Heiligtümer einer Dentalpraxis bereit, deren Wert den so mancher Yacht auf großer Fahrt ohne Mühe übersteigt. Der segelnde Arzt will weiter, zu den armen und abgelegenen Inseln inmitten der endlosen pazifischen Wassermassen. Dorthin, wo Yachten, ausstaffiert wie seine, eher selten, eigentlich nie vorbeikommen. Bald lassen die Schleusen des Panamakanals MARIPOSA in den Pazifik hinab.

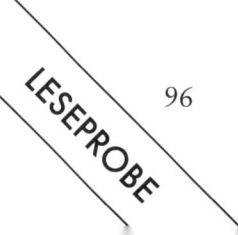

96

Michael Leppert